基礎から学ぶ

中国貿易実務

岩見辰彦 著

日本関税協会

はじめに

　昨年 (2018年) は、1978年の日中平和友好条約締結から40周年の節目の年であり、同時に中国の改革開放路線がスタートしてからも40年が過ぎたわけですが、何かと摩擦が多かった日中関係も改善の機運が高まっていることは、喜ぶべきことであると思います。

　筆者が、中国業務に関わり始めたのは1988年〜89年頃からですが、その後、1992年に第一回の上海駐在をした時には、日本と中国との認識のギャップ、人治主義としか思えないような行政の対応には大いに悩まされたものですが、2001年12月のWTO加盟以降に中国経済が実現した目覚ましい成長を、そのテイクオフから今日まで、直接、間接に体験できたことは、誠に幸せであったと思っています。

　筆者は、中国貿易をもう一つの基軸である物流と輸出入通関業務から見てきたわけですが、EDI化が大きく進み、以前のような人治主義の入り込む余地は、少なくなったと見ています。一方で、貿易あるいは通関に関する疑問や問題は依然として少なくないと感じていますが、日本の皆様方のお悩みは、どこに問題があるのか見えない、あるいは現地に問い合わせても要領を得ない回答で困っているなどが多いように思います。これは筆者の私見ですが、情報の多くで地方あるいは人により様々な見方があり、原理原則が見えにくいことがあると思います。そこで、本書では、業務の内容を可能な限り法規定を基本として解説し、また中国はわが国とは異なり、法律を「走りながら変えていく」国ですが、その変化も分る範囲で先取りしたつもりです。さらに本書では主な用語については中国語 (極力、簡体文字を使用) による表現を付記していますので、少しでも中国側との情報交換のお役に立てればと思い

ます。

　本書の発刊に際しては、先ず、公益財団法人日本関税協会の富山伸夫氏に感謝したいと思います。氏の後押しがなければ、本書は実現しなかったと思います。さらに、同協会の宮崎貴臣氏には多くの事務的なご支援を頂き、鎌田泰二氏には実際の発刊に際して大きなお力添えを頂きました。また、特に化学品、危険化学品に関しましては、一般社団法人日本化学品輸出入協会の藤井康平氏の後押しと、ご助力が誠に大きかったとお礼を申し上げなければなりません。加えて、中国税関の現地における実務については、上海鋭進グループ社長の範 雲深(FAN YUNSHEN)氏に感謝しなければなりません。日本側でなかなか知り得ない中国通関の実務内容については、氏の豊富な知識にどれだけ助けられたか分りません。

　しかし、本書の発刊に際して大きな力となったのは、何と言いましても公益財団法人日本関税協会殿のセミナーにご参加いただいた多くの方々と、その折にいただいた数多くのご質問、ご疑問などの賜物です。その幾つかは、本文の中に折り込み、あるいはQ＆Aとして、記載させていただきました。

　こうして見てきますと、本書の発刊には実に多くの方々の直接あるいは間接の支えがあって今日に至ったと心から感謝申し上げます。

　中国との実務を担当されている皆様、中国に駐在されている皆様に少しでも本書がお役に立てば幸いです。

2019年3月

岩見辰彦

【目次】

はじめに ……………… ii

目次 ……………… iv

参考資料 ……………… xii

序章　変化への対応 ……………… 1

1．中国は激動の時代へ向かうのか？ ……………… 2

2．一帯一路 ……………… 2

3．省庁改編 ……………… 4

第1章　中国税関と貿易企業の管理 ……………… 7

第1節　中国税関について ……………… 8

1．中国税関の組織 ……………… 8

2．税関の機能 ……………… 8

第2節　中国の税関管理に関係する法律 ……………… 11

1．中国版関税六法 ……………… 11

2．日本と中国の法律構成 ……………… 12

第3節　中国企業の対外貿易 ……………… 14

1．営業許可証と統一社会信用コード ……………… 14

2．輸出権と輸入権 ……………… 15

3．税関への登録 ……………… 19

4．報関員（通関士）制度 ……………… 19

第4節　中国版AEO制度 ……………… 22

1．中国版AEO制度の歴史 ……………… 22

2．AEO制度の運用 ……………… 23

3．認証企業と非認証企業に対する行政側の対応の差 ……………… 26

第2章　重要な対外貿易としての加工貿易 ……………… 29

第1節　中国の対外貿易の種類 ……………… 30

1．対外貿易とは？ ……………… 30

2．対外貿易の種類 ……………… 30

3．一般貿易と加工貿易の相違点 ……………… 31

第2節　対外貿易と加工貿易の概要 ……………… 32

1．対外貿易に占める加工貿易の地位 ……………… 32

iv

2．加工貿易の種類 ………………… 32

　3．進料加工と来料加工の違い ………………… 33

　4．加工貿易を行うことができる企業 ………………… 37

　5．加工貿易を始めるには？ ………………… 38

　6．契約の重要性 ………………… 41

第3節　加工貿易はどのように管理されるか？ ………………… 43

　1．加工貿易に対する新たな管理方式の導入 ………………… 43

　2．加工貿易業務の中核となる加工貿易電子化手冊 ………………… 44

　3．もう一つの管理方法である電子帳簿システム ………………… 47

第4節　加工貿易で留意すべき事項 ………………… 50

　1．保税貨物であるという認識が重要 ………………… 50

　2．実務上で日本側が留意すべき事項 ………………… 50

　3．国内調達資材の加工貿易への利用 ………………… 51

　4．在庫管理も重要 ………………… 51

　5．照合抹消とは？ ………………… 52

　6．歩留りとは？ ………………… 53

第5節　加工貿易の「結転」について ………………… 55

　1．結転業務のフロー ………………… 56

　2．結転業務の問題点 ………………… 56

第6節　加工貿易で無償提供される輸入機械設備 ………………… 58

　1．無償で提供を受けるための条件 ………………… 58

　2．輸入手続き ………………… 58

　3．無償提供される設備の性質 ………………… 59

第7節　非正常な加工貿易貨物の処理 ………………… 61

　1．非正常な加工貿易貨物とは？ ………………… 61

　2．処理方法について ………………… 62

　3．原材料、製品を積戻して交換する場合について ………………… 63

第3章　中国の貿易管理 ………………… 65

第1節　中国の輸出入許可証制度の概要 ………………… 66

　1．中国の対外貿易管理の内容 ………………… 66

　2．輸出入貿易管理の種類 ………………… 66

第2節　輸出入許可証の具体的な内容 ………………… 71

　1．輸入許可証について ………………… 71

　2．自動輸入許可証について ………………… 73

　3．輸出許可証について ………………… 76

第3節　ワッセナー・アレンジメントへの対応 ························· 78
　1．両用アイテムと技術の輸出入管理とは？ ················· 78
　2．具体的な対象となる貨物 ························ 79
　3．両用アイテムと技術の輸入許可証 ················· 81
　4．両用アイテムと技術の輸出許可証 ················· 83
第4節　その他の主な貿易コントロール ················· 87
　1．オーディオ・ビジュアル製品の輸入 ················· 87
　2．廃物原料の輸入 ················ 88
　3．医薬品の輸入 ··············· 91
　4．電子商取引に関する新法が発布 ················· 92
　5．その他の輸出入貨物の場合 ················· 94

第4章　化学品の輸出入 ················· 95

第1節　新化学物質の管理方法 ················· 97
　1．新化学物質環境管理方法の概要 ················· 97
　2．新化学物質の申告方法の概要 ················· 98
　3．中国の現有化学物質リスト ················· 98
第2節　危険化学品の輸出入管理 ················· 100
　1．危険化学品に関する法律 ················· 101
　2．危険化学品目録 ················· 103
　3．安全データシート（安全技術説明書） ················· 105
第3節　食品添加物の輸入管理 ················· 106
　1．食品添加物の輸入条件 ················· 106
　2．ラベルについて ················· 106
　3．食品添加物の輸入検査 ················· 107
　4．食品添加物の新品種の場合 ················· 107

第5章　外国投資企業に対する優遇措置 ················· 109

第1節　外国投資企業の種類 ················· 110
　1．三資企業 ················· 110
　2．外国投資企業の設立について ················· 112
第2節　外国投資企業の生産設備輸入優遇制度 ················· 114
　1．外国投資企業の自家用機械設備などの免税輸入制度 ················· 114
　2．輸入設備の免税手続き ················· 115
　3．もう一つの免税輸入制度 ················· 116
　4．免税輸入後の税関の監督管理 ················· 116

第6章　キーワードとしてのHSコードと税表分類 ………………… 119

第1節　キーワードとしてのHSコード ………………… 120
 1．HSコードとは？ ………………… 120
 2．HSコードの機能 ………………… 121
 3．GTIN、CASの申告要求 ………………… 122
第2節　税表分類について ………………… 123
 1．税表分類とは？ ………………… 123
 2．税表分類のやり方 ………………… 123
 3．税表分類のもう一つのタイプ ………………… 124
 4．中国版事前教示制度としての事前裁定制度 ………………… 125

第7章　中国の通関実務 ………………… 129

第1節　中国の通関システムの概要 ………………… 130
 1．中国電子口岸の概要 ………………… 130
 2．通関申告方法の変化 ………………… 131
 3．保税輸送制度の変化 ………………… 132
第2節　中国の輸出入通関 ………………… 133
 1．通関申告の当事者 ………………… 133
 2．通関の基本的な流れ ………………… 133
 3．全国税関通関一体化方式 ………………… 134
 4．通関に必要な書類 ………………… 138
 5．従来の通関方式との相違点 ………………… 138
 6．通関申告書の申告項目に対する幾つかのポイント ………………… 139
 7．税関検査 ………………… 142
 8．中国側の輸入通関に対して日本側の配慮が望ましい事項 ………………… 144
第3節　輸出入税制 ………………… 146
 1．輸入に関する税制 ………………… 146
 2．輸入申告時の税額の計算方法 ………………… 149
 3．その他の特殊な税制 ………………… 150
 4．輸出に関する税制 ………………… 151
第4節　課税価格の決定方法 ………………… 154
 1．課税価格 ………………… 154
 2．輸入課税価格の加算あるいは減額要素 ………………… 154
 3．特許権使用料などの支払いの確認 ………………… 155
 4．課税価格に対して税関が疑義のある場合とその対策 ………………… 156

第8章　通関のバリエーション ………………… 159

第1節　一時輸出入制度 ………………… 160
　1．一時輸出入制度の概要 ………………… 160
　2．一時輸出入による通常通関の基本条件 ………………… 161
　3．申請から通関許可までの概略の手順 ………………… 162
　4．タイプ別の利用方法 ………………… 162
第2節　クーリエ貨物の輸出入 ………………… 168
　1．クーリエ貨物の分類 ………………… 168
　2．クーリエ貨物の通関 ………………… 169
　3．クーリエ貨物の注意事項 ………………… 169
第3節　その他の通関方式 ………………… 171
　1．中国で作成されたソフトウエアの輸出 ………………… 171
　2．中国への積み戻し返品 ………………… 172
　3．リース貿易貨物の輸入通関 ………………… 174
第4節　通関申告に関するその他の事項 ………………… 176
　1．通関申告書の作成 ………………… 176
　2．特殊な申告 ………………… 177

第9章　輸出入商品の検査 ………………… 181

第1節　輸出入商品検査の実務 ………………… 182
　1．検査申請企業の届出 ………………… 183
　2．輸入貨物の検査手順 ………………… 183
　3．輸出貨物の検査手順 ………………… 184
　4．クーリエ貨物の検査検疫 ………………… 186
第2節　強制性産品認証制度 ………………… 187
　1．CCC認証 ………………… 187
　2．CCC認証取得の免除 ………………… 189
　3．CCC認証対象貨物の事前判断 ………………… 190
第3節　中国版RoHS ………………… 193
　1．改定後の変更内容 ………………… 193
　2．適用範囲 ………………… 193
　3．判断基準の根拠 ………………… 195
　4．管理法に対する企業の対応 ………………… 195
第4節　輸入する中古電気・機械製品に対する検査 ………………… 197
　1．対象となる商品 ………………… 197

2．重点中古機電産品の貿易管理 ・・・・・・・・・・・・・・・ 198

　3．中古機電産品の事前申請と判定 ・・・・・・・・・・・・・・・ 199

　4．船積み前の事前検査 ・・・・・・・・・・・・・・・ 204

　5．輸入地検査（口岸検査）・・・・・・・・・・・・・・・ 205

　6．目的地検査 ・・・・・・・・・・・・・・・ 205

第10章　動植物検疫制度 ・・・・・・・・・・・・・・・ 207

　1．入国する植物検疫の適用範囲 ・・・・・・・・・・・・・・・ 208

　2．入国する動物検疫の適用範囲 ・・・・・・・・・・・・・・・ 210

　3．出国する動植物検疫の適用範囲 ・・・・・・・・・・・・・・・ 212

　4．木質梱包に対するISPM#15 ・・・・・・・・・・・・・・・ 214

第11章　食品類の貿易コントロール ・・・・・・・・・・・・・・・ 219

第1節　食品の輸出入コントロールの概要 ・・・・・・・・・・・・・・・ 220

　1．輸入検査 ・・・・・・・・・・・・・・・ 220

　2．輸出国の生産者登録 ・・・・・・・・・・・・・・・ 221

　3．登録する条件と手順 ・・・・・・・・・・・・・・・ 222

　4．一般的な食品の国外の輸出者あるいは代理者の届出 ・・・・・・・・・・・・・・・ 222

　5．日本から食品などを輸出する時の問題点 ・・・・・・・・・・・・・・・ 223

　6．食品のラベル ・・・・・・・・・・・・・・・ 223

第2節　食品関連産品新品種の行政許可管理 ・・・・・・・・・・・・・・・ 225

　1．食品関連産品の新品種とは？ ・・・・・・・・・・・・・・・ 225

　2．新品種の審査申告 ・・・・・・・・・・・・・・・ 225

第3節　HACCPと中国 ・・・・・・・・・・・・・・・ 226

　1．認証の目的 ・・・・・・・・・・・・・・・ 226

　2．認証の申請 ・・・・・・・・・・・・・・・ 227

　3．認証の有効期間 ・・・・・・・・・・・・・・・ 228

　4．現行の認証範囲 ・・・・・・・・・・・・・・・ 228

第12章　化粧品類の貿易コントロール ・・・・・・・・・・・・・・・ 229

　1．化粧品の区分について ・・・・・・・・・・・・・・・ 230

　2．化粧品に関する法律・法規 ・・・・・・・・・・・・・・・ 230

　3．輸入化粧品の衛生審査許可の手順 ・・・・・・・・・・・・・・・ 230

　4．化粧品のラベル ・・・・・・・・・・・・・・・ 232

第13章　中国の保税制度 ………………… 235

第1節　中国の保税制度としての税関監管制度の概要 ………………… 236
第2節　中国の税関監管施設の種類 ………………… 237
　　1．わが国の保税地域制度 ………………… 237
　　2．中国の税関監管施設の種類 ………………… 237
　　3．基本的な性格から見た税関監管施設 ………………… 239
第3節　各税関監管施設 ………………… 240
　　1．保税倉庫 ………………… 240
　　2．輸出監管倉庫 ………………… 241
　　3．保税区 ………………… 244
　　4．輸出加工区 ………………… 246
　　5．保税物流園区 ………………… 248
　　6．保税物流中心 ………………… 251
　　7．保税港区 ………………… 252
　　8．総合保税区 ………………… 254
　　9．その他の税関特殊監管区域 ………………… 255
第4節　新たな挑戦としての自由貿易試験区 ………………… 257
　　1．自由貿易試験区の目的 ………………… 257
　　2．自由貿易試験区のエリア区分 ………………… 258
　　3．自由貿易試験区の通関 ………………… 259

第14章　保税制度の利用方法 ………………… 261

第1節　前提となる事項 ………………… 262
　　1．恒久的施設（P.E.）に対する課税問題 ………………… 262
　　2．中国税関から見た非居住者の位置付け ………………… 263
　　3．わが国の非居住者在庫の取扱い ………………… 264
第2節　非居住者在庫の活用 ………………… 265
　　1．貨物を非居住者の所有権の下に保税のまま保管する方法 ………………… 265
　　2．バイヤーズ・コンソリデーション ………………… 267
　　3．加工貿易貨物の結転システムに代わる保税転売 ………………… 271
　　4．パーツセンターとしての利用方法 ………………… 274
　　5．NVOCCとフォワーダー ………………… 274

第15章　原産地と原産地証明書 ………………… 277

　　1．中国を原産地とすることの認定 ………………… 278

2．原産地証明書の種類 ………………… 279

　　3．原産地証明書の取得方法 ……………… 281

　　4．中国へ輸出する貨物に対するわが国の原産地証明書 ………………… 282

第16章　知的財産権に対する税関の保護　285

　　1．知的財産権の登録 ………………… 286

　　2．税関による知的財産権の保護 ……………… 286

　　3．知的財産権に対するその他の留意事項 ……………… 289

第17章　中国の外国為替管理制度 ………………… 291

　　1．中国の外国為替制度 ………………… 292

　　2．企業に対する外為管理局の基本的な管理 ………………… 292

　　3．経常項目における外為決済 ………………… 293

　　4．相殺決済は可能か？ ………………… 295

第18章　その他の留意するべき制度 ………………… 297

　　1．中国における税関の事後調査 ………………… 298

　　2．中国における事前教示制度 ………………… 301

　　3．インコタームズと中国貿易 ………………… 304

　　4．改正SOLAS条約への対応 ………………… 307

　　5．24時間ルールへの対応 ………………… 310

　　6．香港の通関 ………………… 311

附録　中国税関法 ………………… 313

索引 ………………… 329

【参考資料】

1．中国側のWebサイト

中華人民共和国中央人民政府：www.gov.cn

中華人民共和国税関総署：www.customs.gov.cn

中華人民共和国商務部：www.mofcom.gov.cn

中華人民共和国財政部：www.mof.gov.cn

中華人民共和国工業と情報化部：www.miit.gov.cn

国家税務総局：www.chinatax.gov.cn

国家外為局：www.safe.gov.cn

国家市場管理監督総局：samr.saic.gov.cn

国家知的産権局：www.cnipa.gov.cn

国家発展と改革委員会：www.ndrc.gov.cn

国家認証認可監督管理委員会：www.cnca.gov.cn

中国電子口岸：www.chinaport.gov.cn

CCC専業認証機構：www.cccwto.com

全関通：www.qgtong.com

2．日本側のWebサイト

ジェトロ：www.jetro.go.jp

税関：www.customs.go.jp

中国規制データバンク：www.crdb.jp

CCICジャパン：www.ccicjapan.com

序章

変化への対応

1．中国は激動の時代へ向かうのか？

　中国は2001年12月、WTOに正式加盟してから17年が経過しました。

　その後の中国の発展は、誰もが認めざるを得ない事実です。例えば、物流面では、世界のコンテナ取扱量は上海港の約4000万TEU（20FT換算）を筆頭に、世界のトップ10の内に香港を含め中国の港湾は7港湾が入っています。貿易面では2015～15年の下降傾向から2017年に輸出入ともに回復に向かい、2018年の年間データでは、輸出入総額が4.6兆ドルで前年比12.6％のプラスでしたが、12月では0.4兆ドル（－5.3％）と、やや陰りが見えるものの、これまでのところ順調に回復していますが、先行きは不透明です。

　米中の間では貿易摩擦ばかりでなく、さまざまな問題が双方から提起されていますが、2018年11月に中国側から142項目の行動計画リストが提示され、米側も一定の評価をしており、筆者としては、意地の張り合いではなく本書が発刊されるまでには収束に向かってほしいと感じています。

　中国では、景気の先行きを懸念しているためか、2018年5月から一般商品の増値税を17％から16％に引下げ、7月からは1449の一般日用消費品の輸入関税を大幅に引き下げ、内需拡大に踏み切ったと思われます。

　例えば、ミネラルウォーター（20％→5％）、化粧品（10％→5％）、洗剤（10％→6.5％）、家庭用プラスチック製品（10％→6.5％）など多くの税目に及んでいます。

　さらに、2018年11月から1585の税目に対する関税率を引き下げました。対象となる税目は多岐にわたり、紡織品、石材、ガラス製品、一部の鉄鋼及び非金属製品、機電設備及び部品（金属加工機械、紡織機械、工事用機械、送変電設備など）、資源性商品（非金属鉱、無機化学品、木材及び紙製品、貴金属など）で、中国の税目総数の19％にあたります。

2．一帯一路

　「一帯一路」は、習近平国家主席が2013年～2014年にかけての東南アジア諸国訪問及びAPEC首脳会議の場で提唱した経済構想であり、「一帯」とは、昔のシルクロードと同様に陸路から欧州を目指すルートであり、この仕組みは

1970～80年代に最盛期を迎えた「シベリア・ランドブリッジ」にその原型を見ることができます。当時のルートは、日本（新潟など）～（海上輸送）～ヴォストーチヌイ～（シベリア鉄道）～旧東欧～欧州へ至るルートでスエズ経由よりも日数が短縮されることから、脚光を浴びた時期もありました。しかし、1990年代に入り、ソ連邦の崩壊、ロシア経済の混乱などから急速に競争力を失っていましたが、近年、見直される動きがあります。

「一路」とは、21世紀の海上シルクロードとして、海上からヨーロッパに至るルートとして構築する経済圏構想です。最近では、これに加えて、「空中絲綢之路（空のシルクロード）」として、鄭州～ルクセンブルグ構想まで公表されています。

（1）「一帯」の輸送ルート

鉄道を中心としたルートで構築されていますが、2018年9月では15か国、43都市へ至る、下記の主なルートがあります。

① 西ルート：阿拉山口を起点にカザフスタン、トルクメニスタン、アゼルバイジャン、ジョージア、イラン、イラク、ブルガリア、トルコなどを経由して欧州へ至る複数のルートで構成

② 中ルート：二連浩特を起点にモンゴル、シベリア鉄道を経由して欧州へ至るルートで構成

③ 東ルート：満州里（内蒙古）あるいは綏芬河（黒竜江省）を起点にシベリア鉄道を経由して欧州へ至るルートで構成

（2）「一路」の輸送ルート

中国～インド洋～アフリカ～地中海を経て欧州へ至るルートが脚光を浴びていますが、その他でも中国～大洋州～南太平洋のルート及び中国～北極海～欧州へ至るルートも全体像の中に入っていると思われます。この海上ルートは、中国の戦略上の思惑が最近、マスコミなどの話題となっています。

（3）「一帯一路」の目標

国土交通省によれば、「一帯一路戦略が目指すのは、主に地上・海上の開発

と交通インフラ建設を通じて相互連絡的な国際的経済システムを構築することである」とあり、さらに「シルクロード経済ベルト戦略には東南アジア経済と北東アジア経済の統合が含まれている。両経済が最終的に一つになってヨーロッパに向かい、これがユーラシア大陸における経済的統合を促すことが期待されている」としています。

　一方で、中国の「一帯一路」の行動計画（2018－2020）によれば、その全体要求として、中国は経由する諸国と主動的に標準化戦略をドッキングさせ、相互に受け入れて、中国標準の国際化を推進し、その標準と政策、規則を有機的に結び付けることを目標としています。

　このことが、どのようなことを目指しているかは、計り知れない事柄ですが、あえて私見を言えば現在のグローバル・スタンダードを支配するアメリカン・スタンダードへの挑戦かもしれません。

３．省庁改編

（１）行政組織の大幅改編

　2018年3月に開催された第13回全人代で、国務院の機構改革が公表されました。中国では、1981年以来、7回の国務院機構改革を行ってきましたが、中国の特色のある社会主義は新たな時代に入り、今回の改革は、その発展要求に符合するものとされています。

　具体的には、現在の部・局（わが国の省・庁にあたります）の役割を大幅に組み替えて、国務院の構成部門は25から26とし、同時に国務院の直属機構である「局」も大幅に組み替えました。主要な組み替えは次の通りです。

＊国土資源部・国家海洋局・国家測絵地理信息局　→　自然資源部

＊環境保護部　→　生態環境部

＊農業部　→　農業農村部

＊安全生産監督管理総局　→　応急管理部

＊国家工商行政管理総局・国家質量監督検験検疫総局（検査、検疫部門は除
　く）・国家食品薬品管理総局　→　国家市場監督管理総局

(2) 貿易に関わる部門

① 中国税関総署

　「出入国検査検疫管理、原産地に関する職責」が旧来の国家質量監督験検疫総局から税関総署に統合されました。その結果、税関の貿易面における役割は、相当以上に大きくなったと見ていますが、これは2017年7月から実施されている全国税関通関一体化＋検査検疫一体化と密接な関係があります。

② 国家知識産権局

　国家工商行政管理総局の商標管理部門、国家質量監督検験検疫総局の地理表示管理など部門を統合しました。

③ 商務部、財政部、国家税務総局、中国人民銀行、交通運輸部

　従来通りです。

序章　変化への対応

第1章

中国税関と貿易企業の管理

第1章　中国税関と貿易企業の管理

第1節　中国税関について

1．中国税関の組織

　中国の税関組織も、わが国の税関組織と大きな違いはありません。

　中国税関法では、その第3条で「国務院は税関総署を設立し、全国の税関を統一して管理させる。国は対外的に開放する口岸と税関監督管理業務の集中する地点に税関を設立する。税関に従属する組織は、行政区画による制限を受けない」と規定しています（税関は、中国語で「海関」と言います）。なお、「国務院」とは、わが国の内閣に相当し、国家の最高行政機関と位置づけられます。また、「口岸」とは、わが国で言う港湾にあたりますが、中国は内陸部でも外国と国境を接していることから、口岸が一般的に使用されています。

　中国の税関組織は、税関総署の下に、各地区に42の直属税関と広東分署及び天津、上海の特派弁事処、並びに直属税関の下部組織としての隷属税関と弁事処（約600）の3つのレベルに分かれ、さらに2か所の税関学院が存在しています（職員数は約6万人）。

　一方、わが国の税関組織は、財務省関税局の下に本関として、函館、東京、横浜、名古屋、大阪、神戸、門司、長崎の8税関及び沖縄地区税関のほか、税関支署、税関出張所及び税関支署出張所があり、さらに税関監視署、関税中央分析所、税関研修所があります。

上海税関本関

2．税関の機能

　中国税関法第2条で、「中国税関とは、国家が出入国の関所を監督管理する機関である。税関はこの法律とその他の関連する法律、行政法規に基づき、出入国する輸送手段、貨物、携帯品、郵便物とその他の物品を監督管理し、

関税とその他の税、費用を徴収し、密輸を捜査し、並びに税関統計の編成とその他の税関業務を行う」と規定されています。なお、余談ですが出入国する輸送手段に「駄畜」(つまり、荷物を載せた家畜類) が含まれていることは、陸上で国境を接している中国らしいと思います。

さらに、序章でも説明しましたが、中国税関は2018年3月に開催された全人代で決定された国家機構改革案に伴い、わが国では厚生労働省の管轄となっている検査検疫業務、商工会議所の原産地証明書発行業務などを統合して職務範囲が拡大しました。これに伴い、税関総署の内部機構も再編成され、例えば、衛生検疫司、動植物検疫司、輸出入食品安全局、商品検験司などの部署が設けられています。

中国の税関機能を要約すれば、次の通りです。

① **監督管理 (中国語で「監管」)**

出入国する輸送手段、貨物、携帯品、郵便物などを監督管理することであり、その主な内容は、それらに対して登録を実施し、各種の証票を審査して許可し、さらに事後の管理も行います。

同時に、法に従い輸出入貿易管理政策を執行し、知的財産権に対する税関の保護業務に責任を負っています。

② **徴税 (中国語で「征税」)**

徴税は、輸入あるいは輸出にかかわる関税及びその他の税、例えば増値税、消費税、不当廉売関税、報復関税などのほか、税関業務上で発生する費用を徴収する権力と職責を有するとされています。

増値税、消費税は、本来、国内税で税務部門の範囲に入りますが、輸入時には税関がそれらの部門の代理として徴収する立場となります。

③ **検査検疫 (中国語で「検験検疫」)**

出入国衛生検疫、出入国動植物検疫に責任を負い、国内外の伝染病発生状況を収集分析し、対応する措置などを実行し、一方で、輸出入商品に対する法定検査の責任を負い、輸出入商品の鑑定、検証、品質安全などに対して監督管理を行います。この業務の中には、食品、化粧品の検査検疫と監督監管も含まれます。

第1章　中国税関と貿易企業の管理

④　密輸摘発（中国語で「緝私」）

　すなわち、密輸捜査であり、言うまでもなく密輸活動の行為者及び貨物を取り締まるもので、密輸（中国語で「走私」）とは税関法などの行政法規に違反し、税関の監管管理を免れ、あるいは納付すべき税額と費用、さらには国が規定する輸出入を禁止しあるいは制限する管理を免れるなどの行為を指しています。

⑤　統計

　税関は、国家の対外貿易の輸出入統計を編成し、中国を出入国する貨物に対して統計調査し、分析する役目を果たしています。その目的は、対外貿易の状況を反映させて、その統計情報を提供し対外貿易の発展を促進することにあります。

> **Q：中国の税関とわが国の税関に違いがありますか？**
>
> A：組織あるいは機能に大きな違いはありませんが、税関を統括する部署が、わが国では、財務省の部局である関税局であることに対して、中国は「国務院」、すなわち内閣の直属機関となっていることにあります。

第2節　中国の税関管理に関係する法律

1．中国版関税六法

(1) 中国税関の法律の構成

　中国の税関関係法律は、概略、**表1－1**のような構成になっています。

表1－1　中国の税関関係法律の体系

階層別で見る法律体系	関係法律の実例
法　律	「中国海関法」、「中国対外貿易法」、「中国行政処罰法」など中国主席令として公布。
行政法規	「中国輸出入関税条例」、「知的財産権税関保護条例」、「税関行政処罰法」、「税関査察条例」など国務院令で公布。
税関総署規則 （中国語で「規章」）	「輸出入貨物申告管理規定」、「税関の加工貿易貨物に対する監督管理方法」など、税関総署が「総署令」として施行し、例えば、中国税関総署令第237号「中国税関企業信用管理方法」となります。
税関総署の規範性文書	税関総署によって「中国税関総署公告」の形式を以って対外的に発布されます。例えば、税関総署公告2018年第24号「自主申告、自主納税の適用範囲を拡大する公告」などとなります。
直属税関の公告	直属税関によって、管轄区域内に適用する公告で、例えば、中国○○税関公告○○年第○号として公告されます。

(2) 他法令との関係

　貿易と通関に関係する、他の行政機関が公布している各種の法律、規定なども数多くあるので、主なものを列記しますが、個別には、章を改めて説明することとします。

①　一般商品の輸出入管理

　貨物輸出・輸入許可証管理方法、○○年輸出・輸入管理商品目録、○○年自動輸入許可証管理目録、輸出入禁止商品目録、両用アイテムと技術の輸出入許可証管理方法、中国輸出貨物原産地規則など。

第1章　中国税関と貿易企業の管理

②　機電産品の輸出入管理

　機電産品輸入管理方法、重点機電産品輸入管理方法、機電産品自動輸入許可管理実施細則、○○年自動輸入許可機電産品目録、輸入中古機電産品検査監督管理方法など。

③　出入国商品検査関係

　出入国商品検査方法、認証認可条例、強制性産品認証（CCC）管理規定、強制性認証を実施する産品目録など。

④　化学品管理

　危険化学品安全管理条例、危険化学品環境管理登記方法、危険化学品リスト、新化学物質環境管理方法、容易に毒物を生産できる化学品の輸出入管理規定など。

⑤　医薬品管理

　薬品管理法、同実施条例、薬品輸入管理方法など。

⑥　食品などの管理

　輸出入食品安全監督管理方法、輸出入水産品検査検疫方法、輸出入化粧品検査方法、音像製品輸入管理方法など

⑦　その他の貿易管理措置

　不当廉売条例（中国語で「反倾銷条例」）、相殺関税条例（中国語で「反补贴条例」）、外国投資産業指導目録など。

2．日本と中国の法律構成

　基本的に大きな相異はないと思われますが、その理念には多少の違いがあると筆者はみています。わが国の関税法では、その第1条で、「この法律は、関税の確定、納付、徴収及び還付並びに貨物の輸出及び輸入についての税関手続の適正な処理を図るため必要な事項を定めるものとする」とあり、関税法として関税などの徴収に関わる事項を第一に掲げております。

　一方、中国の税関法では、その第1条で、「国家の主権と利益を維持し、税関の監督管理を強化し、対外経済貿易と科学技術、文化往来を促進し、社会主義の現代化建設を保障するために、特にこの法を制定する」とあり、税関の理念を第一に掲げております。

12

第2節　中国の税関管理に関係する法律

　また、わが国では各種の通達が基本通達集、個別通達集として関税法の条文とリンクして整理されていますが、中国の場合は、本節1．で説明した各種の条文が個別に公表されており、相互の関係がよく分らない、という悩みがあります。

　表1－2に、わが国と中国との法律を簡単に対比してみました。

表1－2　日本の関税法と中国の税関法の構成

日本の関税法の構成	中国の税関法の構成
1．法律 　関税法 　関税定率法 　関税暫定措置法 　通関業法 　特別とん税法	1．法律 　中国海関法 　船舶トン税暫定条例
2．政令 　関税定率法施行令 　その他の上記法律の施行令	2．行政法規 　進出口関税条例 　知識産権税関保護法 　税関行政処罰法 　税関査察条例
3．省令 　上記省令の施行規則	3．総署規則 　輸出入貨物申告管理規定 　報関員管理規定
4．通達 　基本通達 　個別通達	4．総署規範性文書（総署公告）
	5．直属税関の公告

Q：中国の法規制の最新動向は、どのように把握できますか？

A：基本的に各行政機関のホームページによることとなります。税関総署、商務部などを初め、情報公開は進んでいます。例えば、税関総署の場合、http://www.customs.gov.cnへアクセスし、「情報公開」、「海関法規」とアクセスすれば、税関総署令、税関公告及び他の行政機関との連合公告を見ることができます。

第3節　中国企業の対外貿易

　わが国では、基本的に外国との貿易は自由に行うことができますが、中国ではまだ、さまざまな規制が存在しているので、主な部分を説明することとします。

1．営業許可証と統一社会信用コード

　中国において企業として活動するためには、会社の定款を定めて営業許可証（中国語で「営業執照」）を取得する必要があり、そのためには工商行政管理部門で、企業としての登録登記をすることとなります。

　この手順で面白いのは、新会社の名称について一定の制約があり事前審査があることです。企業の名称は、基本的に【行政区域】＋【商号】＋【業態】＋【組織】の形態となっています。例えば上海○○貿易有限公司のようになります。過去には、「中国」の名称を使用することには厳しい制限がありましたが、現在では、中国の統括会社などには使用が認められています。

（1）営業許可証

　営業許可証には、その企業の定款などの内容と一致する企業の名称、登録資本金、住所、責任者のほか「経営範囲」などが記載してあり、なかでも経営範囲には取扱いのできる商品名、サービス内容（製造、加工、卸売など）が記載されるので、輸出入を行うためには、「輸出入」（中国語で「進出口」）の字句が必要となります。経営範囲については、《企業経営範囲登記管理規定》があり、この規定によれば営業許可書の申請を行う前に、その業種を管轄する行政機関から事前に批准を受ける必要がある業種もあり、「前置許可経営項目」と呼ばれています。例えば、危険化学品生産関係は安全生産監督管理局、食品販売業は市場監督管理局の批准が必要です。その必要がない業種については、「后置許可経営項目」と呼ばれています。

　認可後に業務範囲、取扱商品範囲の拡大することは、不可能ではありませんが、手順としては新規の認可と同様のステップを経る必要があります。

また、以前は営業許可証、組織機構コード証、税務登記証の取得が必要とされていましたが、2015年10月に改正され、2017年12月までの移行期間を経て、「三証合一」として営業許可証に一本化されております。

(2) 統一社会信用コード

三証合一に伴い、従来の営業許可証番号、組織機構コード、税務登記証番号が統一されて企業のマイナンバー制度とも言える「統一社会信用コード」に一本化され、通関申告を初めてとして各種の申請、申告に使用される重要なコード番号となっています。

コードは18桁で構成され、1桁目は登記管理部門で工商行政管理部門は「9」、2桁目は企業類別、3〜8桁目は登記管理の行政区分（例えば、上海市は「310000」、北京市は「110000」）、9〜17桁は主体標識コードでシステムにより自動的発送され、18桁目は検証番号となっています。例えば、「91310000AB1C23DE9F」のようになります。

☞ 2018年6月から、日本から中国へ輸出する際に船会社へB/Lデータ（マニフェストデータ）を提供しますが、中国側の輸入者について、名称、住所などのデータのほかに、「統一社会信用コード」の提供が必要となりました。なお、日本側の輸出者についても、LEI、CIK番号が要求され、取得していない場合は、「9999＋企業法人番号（いわゆる企業マイナンバー）」の提供が求められています。

2．輸出権と輸入権

中国との貿易を行う場合に、商談を進めていくと中国側から「輸出入権を持っていない」あるいは「その商品の輸出入は取り扱うことができない」と言われることがあります。これは、その会社がその商品の輸出あるいは輸入権を保有していないこと意味し、貿易契約の当事者とはなれないことを示しています。この輸出権、輸入権の有無は、対外貿易経営者であるかどうかによって決まってきます。

第1章　中国税関と貿易企業の管理

（1）対外貿易経営者について

　わが国では、会社として定款により業務の範囲を定めてはいますが、輸出入については基本的に貿易を行うための資格あるいはそのために行政への登録などをする必要はなく、取扱品目も法律で禁止あるいは制限される場合を除き、自由に行うことができます。

　しかし、中国では外国との貿易を行う場合に一定の制約があり、外国との貿易（今後、対外貿易と呼びます）に対する基本的な法律として、《対外貿易法》が制定されていますが、その第8条で「対外貿易経営者とは、工商登記等の手続きを行い、営業許可証を取得して対外貿易活動に従事する法人組織、個人を指す」とし、さらに第9条で、「輸出入に従事する対外貿易経営者は、対外貿易を主管する部門へ届出登記（中国語で「備案登記」）をする必要がある」とされています。この届出は、商務部業務システム統一プラットフォーム（中国語で「商務部業務系統統一平台」）にアクセスして手続きを行います。（申請表は、**資料1−1**を参照）また、対外貿易経営者の届出登記をしていない場合は、税関は輸出入貨物の通関、検査許可手続きを行わないとも規定されています。すなわち、中国で輸出入貿易を行う当事者となるためには、対外貿易経営者でなければならず、その資格を有していない場合には、輸出入契約の当事者となれないことになります。

（2）輸出入業務の取扱い範囲の制約

　わが国では、定款などによる一定の範囲はありますが原則としてどのような商品の輸出入を行おうとしても制限がありません。

　一方、中国では対外貿易経営者として認定されても、その業務範囲は営業許可証に記載されている範囲に限定されることとなります。すなわち、取扱うことのできる商品範囲に加えて、業務範囲に「輸出入」という字句が記載された営業許可証が必要になります。

　例えば、ある日系商社の事例では、『経営範囲：下記商品の卸売（中国語で「批発」）、輸出入（中国語で「进出口」）、代理コミッション』などと記載され、取扱商品として『建材、化学工業産品と合成樹脂、食品添加剤、ゴム、電気設備コンピュータソフト電子産品及びその部品』などが記載され、記載され

16

第3節　中国企業の対外貿易

資料1−1　対外貿易経営者備案登記表（イメージ）

备案登记表编号：　　　　　　　　　进出口企业代码：

经营者中文名称			
经营者英文名称			
组织机构代码		经营者类型 （由备案登记机关填写）	
住　　所			
经营场所（中文）			
经营场所（英文）			
联系电话		联系传真	
邮政编码		电子邮箱	
工商登记注册日期		工商登记注册号	

依法办理工商登记的企业还须填写以下内容

企业法定代表人姓名		有效证件号	
注册资金			（折美元）

依法办理工商登记的外国（地区）企业或个体工商户（独资经营者）还须填写以下内容

企业法定代表人/ 个体工商负责人姓名		有效证件号	
企业资产/个人财产		（折美元）	
备注：			

填表前请认真阅读背面的条款，并由企业法定代表人或个体工商负责人签字、盖章。

备案登记机关

签　　章

年　　月　　日

た商品以外の輸出入については取り扱うことができません。

(3) 対外貿易経営権のタイプ

　対外貿易経営権には、一般貿易輸出入経営権、生産企業自営輸出入権、科学研究院・ハイテク企業輸出入権、購買・販売共同組合輸出入権のようなタ

イプがあります。

一般的な２つのタイプについて説明しますと、

① 一般貿易輸出入経営権（外貿流通経営権とも言います）

いわゆる貿易商社タイプで、営業許可証などで許可された商品の輸出入業務、加工貿易、リース貿易を自社で行い、あるいは他社の代理をすることができます。

② 生産企業自営輸出入権

いわゆるメーカー型で、その企業が自らから生産した商品の輸出及びその生産に必要とする原料、設備の輸入業務（加工貿易を含む）を行うことができますが、他社の貿易代理を行うことはできません。

(4) 分銷権

中国では、輸入権のほかに国内取引に対しても認可が必要です。これを「分銷権」と言いますが、基本的に次の通りに分類されます。

① 批発権

いわゆる「卸売権」であり、対外貿易権を有している企業はこれも保有していなければ、卸し売りをすることができません。

Q１：輸出入権の無い企業と輸出入貿易をするためには、どのようにすればよいでしょうか？

Ａ１：輸出入権の無い企業との輸出入は、輸出入権を保有する企業に代理してもらう必要がありますが、このような形式は一般的に行われています。ただし製造責任、コミッションなどについては、事前に三者で十分に協議する必要があると考えます。これは、無償品であっても同様です。

Q２：輸出入権の有無について、インターネットなどで調べる方法はありますか？

Ａ２：現状では、「国家企業信用信息公示系統」へアクセスして、「査詢」欄に、企業の名称あるいは統一社会信用コードをインプットすると「企業信用信息」から調べることができます。（Webサイト http://www.gsxt.gov.cn）

第3節　中国企業の対外貿易

② 零售権

　これは「小売権」であり、例えば店舗などにより一般消費者へ販売することができます。

　このほか、販売促進、広告、包装などの「補助分銷」もあります。

３．税関への登録

　中国では、税関法第11条により通関企業および輸出入貨物の受・発送人も必ず税関へ登録登記を行う必要があり、登録登記をしていない場合には、輸出入の通関申告をすることができません。通関企業は通関を業務としているので当然ですが、輸出貨物の受・発送人も自社で通関をするかどうかを問わず登録登記が要求されています。

　ここで言う「受・発送人」とは、法に従い直接、貨物を輸入あるいは輸出する国内法人であり、対外貿易経営者ということになります。

　なお、2019年2月1日より業務簡素化として、従来の登録登記制から「備案制度」、つまり届け出制に変更になりました。これに伴い、「中国税関通関組織登録登記証書」の発給から「通関組織状況登記表」(中国語で「報关単位情況登記表」)により届け出る方式となっています。

　届出が完了すれば税関から「税関登録登記番号」(中国語で「海关注册登记编码」)を記載した登記表が発給されます。この番号は、C/R番号とも呼ばれております。番号は10桁で構成されており、その内容は下記の通りです。

　□□□□　　　□　　　　□　　　□□□□
　行政区分　経済区分　経済類型　順号

> この番号については、クーリエ会社へ書類以外の貨物の発送を依頼すると、「C/R番号」の情報を求められます。これは、サンプル、広告品の輸出入について対外貿易経営者に限る、とする規定があるためです。

４．報関員（通関士）制度

　中国にも通関士(以下、「報関員」)制度があり、その仕組みはわが国の通関

士制度とよく似ています。関係法としては、税関総署令第62号《中国税関報関員に対する管理規定》があります。

　報関員とは、資格試験に合格して通関従業資格を取得した後、税関に登録して、所属する企業のために税関へ輸出入貨物の通関、納税などの通関手続きを行う専門職と位置付けられます。したがって、弁護士などのように独立して業務を行うことはできず、この点でもわが国と同様の仕組みとなっています。

（1）報関員の義務と権利

イ．報関員の主な義務

　報関員の主な義務は次の通りです。

① 　国家の法律、法規、税関規則を順守し、申告する貨物の基本状況を熟知していること。

② 　正確で有効な書類を揃えて正確に輸出入通関申告を作成して、輸出入貨物の通関申告手続きを行うこと。

③ 　税関が貨物を検査する時は、現場に立会い、貨物の移送、開梱、再梱包すること。

④ 　税関の事後調査、密輸、違反行為などの調査に協力すること。

⑤ 　通関申告に関する各種の書類、往復文書との資料を整備すること。

ロ．報関員の主な権利

　報関員の主な権利は次の通りです。

① 　税関の規定に従い、所属する企業のために輸出入の通関申告業務を行うこと。

② 　通関活動中に発見した密輸などの違法行為を通報すること。

③ 　所属する組織が真実ではない書類により、不完全な通関申告をしようとすることを拒絶すること。

④ 　税関の行政処罰等の決定に不服がある場合は、税関へ再審議を申し立て、あるいは人民法院（裁判所）へ提訴すること。

⑤ 　税関職員の不合理な要求を拒絶すること。

（2）報関員となるためには？

　中国には、以前も通関士制度が存在していましたが、どちらかといえば、税関従業者のような位置付けであったかと思いますが、1997年に《報関員管理規定》などが制定され、国家試験を含む現在の通関士制度がスタートしたと考えられます。

　資格試験については、その後、2013年に行政の権限委譲の動きに伴い民間の中国通関協会に移管されましたが、現在は、2015年に第三者機関である「通関申告職業水準測定試験委員会」（中国語で「报关职业水平测试委员会」）が実施しています。

　受験資格は以下の通りです。

① 　中国国籍を有する者

② 　年齢が18歳以上

③ 　学歴が高級中学（日本の高等学校に相当する）を卒業し、あるいは同等の学力を有すること

　試験に合格すれば、「報関員資格証書」が発給されるので、所属企業の所在地の税関へ報関員の登録を行い、「報関員証」を取得して通関業務を行うことが可能になります。

> **Q：日本では、通関士（報関員）の設置義務は通関業者にありますが、中国も同じですか？**
>
> A：通関業者には当然、設置義務がありますが、中国では日本と異なり、輸出入者が自ら通関申告を行うことは珍しくありません。そのためか輸出入者が自ら通関を行う場合にも、報関員の設置義務があります。報関員を設置（雇用）できなければ通関業者へ委託することになります。

第1章　中国税関と貿易企業の管理

第4節　中国版AEO制度

1．中国版AEO制度の歴史

　WCO（世界税関機構）は2005年6月の総会で国際物流におけるセキュリティ確保と円滑化の両立を図ることを目的として《国際貿易の安全確保及び円滑化のための枠組み》（通称、SAFE）の指針を採択しました。

　この枠組みは、中国語では《全球貿易安全与便利标准框架》と呼ばれています。この内でAEO（Authorized Economic Operator）制度の導入・構築の指針が定められ、WCOの2006年の総会でガイドラインが採択され、2007年にSAFEに包括されました。なお、AEOを中国語では「経認証的経営者」と呼んでいます。

　中国版AEO制度は、2008年4月1日に《中国企業分類管理方法》として先ず施行されましたが、中国税関は以前から企業に対して格付けを行っており、古くは1988年に「信用できる」と認定された企業は主として通関手続き上の優先取扱いが受けられることを中心とした規定が出され、その後、現在のAEO制度の原型というべき、《中国税関の企業に対して実施する分類管理方法》（税関総署令第71号）が1999年6月に、その実施細則が同年8月10日から施行されていました。このほかに、2004年から《紅黒名単制度》を実施し、企業に対する格付けを強化していました。紅黒名単とは、「エクセレントリスト・ブラックリスト」とでも言うべき内容で、税関のリスク管理委員会が関係官庁の意見を参考にして企業を総合評価し、特に「黒名単」にリストアップされた会社は、例えば、加工貿易の新規契約が許可されなくなり、あるいは通関申告貨物の検査も強化されるなど、現在のAEO制度の原型とも言う仕組みが存在していました。

　中国税関はAEO制度の導入に伴い、改めて2008年4月1日に《中国税関企業分類管理方法》（税関総署令第170号）を施行し、さら2014年10月に《中国税関企業信用管理暫定方法》（税関総署令第225号）を公布して、現在の中国版AEO制度の基本形ができあがりました。

22

その後、恐らくAEO制度の実状に適合しない面が有ったためか、2018年5月から、改正《中国税関企業信用管理方法》(税関総署令第237号）が施行され、今日に至っています。

２．AEO制度の運用

（1）対象となる企業

税関に対して登録登記あるいは届出を行った企業であって、具体的には以下の通りです。

① 税関に登録済みの輸出入貨物の受・発送人

② 税関に登録済みの通関企業

③ 税関に登録した加工企業（いわゆる、加工下請け企業）

④ その他、税関総署が定める企業

（2）管理類別について

AEO制度以前の旧分類管理方法では、企業はA～Dの四段階でしたが、AEO制度の導入時に、全国の税関が独自に実施していた、さまざまな通関上の便宜措置を整合し、税関の法執行を統一して、ＡＡ～Ｄの五段階としましたが、AEOの内容との整合性に疑問があったためか、現行法では、その第3条で『税関は企業の信用状況を根拠にその企業を「認証企業」、「一般信用企業」と「信用失墜企業」として認定する。認証企業は、「高級認証企業」と「一般認証企業」に分けられる。税関は、信用に偽りがなく法を順守すれば便宜を与え、信用を失墜するような違法は懲罰するという原則に基づき、上述の企業に対して区分して相応する管理措置を適用する』と規定されましたので、認証企業とは、すなわち中国税関の認証を経た経営者（AEO）であり、高級認証企業と一般認証企業が該当することになります。

新規企業は、「一般信用企業」からスタートします。一般信用企業として1年以上経過し、不適合条件がなければ、「一般認証企業」への認定申請をする資格ができるので、企業が申請することとなります。一般認証企業から「高級認証企業」への認定資格も同様です。

（3）認証の取得手順

　AEO認定のフローは、下記の通りです。

イ．企業の自己評価

　企業は、「税関認証企業標準」に基づき企業が自己評価し、認証基準に達しているかどうか判断しなければなりません。

　一般認証企業の税関標準は、5部門、18項目から構成され細目は29となっています。また、高級認証企業の税関標準は、5部門、18項目ですが細目は32となっています。

　5部門とは内部コントロール標準、財務状況標準、法律順守規範標準、貿易安全標準、附加標準です。

ロ．認証の適用申請

　企業は、適用認証企業管理申請書（**資料1-2を参照**）を作成し、税関認証企業標準の自己評価、その他の必要書類により登録地の税関へ申請します。

　　自己評価となっていますが、税関の実地認証は厳密に行われるので、安易な自己評価をしてはならないと考えます。

ハ．税関の実地認証

　税関は、企業の自己評価を中心に申請内容について実地認証を行います。税関は、申請を受け取った日から90日以内に企業の信用状況に対して《税関認証企業標準》に符合するかどうかの決定をしなければならないとされています。

ニ．認証証書の発給

　税関の審査に合格すれば、一般認証企業あるいは高級認証企業の「認証企業証書」が発給され対外公布されます。

（4）認証取得後の企業信用状況に対する税関の把握

　企業の信用状況は税関により動態管理され、高級認証企業は3年毎、一般認証企業には不定期に検証が行われ、その結果、条件に符合しなければ、格下げされた「認証証書」が発給され、あるいは、一般信用企業以下になれば、

第4節　中国版AEO制度

資料1－2　适用认证企业管理申请书

企业名称			
海关注册编码			
申请认证企业类型	□高级认证	□一般认证	
经营类别	□报关企业	□非报关企业	
联 系 人		联系电话	

海关：

根据《中华人民共和国海关企业信用管理暂行办法》有关规定,本单位按照《海关认证企业标准》进行自我评估,认为符合□一般认证企业□高级认证企业标准,现向你关申请适用认证企业管理。

本单位知悉并同意遵守《中华人民共和国海关企业信用管理暂行办法》及海关相关规定,保证所提交的申请材料真实、齐全、有效,并存有相关文件、资料备查,做好接受海关实地认证的准备。

附：按照《海关认证企业标准》进行自我评估的报告

申请单位(盖章)

年　　月　　日

税関により証書が回収されます。

　認証企業が税関の調整により一般信用企業管理となった場合、1年以内は認証企業となる申請をすることができません。信用失墜企業管理となった場合、2年以内は一般信用企業となることができません。なお、高級認証企業が税関の調整により一般認証企業管理となった場合、1年以内は高級認証企業となる申請をすることはできません。

(5) 税関が信用失墜企業と認定する根拠

　税関が信用失墜企業と認定する根拠は、主として以下の通りです。

① 密輸犯罪あるいは密輸行為がある場合。

② 税関の監督管理に違反した行為が通関申告書などの関係証票総数に対して、一定の比率以上であった場合。

③ 納付すべき税額あるいは費用を滞納した場合。

25

④　税関あるいは、その他の企業の名義を騙って不当な利益を得た場合。
⑤　税関へ真実の状況を隠ぺいし、あるいは虚偽の情報を提供して、企業の信用管理に影響をあたえた場合。

3．認証企業と非認証企業に対する行政側の対応の差

　認証企業と非認証企業では、迅速な輸出入通関ができるかどうか、について大きく影響してきます。

　また、高級認証企業及び信用失墜企業に対して、それぞれ2016年10月と2017年3月に税関総署と関係する行政機関33部門が協力メモランダムを締結し、高級認証企業には、例えば、税務局は輸出増値税の還付を優先して取り扱うなど税関のみならず各行政部門が連合して優遇し、一方で信用失墜企業は懲罰措置として外為管理部門、税務部門はＡクラスの管理をせず、輸出増値税還付の審査を厳しくし、罰金などを納付しない場合は、公安により企業の責任者は飛行機などの搭乗、乗車が禁止され、あるいは、出国自体を禁止するなどの厳しい措置が採られます。

　このように、認証の有無は企業の通関スピードばかりでなく、他の行政機関の事務取扱についても大きく影響することには注意が必要です。

　一般的なデータから、認証企業と非認証企業を比較すると概略、**表1－3**の通りと考えます。

表1－3　認証企業と非認証企業の比較

項　　目	高級認証企業	一般認証企業	一般信用企業	信用失墜企業
輸出入検査率	0.9％以下	3％以下	3～10％	50％以上
納税方式	月末一括納税可能	月末一括納税可能	通関毎の納税	通関毎の納税
許可前引取（担保提供）	可能	可能	不可	不可
AEO相互認証	可能	不可	不可	不可
加工貿易電子帳簿	申請可能	申請可能	申請不可	申請不可
専任税関職員	設置	設置せず	設置せず	設置せず
通関コスト比	10～15％低減	5～10％低減	基準	20～50％増加

第4節　中国版AEO制度

> **Q1：輸出入者が通関業者へ通関を委託した場合に、双方のAEO認定ステータスが違っている場合は、どうなりますか？**
>
> A2：明確に規定化されていませんが、これまでの税関の説明によれば、基本的に通関業者のステータスが適用されます。しかし、輸出入者が信用失墜企業である場合には、例え通関業者が高級認証企業であっても、信用失墜企業のステータスが適用されます。
>
> **Q2：一般信用企業が認証企業になる資格があるのに、あえて申請しない企業もあると聞きましたが、何か理由がありますか？**
>
> A2：個々の事情については分かりませんが、認証企業になれば、申告ミスあるいはその他の税関申告ミスなどが厳密にチェックされるため、ステータスの維持には、相当のエネルギーが必要となることも事実で、その面から、あえて申請しないことも考えられます。

> **中国語さまざま─陰と陽─**
>
> 　中国には、よく「陰」と「陽」の字が入った地名があります。「陰」は、川の南側、「陽」は、川の北側を指すそうです。例えば、「江陰」＝長江、「瀋陽」＝渾河、「洛陽」＝洛河、といった具合です。また、「陰」は山の北側、「陽」は山の南側も指します。日本の山陰、山陽もそういえばその通りです。

第1章　中国税関と貿易企業の管理

第2章

重要な対外貿易としての加工貿易

第2章　重要な対外貿易としての加工貿易

第1節　中国の対外貿易の種類

１．対外貿易とは？

　「貿易」といえば、わが国では一般的に外国との取引を意味していますが、中国では「貿易」のみの字句では単に「交易」を表わし、国内取引であっても「国内貿易」の字句を使用するので、海外との取引は通常、「対外貿易」といわれています。

　「中国の対外貿易は、歴史をたどればシルクロード交易にさかのぼる」とも言われますが、中国の現代の対外貿易は2001年のWTOへの加盟が始まりと考えられます。その後、中国の対外貿易はリーマンショックを除き順調に伸びてきましたが、2015～16には欧州経済の低迷などの影響で減少傾向が見られたものの、2017～18年は回復してきています。

２．対外貿易の種類

　対外貿易には、いわゆる「モノ」貿易のほかに、技術貿易、サービス貿易（労務貿易）などがありますが、本書では、「モノ」貿易について説明することとします。その対外貿易の種類としては一般に以下のような種類があります。

① 　一般貿易

② 　加工貿易

③ 　リース貿易（中国語で「租賃貿易」）

④ 　国境少額貿易（中国語で「辺境小額貿易」）

⑤ 　バーター貿易（中国語で「易貨貿易」）

⑥ 　委託販売（中国語で「寄售代銷貿易」）

⑦ 　その他の貿易

　ただし、一般的な対外貿易は一般貿易と加工貿易に集約されます。

30

第1節　中国の対外貿易の種類

３．一般貿易と加工貿易の相違点

（1）一般貿易とは？

　輸出あるいは輸入契約を締結すれば、直ちに輸出あるいは輸入を行うことが可能であり、税関の通関上、何らの条件も付加されていない正常な輸出入ですが、輸入時の「関税、増値税等が徴収」される非保税貨物ということができます。ただし、減免税措置の対象となる場合もあります。

　貿易管理上では、対象となる商品は、輸入許可証、輸出許可証の取得が必要となります。

（2）加工貿易とは？

　原則として、輸出及び輸入双方の契約を締結し、その契約の届出登録をした後に、加工後の製品が「全量輸出」されることを条件に、輸入時の原材料、部品などの「関税・増値税・消費税の徴収が猶予されて」（この時点では、「免税」ではないことに十分な注意が必要です）輸入通関が許可されるので、保税貨物として生産に使用することができます。

　貿易管理上、対象となる商品については、輸入許可証の取得は一部の貨物を除いて要求されませんが、輸出許可証は取得する必要があります（ただし、来料加工は特定貨物のみが対象となります）。

> **Ｑ：加工貿易では全量輸出することが条件とのことですが、中国国内へ販売することはできないのですか？**
> Ａ：特定の条件に合致すれば、事前に税関の許可を得て、国内へ販売することは可能です。詳細は、後段で説明します。

第2章　重要な対外貿易としての加工貿易

第2節　対外貿易と加工貿易の概要

１．対外貿易に占める加工貿易の地位

　加工貿易は、中国が世界の製造基地となった原動力であることは確かであると思います。中国の輸出入貿易総額に占める割合は、2018年で、一般貿易が57.9％であることに対して、加工貿易は進料加工と来料加工を合わせて28％となっていますが、一般貿易には、例えば、原油、食糧などの大量貨物が含まれており、一般的な商品に占める加工貿易の割合は50％近くあるのではないかと筆者は見ています。

　加工貿易は、税制上の保税加工措置、特に増値税は税率が16％と、輸出する商品に対するコスト・メリットは大きく、加えて外国からの投資も集中し、技術の導入にも大きな役割を果たしているので、これらの点が中国を世界の輸出大国に押し上げた大きな要因となっていると考えざるを得ません。

　しかし、政府から見れば加工貿易は関税、増値税などの歳入が見込めないことから、財政上はマイナス要因であり、中国政府も加工貿易を禁止する品目を設定し、あるいは沿海部では加工貿易業務に制限を加える品目もあり、徐々にですが、それらの対象品目を増やす傾向にあります。

２．加工貿易の種類

　加工貿易とは、《中国税関加工貿易貨物監督管理方法》(税関総署令第219号)の規定に基づき取得した加工貿易電子化手冊(または電子帳簿)を主要台帳として、原材料、部品、包装資材などの全て、あるいは一部を輸入して、加工または組立をした後に、その製品が全量再輸出されたことを税関が確認した後、保税状態のままで原材料などを加工したことが認められる行為で、次のような種類があります(国内調達の資材も使用は可能です)。

(1) 進料加工

　原材料は加工貿易企業により外貨を支払って輸入され、加工した製造品は、

その企業により輸出され、その貨物代金を受領する加工貿易形態を指します（形態としては、一般的な貿易と違いはありません）。

（2）来料加工

輸入する原材料が外国商人により無償で提供されることを指し、すなわち輸入原材料の対価を支払う必要はありませんが、逆に加工した製品を輸出した時に貨物代金の支払いを受けることもなく、中国企業は「加工賃のみ」を受取る加工貿易形態を指します。

来料加工は、また、来料加工、来料装配、来様加工、補償貿易をあわせて「三来一補」と呼ばれることもあります。

（3）出料加工

加工工程の一部（主要工程は不可）のみを外部へ委託し、加工終了後は自社へ積み戻させてから輸出する方式です。

> 旧来は、第三国（ベトナムなど）での加工のみとされていましたが、2016年11月から中国国内の「税関特殊監管区域」内の企業への外注も可能となっています（税関特殊監管区域は、「国内の海外」として位置付けられているためと考えられます）。

3．進料加工と来料加工の違い

中国の加工貿易は、1970年末から80年初めに広東省エリアで、来料加工から始まったといわれています。当時の中国は、今と異なり資金も外貨も十分ではないことから、資金負担の少ない来料加工方式を考え出したと考えられます。

進料加工、来料加工については既に簡単に説明しましたが、今一度、説明していきたいと思います。

（1）進料加工
イ．貿易決済面

加工企業は自ら販路を確定し、原則として原材料の輸入契約と加工製品の

輸出契約を締結します。この場合、輸入と輸出の契約は相手先が異なっていることは一般的です。さらに契約に基づき原材料を自ら輸入し、商品代金を外国側に支払います。加工後の製品は、自ら輸出して商品代金を受領します。

したがって、貨物の所有権の移動を伴うので、一般貿易と同様のタイプとなります。

ロ．関税などの政策面

輸入される原材料の輸入関税、増値税、消費税などは、輸入時に徴収が猶予されて加工生産に使用することができます。加工された製品は再輸出しなければなりませんが、その輸出された数量を税関が確認した後に、その数量に応じて税額の徴収が最終的に免除されます。

ハ．貿易管理面

基本的に加工貿易を行う能力がある認定を受けて「生産能力情報表」（P.39に後述）を取得する時に品名、HSコードが決定されているので、それにより判断することになりますが、特定の貨物を除き輸入許可証の取得は免除されます。しかし輸出許可証の対象貨物は取得が要求されます。

ニ．増値税について

輸出した時の増値税は課税・還付の対象となり、国内調達資材で支払われた増値税は、仕入れ控除の対象となります。

(2) 来料加工

イ．貿易決済面

来料加工企業は、国外の企業から原材料などを無償で提供を受け、供給先の指示に基づき指定された製品に加工して、再輸出します。この場合、原材料の輸入代金の支払いは発生せず、輸出した貨物代金の受領も行われません。

したがって、貨物の所有権は原材料、加工製品とも海外企業にあるので、中国側の加工企業は、「加工賃」のみを請求して受領することとなります。

ロ．関税などの政策面

この面では、進料加工と同様に、加工製品が輸出されれば、最終的に輸入時の関税、増値税などが徴収されません。

第2節　対外貿易と加工貿易の概要

ハ．貿易管理面

　来料加工も基本的に「生産能力情報表」を取得する時に品名、HSコードが決定されているので、それにより判断することになりますが、特定の貨物を除き、輸入許可証、輸出許可証ともに取得する必要はありません。

ニ．増値税について

　この面は、進料加工とは大きく異なります。製品を輸出した時の増値税は課税されず還付の対象ともなりません。ただし、税務当局には来料加工である証明書の届出が必要です。

　一方、国内調達資材の増値税は、仕入れ控除の対象とはなりませんので、コストとして吸収することとになります。

ホ．「三来一補」とは？

　来料加工の三来一補とは、下記の通りです。

① 　来料加工：原材料を加工して製品とする方式です。

② 　来料装配：部品などを組み立てて製品とする方式です。

③ 　来様加工（または、来図加工）：外国側からサンプルあるいは図面の提供を受け、原材料などは国内調達して製品とする方式で、一般的な加工貿易形式とは、やや異なります。

④ 　補償貿易：現在ではこの方式は実績がありませんが、過去、中国では購入する外貨資金も乏しい時代があり、一方で外国の新しい機械設備を導入したい時に、外国側からは無償で提供を受け、提供先の指定する製品に加工して輸出し、その貨物代金により分割で機械設備の代金を償還する方式です。

　Q：来料加工では、生産に必要な機械設備は、外国側が無償で提供しなければなりませんか？

　A：来料加工では、原材料などは無償で提供しますが、製造用の機械設備も無償で提供する必要はありません。ただし、加工貿易用の機械設備として無償で提供することは可能です（本章の第6節をご参照ください）。

第2章　重要な対外貿易としての加工貿易

（3）加工貿易の禁止類貨物と制限類貨物

　加工貿易は、既に説明した通り国際市場における中国の地位を押し上げた大きな原動力ですが、一方で国際貿易摩擦の要因となっており、また、中国国内の沿海部と内陸部の格差を拡大させてきた、とも言えます。そこで、中国当局は、加工貿易を禁止する貨物あるいは一定の条件により制限する貨物を設定しています。

イ．加工貿易禁止類貨物

　2018年現在、HSコードで1862の商品について、加工貿易方式による輸出あるいは輸入することを禁止するもので、来料加工と進料加工の両方に適用されます。ただし、一般貿易方式により輸出入業務（関税などを納付する）を行うことは可能です。

　主な対象貨物は10桁のHSコードで指定されていますが、主として44類（木材）、70類（ガラス及び製品）、72類（銑鉄・フェアアロイ・鉄鋼屑・熱間圧延鋼など）、74類（銅）、84類（エアコン・冷蔵庫・印刷機・コンピュータなど）、85類（湯沸器・電話機・ビデオ・モニター・ラジオなど）が該当します。

ロ．加工貿易制限類貨物

　2019年現在、HSコードで輸出は95、輸入は356の品目が対象とされており、主として付加価値、技術水準の低い商品に対しては加工貿易を抑制し、同時に、企業が東部地区から中西部へ転移させることを促進して、地域間の格差を是正することを目的としています。ここでいう東部地区とは、北京、上海、天津、遼寧、河北、山東、江蘇、浙江、福建、広東の各市・省を指します。

　具体的には、輸入時の関税・増値税相当分の保証金を指定銀行に納付（「実転」と言います）する銀行保証金台帳方式が2017年8月1日から廃止されたことに伴い、税関へ「担保金」を納付する方式に変更されました。（製品に加工され輸出が完了した後に返還されます）

　加工貿易制限類の適用方法は、AEO制度による企業分類で対応が異なります。

① 　東部地区では、81の商品について、「認証企業」であれば、制限なく業務が可能ですが、「一般信用企業」は、50％の担保金を納付しなければなりません（例えば、ポリエチレン樹脂、植物油の一部）。

② 中西部地区では、制限はありません。

③ 「信用失墜」企業は、地区を問わず100％の担保金を納付しなければなりません。

④ 輸出加工区、保税区などの税関特殊監管区域では、適用しません。

Q：来料加工と進料加工では、どちらが有利でしょうか？

A：どのような原材料を輸入し、どのような加工を行うか、国内調達品があるか、などの要因を比較しなければ断定することは難しい問題ですが、考えられる要素としては、

① 中国の行政当局は来料加工に消極的であるとも聞いています。

② 増値税の仕入控除の問題から、国内調達品の比率が高くなると、来料加工が不利になります。

③ 一方、輸出にかかわる増値税については、来料加工は課税されず、還付率に差がある進料加工と比較して有利に働くと思われます。

④ 中国側から見れば、来料加工は運転資金が少なくて済みます。

⑤ 進料加工は、技術の蓄積、ブランド力の向上などには有利に働きます。

４．加工貿易を行うことができる企業

　加工貿易を行うためには、先ず企業として成立していなければならず、さらに第１章で説明しましたが、原則として対外貿易経営者としての資格を取得していなければなりません。

　加工貿易を行う企業には、基本的に３種類のタイプがあります。

① 自ら輸出入契約を締結する企業であって、しかも自らが加工生産を行うタイプで、「経営加工企業」と言います。

② 自ら輸出入契約を締結する企業ですが、加工生産機能を保有せず、実際の加工を行う企業を組織して加工貿易を行う商社型タイプで、「経営企業」と言います。

③ 来料加工企業のほかに、例外的に対外貿易権を保有せず「経営企業」の委託を受けて加工製造に従事する企業は、「加工企業」と分類されます。この

ような企業の場合には、「経営企業」により設立され、法人資格を具有していなくても、営業許可証を取得し、独立採算制で生産を引き受けるタイプも含まれます。

5．加工貿易を始めるには？

加工貿易は税制上の優遇措置があることから製造した製品の輸出では圧倒的な優位にありますが、企業が無条件で行うことができるわけではありません。

経営加工企業、経営企業、加工企業であっても、《加工貿易審批管理暫行弁法》により、先ず、企業の所在地の商務主管部門（わが国の経済産業省管轄にあたります）へ登録する必要があります。従来は、「加工貿易企業経営状況及び生産能力証明」の発給を受けることとなっていましたが、2019年1月1日からペーパーレス化され、システムを通じて「加工貿易企業経営状況及び生産能力信息表」（以下では、「情報表」と略称します）（**資料2－1**参照）により登録する方法に変更されました。この「情報表」は、加工貿易業務を行う上で、基本となる重要な登録です

なお、初回の登録時には、商務主管部門と所管する税関が共同で工場、倉庫、職員の実態、業務システムなどの実地検証が従来と同様に行われると思われます。

（1）登録申請

登録の申請には実際に加工生産を行うための条件、すなわち工場、機械設備などは試運転を経て正式な生産稼働が可能であり、職員をはじめとして、業務を行う体制が整備されている必要があります。

登録には、「商務部業務システム統一プラットフォーム」（中国語で「商务部业务系统统一平台」）に企業登録し、電子キーを入手して「加工貿易企業経営状況及び生産能力信息システム」により登録することとなりますが、基本は企業が自主的に判断し、その内容に責任を負い、安全生産、省エネ、環境保護などの社会責任を履行することが求められます。

第2節　対外貿易と加工貿易の概要

資料2−1　加工貿易企业经营状况及生产能力信息表

企业类型：　□经营企业　　□经营加工企业　　□加工企业

企业基本信息			
企业名称：			
统一社会信用代码：			
海关注册编码：	外汇登记号：		
法人代表：	联系电话：	传真：	
业务负责人：	职务：	手机：	
业务联系人：	职务：	手机：	
企业地址：		邮政编码：	
企业性质：　□国有企业　　□外商投资企业　　□其他企业			
海关认定信用状况：　□高级认证企业　□一般认证企业　□一般信用企业　□失信企业			
行业分类：			
进口料件：　详情见附表			
料件代码：　　　料件名称：　　　数量：　　（　　）金额：　　　（美元）			
出口成品：　详情见附表			
成品代码：　　　成品名称：　　　数量：　　（　　）金额：　　　（美元）			

人员信息：

企业就业人数：	其中从事加工贸易业务的人数：

资产情况：

		累计实际投资总额/资产总额：		
外商投资企业填写（万美元）	注册资本：	实际投资来源地：(按投资额度或控股顺序填写前五位国别/地区及累计金额) 1、 2、 3、 4、 5、	累计实际投资额（截至填表时）： 1、 2、 3、 4、 5、	外商本年度拟投资额： 外商下年度拟投资额： 直接投资主体是否世界500强企业：□是　　□否
内资企业填写（万元人民币）	注册资本：	资产总额（截至填表时）：	净资产额（截至填表时）：	本年度拟投资额： 下年度拟投资额：

企业上年度经营情况：

总产值(万元人民币)：	利润总额(万元人民币)：
纳税总额((万元人民币)：	工资总额(万元人民币)：
本企业采购国产料件额(万元人民币)：(不含深加工结转料件和出口后复进口的国产料件，单位万元)	

加工贸易出口额占企业销售收入总额比例%：	加工贸易转内销额(万美元)：	内销征税额(万元人民币含利息)：
深加工结转总额(万美元)：	转出额(万美元)：	转进额(万美元)：
国内上游配套企业家数：	国内下游用户企业家数：	

第2章　重要な対外貿易としての加工貿易

企业生产能力：				
厂房面积（平方米）： □自有　　□租用	年生产能力：详情见附表 产品名称：产品代码：单位：数量：			
累计生产设备投资额（万美元）：（截至填表时）				
累计加工贸易进口不作价设备额（万美元）：（截至填表时）				
主要生产设备名称及数量：				
序号	设备名称	单位	数量	是否租赁
1				
2				
3				
4				
5				
备注：				
录入人员：				
企业承诺：	以上情况真实无讹并承担法律责任。			

说明：1、开展加工贸易业务的企业需登录https://ecomp.mofcom.gov.cn/填报，咨询电话：010-67870108；
　　　2、有关数据如无特殊说明均填写上年度数据；
　　　3、如无特别说明，金额最小单位为"万美元"和"万元人民币"；
　　　4、涉及数值、年月均填写阿拉伯数字；
　　　5、进口料件和出口商品指企业从事加工贸易业务所涉及的全部进口料件和出口商品；数量和金额
　　　　 指企业当年加工能力最大值；
　　　6、进出口额、深加工结转额以海关统计或实际发生额为准；
　　　7、此信息表有效期为自填报（更新）之日起一年。上述材料如为外文，申请人应当同时提交符合
　　　　 海关要求的中文译本。

登録の内容は、概略、次の通りです。

イ．企業の基本情報

企業タイプ（経営企業、経営加工企業、加工企業の別）、企業の名称、統一社会信用コード、税関登録番号、外為登記番号、住所、電話番号などのほか、税関認定信用区分（AEO認定区分）、輸入しようとする原材料、及び輸出しようする製品の詳細な名称、HSコード、数量、金額など。

ロ．企業生産能力

工場の規模、年間生産能力（商品名称、HSコード、数量）、投資額、主要な生産設備の名称及び数量など。

　すなわち、どのような原材料を使用して、どのような製品に加工するか、どのような部品などを使用して、どのような製品を組み立てるかの枠組みが決まっている必要があるわけです。

(2) 情報表の性質

① 「情報表」のデータは、システムを通じて税関と情報が共有されますので、電子化手冊あるいは電子帳簿の開設、変更などもペーパーレスで行われます。

② 登録内容を変更する必要がある場合は、直ちに「情報表」を更新しなければなりません。

③ 「情報表」の有効期間は、登録（あるいは変更）が受理された日から1年となります。

6．契約の重要性

中国との貿易で契約は加工貿易ばかりでなく、重要な要素となります。

貿易契約は、各種行政機関への申請ばかりでなく輸出入通関時にも税関から提示が要求されることがあります。言うまでもありませんが、中国との貿易契約の締結に際しては相手側の事情、例えば、工場設備の状況、責任者の人となり、職員の質・量、自社加工か委託加工か、国内調達品の品質などを事前に確認することは重要と筆者は考えます。

第2章　重要な対外貿易としての加工貿易

　ここでは、金額、納期、決済方法などの貿易契約上の一般的な要素は省略しますが、特に製品の輸入の場合、あるいは来料加工は中国側企業と一対一の契約ですので、加工貿易契約の締結には、より注意が必要になると考えます。

　主な点を列記しますと、

① 　加工した製品の品質などを満足させる規格、成分、サイズなどについて、詳細な仕様書（例えば背丈、袖丈、胴回り、ポケット位置などの詳細）を添付します。

② 　加工に使用する原材料、資材、部品などの一製品当りの使用量、例えばジャケットの場合には、表地、裏地などを何メートル使用するかなどを決めておきます。この使用量は、歩留り（中国語で「単耗」）として中国税関の審査対象となります。

③ 　知的財産権の明確化と文書化。

④ 　基本的に原材料、部品などの貨物の名称、規格型号などについては業務開始後の変更には「情報表」の変更、契約の変更も必要となることもあり、事前に内容を十分に協議して合意する必要があります。

⑤ 　来料加工では、余剰となった原材料、不良品、副産物に対する処理方法、例えば、積戻しさせるか、所有権を放棄して現地で処分するか、などです。

⑥ 　無償提供資材であっても、その管理方法、無断使用の禁止、返却などのルールを定める必要があります。

第3節　加工貿易はどのように管理されるか？

　加工貿易は、輸出競争力では圧倒的に優位な地位にありますが、その分、税関の管理は厳しいものとなっています。すなわち、契約の内容、輸入貨物、輸出貨物、保管貨物、通関状況などについて、税関の管理下にあるわけです。

　その基本となる法律は、《中国税関加工貿易貨物監督管理方法》（税関総署令第219号）で、その第12条で「別段の定めのある場合を除き、経営企業は加工貿易貨物の手冊設立を行い、税関へありのままに貿易方式、歩留り、輸出入口岸、及び輸入原材料と輸出製品の商品名称、商品コード、規格型号、価格と原産地等の状況を申告し……」とあり、さらに第13条で、「経営企業が本方法第11条、第12条に基づき、全て整い、有効な証票資料を提出し、手冊の設立を申告する場合、税関は企業の手冊設立申告を受け取った日から５業務日以内に加工貿易手冊の設立手続きを完了しなければならない」と規定され、加工貿易は契約ごとに「加工貿易手冊」を開設し業務上の重要台帳として全ての実務を行わなければなりません。

　加工貿易手冊は、その名称の通り以前は紙の手冊で運用されていましたが、現在では、特殊な場合を除き、電子化されているので、以後、本書では「加工貿易手冊」は、電子化された手冊として説明しますが、この他に加工企業の加工能力の総量範囲内で管理する「電子帳簿」（中国語で「电子账册」）制度も導入されています。

1．加工貿易に対する新たな管理方式の導入

　中国税関では2018年７月１日に税関総署公告2018年第23号を公布し、「保税照合明細書」（中国語で「核注清単」）による管理を加工貿易に対して適用することとなりました。この加工貿易管理システムは、また、「金関第二期システム」と呼ばれ、現行のH2010システムのバージョンアップ版と見られます。

　この新管理システムは、この金関第二期システムをデータベースとして、加工貿易手冊管理サブシステム、加工貿易帳簿管理サブシステム、保税移転（中国語で「結転」）管理サブシステムなどで構成されているので、現行の管理

第2章　重要な対外貿易としての加工貿易

方法と大きな変更ではないと考えられます。

　主な変更点としては、電子化手冊、電子帳簿のデータを登録するときに、例えば、機械類の組み立てなどでは非常に多くの部品があることから、加工貿易企業は、事前に輸入しようとする原材料、部品及び輸出しようとする貨物に対して事前に商品税表分類（中国語で「預归类」）を行い、複数品目のHSコードを統合して電子化手冊、電子帳簿を構築する必要がありましたが、新管理システムでは、加工貿易企業が自社の業務のために、分類した整理番号（中国語で「料号」）により届出ればよいこととなりました。通関申告の際には、この「保税照合明細書」のデータにより税表分類されます。

　さらに、一年のトライアルを経て、2018年6月21日から税関総署は全面的に「企業を以ってユニットとする加工貿易の監督管理モデル」（新監管モデルとも言います）への改革を普及させる決定を公告しました。

　「企業を以ってユニットとする加工貿易監督」とは電子帳簿制度を指します。以下で、個別に説明することとしますが、現在のところでは多くの加工貿易企業で電子化手冊制度が適用されています。

2．加工貿易業務の中核となる加工貿易電子化手冊

　旧来のペーパーの加工貿易手冊は基本的に廃止され、電子手冊管理が中心となっていますが、個別の「加工契約単体」、すなわち、「一契約一電子化手冊」を以って企業の保税加工貨物の監督管理を実施することには、変更がありません。電子化された加工貿易手冊（**資料2－2**参照）を取得するためには、輸入契約、輸出契約の双方が原則として必要となります。これを「対口契約」と言います。

（1）加工貿易電子化手冊の申請条件
① 　企業が加工貿易に従事する資格と能力を有していること。
② 　商務主管部門の批准を終えていること。
③ 　税関へ登録登記していること。
④ 　法律、行政法規、規則などに規定する、その他の条件を有すること。

（2）申請に必要となる書類

① 加工貿易手冊設立申報表

② 加工貿易企業経営状況及び生産能力はデータで共有化済み

③ 外国側と締結した輸出入契約書

④ 税関が必要とする必要とするその他の書類

（3）電子化手冊の開設

中国では、税関が各行政機関と公共データセンターを中心として「中国電子口岸」（China E-port）を構築しており、その一つとして「中国電子口岸通関システム」があり、その中に電子化手冊のシステムが含まれています。

オンライン化されている企業は、自社のコンピュータを利用し、非オンライン化の企業は、必要事項を記載した書類により代理会社にインプットを依頼してデータ化してもらうこととなります。

資料2－2　加工貿易电子手册
（書式はイメージ）

电子手册号：C23028X12345

主管关区 ：南通海关

电子手册编号	C23028X12345	预录入号	C23028X54321	进出口岸	
经营单位	○○○（南通）有限公司	地区代码	南通		
加工单位	○○○（南通）有限公司	监管方式	进料对口		
外商公司	（英語名称も可）	征免性质	进料加工		
电子手册类型	进料加工电子化手册	批准证编号	1234		
进口金额	××× USD	进口货物项数	20	进口合同号	XXX
出口金额	×××× USD	出口货物项数	1	出口合同号	
录入员		录入日期		申报类型	备案申请
台账银行	中国银行	单耗申报环节	备案	备案类型	
成交方式		报备日期	2018年 x 月 x 日	经办人	
备案批准日期	2018年 x 月 x 日	申报日期		批准情况	
結束有效期	2018年 y 月 y 日	签发日期		执行情况	
变更批准日期		变更次数		加工种类	其他
监管费		进口币制	美元	备案重点标示	非重点
监管费率	0	出口币制	美元	通关重点标示	非重点
备　　注					

(4) 申請内容

申請する内容は2つの部分に分かれます。

イ．第1に届出資料バンク（中国語で「備案資料庫」）にデータを登録します。主な内容は下記の通りです。

① 基本情報：企業の基本情報で、企業の名称、加工生産能力、主管税関などです。
② 料件表：原材料などの名称、規格型号、HSコード、単価、計量単位などです。
③ 成品表：加工後の製品の名称、規格型号、HSコード、単価などです。

ロ．第2は通関手冊の届出（中国語で「海関手冊備案」）を行います。インプットする内容は次の通りです。

① 基本情報：具体的な内容として、経営企業名称と加工企業名称、手冊のタイプ（進料か来料か）、主管する税関、貿易方式、取引方式、決済外貨名称、輸出入する口岸、輸出入総額、有効期限などです。
② 料件表：商品名称、規格型号、HSコード、数量、計量単位、単価、総額などです。
③ 成品表：商品名称、規格型号、HSコード、数量、計量単位、単価、総額などです。
④ 単損耗表：歩留まり表で、製品の名称、製品の規格、製品の計量単位、原材料の名称、原材料の規格、原材料の計量単位、純消耗率、損耗率などです。

今ではほとんど見られなくなった紙の加工貿易手冊

第3節　加工貿易はどのように管理されるか？

Q1：電子化された加工貿易手冊で、進料加工か来料加工かは、どのように区分されているのでしょうか？

A1：電子化であっても手冊番号が発給されます。番号は12桁となっており、頭の1桁目が加工区分で、来料加工は【C】、進料加工は【B】、2桁〜5桁は主管税関コード、例えば、2302は南通税関、3101は寧波税関です。6桁目は年号の下1桁、7桁目は企業の経済分類、8〜12桁は順号となります。

Q2：電子化手冊には有効期間がありますか？

A2：契約には期間の制限がありませんが、電子化手冊は、原則として一年（あるいは、契約期限以内）となっています。ただし、まず180日の延長、さらに180日の延長が可能とされています。

3．もう一つの管理方法である電子帳簿システム

　電子帳簿（中国語で「电子账册」）管理とは、「企業全体の加工貿易業務能力」を以ってユニットとして保税加工貨物の監督管理を実施するもので、契約ごとではなく電子帳簿は一つのみを設立すると定義されています。

　電子帳簿制度は、企業に対して全ての業務のコンピュータ化を初めとして実際に導入するには相当にハードルが高い仕組みですが、中国税関総署は、トライアルを経て、2018年6月から全国ベースで実施しています。

（1）電子帳簿システムの特徴

　電子帳簿システムは、税関とのネットワーク監督管理を基礎としており、次のような特徴を有しています。

① 経営資格、経営範囲、加工生産能力に対しては一度に決裁審査し、総量コントロール方式でネットワーク審査を行い、実際の加工貿易契約に対しては届出を行うのみで、1件ごとの決裁審査を行いません。

② 企業を以ってユニットとする電子帳簿を作り上げ、一定限度以内であれば繰り返し照合し抹消を行う、リボルビング方式を採用して、契約ごとに

47

管理する方式に代る仕組みです。

③　まず、輸入原材料、生産した製品を輸出入する前に届出を行い、再度、製品の輸出を届出して実際の歩留まりの状況を申告することになります。

④　したがって、企業はコンピュータネットワークを通じて商務部門と税関へ決裁審査、届出及び変更の手続きを申請することとなります。

(2) 電子帳簿の構築

電子帳簿の構築には、次の3つの手順を経ることとなります。

第1の手順は、加工貿易経営企業としてネットワーク監督管理を受ける申請を行い、税関の審査を受けて「税関のネットワーク監督管理通知書」(中国語で「海关联网监管通知书」) を受領することとなります。

第2の手順は、実施しようとする加工貿易業務全体の申請と決裁審査です。この時には、上記の通知書などの提出が要求されます。(加工生産能力はデータで共有化されています)

第3の手順は、輸入しようとする原材料、部品及び輸出しようとする貨物に対して多数のアイテムがある場合、前もって自社で商品税表分類と統合を行う必要がありましたが、2018年からの「金関第二期システム」では事前の税表分類の必要がなくなり、HSコードをまとめることなく企業独自の分類番号により申告することになりました。

通関申告を行うときには、システムにより原則として以下の基準で税表の併合が行われます。

①　10桁のHSコードが同じである場合

②　商品名称が同じである場合

③　申告計量単位が同じである場合

④　規格型号が異なるが、ただし単価の差が大きくない場合。

(3) 電子帳簿の種類

電子帳簿は「経営範囲電子帳簿」と「通関便宜電子帳簿」に区分されます。

①　「経営範囲電子帳簿」は直接通関申告せず、総括台帳として主として「通関便宜電子帳簿」で輸出入される商品に対する検査及び管理に使用されま

す。

② 「便宜通関電子帳簿」は、加工貿易貨物の届出、通関と照合抹消に直接、使用されます。

(4) 電子帳簿の届出

イ．経営範囲電子帳簿（基礎台帳）の届出内容

企業は商務主管部門の批准証によりネットワークを通じて税関へ「経営範囲電子帳簿」届出（中国語で「備案」）を行い、内容としては、

①　経営組織の名称とコード

②　加工組織の名称とコード

③　加工生産能力証明はデータが共有化済み

④　輸入原材料と製品の範囲（商品コードは頭の４桁）

ロ．便宜通関電子帳簿（実際の通関申告用）の届出内容

①　企業基本状況表

②　原材料、製品部分

③　歩留り関係として含まれるのは製品のバージョン番号とそれに対応する原材料の純損耗、損耗率などです。

第2章　重要な対外貿易としての加工貿易

第4節　加工貿易で留意すべき事項

　加工貿易は、繰り返しになりますが輸出競争力には極めて有利な反面、税関などの監督管理は厳しいものがあります。

1．保税貨物であるという認識が重要

　保税であるという認識は日本側でも共有する必要があります。加工貿易では、輸入する原材料、部品などの輸入時の関税及び諸税の徴収が免除されて生産に使用することができますが、このことは「免税」を表わしている訳ではなく、いわゆる「保税」を意味しています。この「保税」により税関の監督管理が及ぶ範囲は、輸入した原材料、部品ばかりでなく、輸出前の製品、余剰となった原材料や部品に加えて、過剰に生産された製品、不良品、副産物、発生した切り屑類、損傷貨物に至るまで税関の監督管理下にあり、保税貨物として、税関の許可を得なければ、いかなる処理をすることもできません。

注意　したがって、日本側でも現地法人に対して、この点について十分に認識させる必要があります。特に日本側でも注意すべきは、現地法人に対して、例えば切り屑などについて、税関の許可を得ることなく、安易に処理することを認めてはなりません。

2．実務上で日本側が留意すべき事項

　加工貿易は、基本的に中国側が対処すべき問題が圧倒的に多いことは事実ですが、特に日本側も現地法人との関係から見た場合には、ややもすれば日本側の都合により、無断で変更が行われ、結果として現地法人の業務に支障が発生する事例も少なくありません。

① 原材料、部品などにインボイス作成に際しては、まったく同じ貨物であるが契約番号が異なる場合には、一本のインボイスにせず、契約ごとに分けて作成する必要があります。

② 加工生産が開始されて以降の商品名（HSコードを含む）、規格型号などを

一方的に変更することは、中国の通関で問題となります。例えば、日本側が変更したために、加工貿易としての保税による通関ができなくなり、やむを得ず、一般貿易として関税、増値税を支払って輸入通関せざるを得なくなる、という事例もあります。そのためには、どのような原材料、部品を中国側に供給するか、規格型号を含めて事前に十分に詰めておく必要があると考えます。

３．国内調達資材の加工貿易への利用

加工貿易は、その本来の性格から原材料、部品などを海外から輸入し、加工後の製品を再輸出しなければなりません。また、国内調達資材の使用も認められていますが、国内調達資材と輸入原材料との比率は理論上、制限がありません。すなわち、輸出する商品中に少しでも輸入原材料の成分が含まれ、あるいは輸入した包装材料が使用されていれば、加工貿易業務に従事することができるといわれていますが、比率に関する法律上の規定は明確になっていないので、所在地の税関などの判断に任されています。

ただし、加工業務のコアとなる原材料、部分品に国内調達資材を使用することは認められず、また、一般的には輸入する原材料の比率が低い場合（一説には30〜40％前後以下）は認められないことが多いとの情報もあります。

また、一般貿易で輸入した資材であっても加工貿易に使用することができますが、関税などを納税して輸入した資材は国内調達扱いとなり、輸入時の関税、増値税を還付してもらうことはできません。

４．在庫管理も重要

在庫管理もまた重要な要素となります。加工貿易企業の取り扱う貨物には、輸入保税原材料、輸出前の製品、不良品、切り屑などの保税扱いの貨物、あるいは国内調達資材などがあり、それぞれを明確に区分して在庫管理しなければなりません。これを「分開管理」と言いますが、この管理が不十分であることにより、税関の処罰を受ける事例も少なくありませんので、日本側としても現地法人への注意が必要と思います。

第2章　重要な対外貿易としての加工貿易

5．照合抹消とは？

　加工貿易の照合抹消（中国語で「核銷」）は、加工貿易で輸入された原材料の免税効果を確定する重要な行為になります。照合抹消とは、輸入された原材料、部品などが正しく加工されて製品となったか、国内販売された部分はないか、余剰となった原材料はどのように処理したか、などについて税関の審査を受け、加工貿易電子化手冊あるいは電子帳簿が正しく使用されたことが確認されて初めて、免税効果がさかのぼって適用される重要な手続きとなります。照合抹消は、電子化手冊と電子帳簿では若干異なります。

（1）電子化手冊の場合
　加工貿易経営企業が契約の期限内に輸入した原材料、部品を加工あるいは組立てて、その製品（または、半製品）を再輸出することが完了した日、または、契約が終了した日から30日以内に照合の申告をする必要があります。

イ．業務フロー
① 　企業は照合申告を直接、システムを通じて、あるいは代理インプット業者に依頼して税関へその手冊の輸出入状況を申告し、受理された後、関係する書類を提出します。
② 　書類との照合審査が終了すれば、「結案通知書」が発給されて当該契約は抹消されるので、その加工貿易業務は終了します。

ロ．提出を必要とする書類
① 　契約照合抹消申請表（中国語で「合同核銷申请表」）
② 　該当する輸出入通関申告書
③ 　その他の必要となる資料

（2）電子帳簿の場合
　電子帳簿については、一定のサイクルによるリボルビング方式で照合抹消が行われ、一般に180日間を一つのサイクルとし、180日が経過した後、30日以内に税関へ照合の申告をすることとなります。
　ステップとしては、事前照合申告（中国語で「预报核」）と正式な照合申告

52

（中国語で「正式報核」）の二段階に分かれます。事前照合申告が税関の審査を経て合格すれば、正式に照合申告を行うことができます。

事前照合申告では、ネットワークで照合申告するデータを税関へ送信し、同時に「加工貿易電子帳簿事前照合申告申請表」（その期間の通関申告明細書を含みます）及び輸出入通関申告書（PDF化）などの関係資料を税関へ送付します。

正式照合申告では、事前申告により税関の確認を受けた輸出入通関申告書をもとに輸入原材料の使用状況、あるべき在庫数量、余剰となった原材料の数量、使用消耗した数量、切り屑など数量を申告します。税関の審査が完了すれば、税関から審査結果がフィードバックされて確定することとなります。

6. 歩留りとは？

加工貿易の歩留り（中国語で「単耗」）管理もまた、加工貿易業務を行う上での重要な要素であり、この対応を誤ると税関から密輸行為と認定される可能性が高くなります。

(1) 歩留まりの内容

歩留まりの管理規定として、《中国税関加工貿易単耗管理方法》（税関総署令第155号）があります。その第3条で、「歩留まり（単耗）とは、加工貿易企業が正常な加工条件下で加工する製品の単位当りに消費使用される、原材料の量を指し、歩留まりには純消耗と製造工程の損耗が含まれる」と規定されています。

① 純消耗（中国語で「浄耗」）とは、原材料が加工生産の過程で物理的な変化あるいは化学反応により「モノ化」されて、輸出する製品に含まれる保税原材料の量です。

② 製造工程の損耗とは、加工生産の製造工程の要求により、生産過程の中で純損耗を除き、必ず使用消耗される必要があり、かつ製品の中で完全にモノ化することができない輸入保税原材料の数量を指します。製造工程の損耗には有形損耗と無形損耗が含まれ、「有形損耗」とは、製造工程を経て視覚的に見ることができる原材料の損耗部分を指し、例えば直接回収する方法がない溶融物などです。「無形損耗」とは、視覚的に見ることのできない原材料の製造工程の損耗部分を指し、例えば原材料の加工中に揮発し、

53

溶解されるなどの部分を指します。

③　一方で、停電や断水、人為的な原因の損耗あるいは原材料、製品の滅失、破損などによる損耗などは、製造工程損耗に入れることはできません。このような場合には、原則として課税対象となります。

④　ノックダウンなどの加工組立では、加工製品当りに使用する部品は、その製品の数量によって決められてしまうのでアローアンスがありません。例えば、製品が1000個であれば、製品に１つ使用する部品は1000個、２つ使用する部品であれば2000個と届出ることになります。製造の過程で万が一、破損、紛失などが発生した場合、原則としては航空貨物などで追送することになります。

（2）歩留まりの申告

　歩留りの申告は、《中国税関加工貿易単耗管理方法》の第３章に規定されていますが、加工貿易企業は、自ら歩留まりを計算して、税関へ申告する必要があります。

　企業は基本的に加工貿易契約の届出をする時に申告する必要がありますが、技術改良などの理由で加工生産中に歩留まりを変更する必要が生じた場合や、例えば加工生産が完了しなければ歩留まりの確定ができないなどの理由から、製品を輸出する前、あるいは照合を申告する前に申告することもできます。

　税関による照合審査の時に、どうしても誤差が発生することはよくありますが、多少の誤差（５％程度と聞いています）は税関でも認めてくれるとの情報を得ています。

（3）標準歩留りについて

　一般に歩留まりは企業が自主的に申告しますが、特定の貨物に対しては、標準となる歩留まり水準を税関総署と国家発展改革委員会が共同で「加工貿易単耗標準目録」として公表しています。企業は、実際の加工業務に基づき歩留まりを申告しますが、標準の範囲内であれば、企業が申告した歩留まりで照合し抹消され、標準数値の最高値と最低値の範囲内に入らない場合は、課税対象となり、一般貿易方式による輸入扱いとなります。

第5節　加工貿易の「結転」について

　加工貿易は、加工した製品を海外へ輸出しなければ、使用した原材料、部品などの関税、増値税などの免税効果を享受することができません。
　しかし、加工後の製品は最終製品とは限らず、半製品として再度、中国で加工するニーズは、かなり高いといわなければなりません。規定から言えば、半製品であっても、一度、日本、香港などへ輸出し、改めて中国へ再輸入しなければならないということになるので、当然、海上運賃を含む諸経費、往復の日数が必要となります。そこで、「再加工保税転売」（中国語で「深加工結転」）という仕組みが、主として広東省エリアで考案されました。
　再加工保税転売、すなわち、結転を図示すると、図2－1の通りとなります。

図2－1　再加工保税転売（結転）

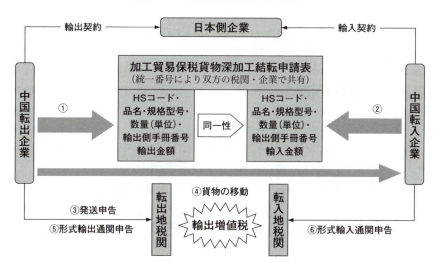

☞　「結転」は、しばしば「転廠」といわれますが、これは俗称で法的には深加工結転が正式な呼び名です。

第2章　重要な対外貿易としての加工貿易

　再加工保税転売は、加工貿易企業が保税の原材料を加工した中間製品を国外へ輸出することなく中国国内において別の加工貿易企業へ移転して、さらに加工した後に再輸出する経営活動と定義されています。税関手続き上は、転出する企業としては、「輸出」であり、転入する企業は「輸入」とみなされます。

１．結転業務のフロー

①　転入、転入企業双方が税関の再加工保税転売システムを通じて、再加工保税転売申請表を作成し、税関の審査を受けます。

②　税関の審査を経て承認されれば、双方の企業は規定に従い貨物の発送・受取手続きを行います。

③　貨物の受渡しが完了した後、規定に従い転出側が輸出通関申告、転入側は輸入通関申告を行いますが、この場合は実際に出入国が行われませんので、加工貿易の形態を保持するための「形式通関申告書」と位置付けられます。

④　ただし、AEO企業信用ランクで「信用失墜企業」は、この業務方法を行うことができません。

２．結転業務の問題点

（1）データの一致性が求められること

　双方のデータの一致性、特に双方の申告価格が一致していなければなりません。

①　日本企業の立場から見ると中間製品の購入価格と売渡し価格の同一性が求められると、企業としての利益が上乗せできないことになります。

②　そのために、広東省所在の加工企業であっても、実際に香港との輸出入を行う「香港一日遊」という業務が行われています。

（2）増値税の取扱いに地方差があること

　再加工保税転売は、形式的に輸出入通関を行いますが、貨物は実際に国外との間を輸出入されてはおらず、実質的には国内販売の変形と見ることもで

きます。税関は結転業務を認める統一した見解を持っていますが、税務局の間では以下の点を中心に相当の温度差があります。

① 転出（輸出）側の企業から見ると、国内販売であれば、「増値税領収書」により、買い手に転嫁する必要があります。

② しかし、転入（輸入）側の企業は、加工貿易として輸入するので、関税、増値税の支払いは猶予され、上記の増値税を負担する必要性がありません。

③ また、輸出であるならば、輸出にかかわる増値税の徴収・還付の問題がありますが、形式通関申告書であることから、還付申請に必要なデータが発給されません

④ 特に、上海地区では税務局が国内取引であるとの立場を譲っていないためにこの業務が難しいと聞いていますが、その他の多くの地区では、増値税の問題は「徴収せず、還付せず」の方式を採用して、この業務を行っていると見られます。

　　これらの問題を解決するための有効な仕組みとして、「保税物流園区」などを利用する方法が一般的になっているので、後段の保税制度の項で説明することとしています。

（3）結転業務の実施パターン

　加工貿易の形態から見ると進料加工相互、来料加工相互あるいは来料加工企業と進料加工企業の間の取引が考えられます。原則として、いずれのパターンでも法律上は可能とのことですが、各地の税関により実務上の相違があり、具体的な内容により税関へ事前の打診が必要といわれていますが、仕組みから見て最も問題が少ないパターンは、来料加工企業相互の保税移転であると思います（来料加工賃のみを現地企業同士で決済することが許可されているので、最終の加工企業が加工賃の総額を外国側へ請求することになります）。

第2章　重要な対外貿易としての加工貿易

第6節　加工貿易で無償提供される輸入機械設備

　加工貿易では原材料、部品などを進料加工、来料加工の方式で保税状態として輸入することができますが、その他に、加工生産のために使用する機械設備類について、外国側から無償で提供を受け、輸入時には関税の納付が免除されて製造に使用できる仕組みがあり、これを「加工貿易の代価を伴わない設備」(中国語で「加工貿易不作价设备」) として区分されています。したがって、この場合も税関の監督管理を受けるので、実質的に「保税貨物」となります。

1．無償で提供を受けるための条件

① 　代価を伴わない設備とは、外国側が無償で提供し、中国側の加工貿易企業は、輸入した設備の代金を支払ってはならず、したがって加工賃あるいは取引の差額によりその代金を償還することができません。

② 　無償提供を受けることのできる機械設備の品目には一定の制限があり、《外国投資プロジェクトで免税としない輸入商品目録》に記載されている貨物は、保税で輸入することはできません。例えば、テレビ、エアコン、洗濯機、コピー機、自動車などが該当しますが、直接、製造に関係する品目ではありません。

③ 　加工貿易企業が輸入する、代価を伴わない設備については、加工貿易貨物を専門に製造する工場(作業場)で使用する場合と、専門の工場(作業場)となってはいないが、加工貿易契約の期限内に毎年、加工製品の70％以上を必ず輸出する場合に限られます。

2．輸入手続き

　代価を伴わない設備の輸入も基本的に加工貿易貨物の手続きと同様に行われますが、電子化手冊は使用せず、旧来の紙による加工貿易手冊を使用します。この場合の分類コードは「D」から始まるので、通称「D手冊」といわれています。手順は概略以下の通りです。

58

① 外国側と代価を伴わない設備の契約を締結します。
② 商務部門から代価を伴わない設備の批准証を受領します。
③ 商務部門が発給した批准証により主管する税関へ届出手続きを行い、税関は関係書類を審査した後、届出を受理し並びに代価を伴わない設備に対する加工貿易手冊（D手冊）を発給します。
④ 加工貿易企業はD手冊により、代価を伴わない設備の輸入通関手続きを行い、関税は徴収が免除されますが、増値税は徴収されて輸入が許可されます。
⑤ 輸入時の輸入許可証（一般的に自動輸入許可証）の提出は免除されます。

3．無償提供される設備の性質

　無償提供される設備は、繰り返しになりますが「保税貨物」としての性質があり、一般に税関監督管理下にある「税関監管貨物」と言います。
① 税関の監督管理下にある期間は、輸入が許可された日から税関の監督管理が解除される日までとし、監督管理期限は5年です。
② 無償で提供されていることから、機械設備の所有権は外国側にあります。そのために、中国側の企業は、会社の固定資産として計上することができません。

　　すなわち、固定資産として計上できないことから、輸入時に徴収された増値税については、仕入控除することができないので、コストとして吸収することとなります。

③ 監督管理期限が満了した場合には、中国側企業は税関の規定に基づき監督管理の解除手続きを行い、税関から監督管理解除証明を受領する必要があります。
④ 代価を伴わない設備は、所有権が外国側にあることから、期限終了後は原則として外国側へ積み戻し手続きを行わなければなりません。ただし、外国側が所有権を放棄し、税関へ申請して認められれば監督管理期限が満了する前に監督管理の事前解除も可能ですが、関税の納付、輸入許可証の取得が要求されるほか、中古機電産品としての申請も必要になります。

第2章　重要な対外貿易としての加工貿易

⑤　監督管理の期間満了後も中国国内で引き続き使用を希望する場合も、同
　様の手続きが必要ですが、関税の納付は免除されます。

> **Q：来料加工で製造設備が必要になった場合、外国企業は必ず無償で提供し**
> **なければならないのでしょうか？**
> A：そのようなことはありません。無償で提供するかどうかは、あくまでも
> 当事者の協議により合意する事項です。
> **Q：加工貿易のために、一定期間、金型や機械を無償で提供することがあり**
> **ますが、これも代価を伴わない設備になるのでしょうか？**
> A：6カ月以内（1年までの延長も可能）に限り無償で提供され、再輸出され
> る場合であれば、「一時輸出入貨物」として、通関申告するか、関税、増値
> 税を支払って一般貨物として輸入し、輸出することになります。

第7節　非正常な加工貿易貨物の処理

第7節　非正常な加工貿易貨物の処理

　加工貿易を行う過程では、どうしても不良品、切り屑あるいは余剰原材料が出るなどの問題が発生します。しかし、このような貨物も税関の照合抹消（つまり、核銷）が完了するまでは、いわゆる保税貨物の対象となるので、税関の許可を得ずに国内販売するなどの処理することはできません。

　これらの貨物を税関の許可を得ないで処理することにより、税関から密輸事案として追及される事例は、相当程度多いと見られます。この問題について中国税関は、《中国税関の切り屑、余剰原材料、不良品、副産物と損傷貨物の管理方法》（税関総署令第111号）を定めています。

１．非正常な加工貿易貨物とは？

① 切り屑（中国語で「边角料」）とは、加工生産する過程で産み出され、輸出する製品に再度使用する方法がなく数量が合理的なスクラップ、破砕物及び裁ち屑のような加工くずを指します。

② 余剰原材料（中国語で「剩余料件」）とは、加工生産する過程で余剰となった原材料であって、引き続き加工製造に使用することもできる輸入原材料を指します。

③ 不良品（中国語で「残次品」）とは、加工生産する過程で契約条件の基準に合致せず、正規品として輸出する方法がない製品（完成品と未完成品も含む）を指します。

④ 副産物（中国語で「副产品」）とは、主製造品を加工生産する過程で、同時に産み出されるが輸出契約には規定がない産品を指します。

⑤ 損傷貨物（中国語で「受损货物」）とは、加工貿易業務中に不可抗力などにより、保税状態で正当な理由で造成された破損、不足、滅失、汚れなどの原因によって、正規の加工あるいは輸出をすることができないことが税関による審査を受けて許可された輸入保税原材料と加工後の製品を指します。

⑥ 輸出すべき製品も正当な理由があれば、国内販売が可能になります。

61

第2章　重要な対外貿易としての加工貿易

２．処理方法について

　処理方法は、基本的に国内販売、積戻し、廃棄処分となりますが、余剰原材料については、一定の条件を満たせば次の契約に繰り入れることも可能です。

①　国内販売（中国語で「内销」）は、輸入通関申告を行う必要があり、課税の対象ですが、課税価格は、基本的に輸入保税原材料の価格及び実際の取引価格を基礎として税関が査定し決定されます。品目によっては輸入許可証（自動輸入許可証）を取得する必要があります。

②　積み戻し（中国語で「退运」）は、積み戻し輸出通関申告をすることになります。貿易方式としては、例えば進料加工で発生した切り屑であれば「進料辺角料復出」、来料加工で発生した余剰原材料であれば「来料料件復出」として申告します。

③　廃棄は税関の認定する業者へ委託して廃棄処置を行い、その処置証明書を受領する必要があります。場合によっては、税関職員が立ち会うこともあります。

④　保税移転（中国語で「结转」）は、余剰となった原材料を加工貿易企業が、次の契約に繰り入れることができる方式です。この場合、同一企業で、同一の輸入原材料と同一の加工貿易方式に限るものとします。すべての条件を具備する場合、税関は規定により歩留まりを審査決定した後、企業は前の契約の照合抹消を行い、次の契約へ余剰原材料の保税移転手続きを行うことができます。

⑤　買手の倒産などによる輸出契約の取消しがあった場合、正常な加工品であっても正規品として輸出ができないことになります。この場合には、正当な理由があるものとして、先ず商務主管部門の審査を経て税関で輸入手続きを行い、中国国内への販売が認められます。ただし、加工した製品に対して課税されず使用した原材料に対しては関税、増値税を納付する必要があり、輸入許可証などが要求される場合は、その取得が必要となります。

３．原材料、製品を積戻して交換する場合について

　加工貿易であっても、通常の貿易と同様に品質、規格などの原因により、原材料であれば積み戻し輸出をして正常な貨物と交換し、再輸入することとなります。輸出した加工製品であれば、外国側から返送を受けて正常な貨物と交換して再輸出する必要がある場合があります（このような行為を中国語では、「退換」と言います。交換しない返品の場合は、「退运」と言います）。

　積戻し交換を行うためには、それぞれ輸出通関と輸入通関を行うこととなります。その基本的な条件は、次の通りです。

① 　該当する電子化加工貿易手冊あるいは電子帳簿が有効期間内であること。

② 　外国側、中国側の双方が積戻し交換に同意し、契約などを締結していること。

③ 　交換を必要とする理由を証明する資料（状況説明など）を提出すること。

④ 　積戻し交換する原材料あるいは製品は、輸出と輸入申告時の品名、数量、金額が同一であること

⑤ 　当初に輸入した原材料あるいは輸出した製品の通関申告書を用意すること。

第2章　重要な対外貿易としての加工貿易

第3章

中国の貿易管理

第3章　中国の貿易管理

　対外貿易管理制度は、各国が対外貿易活動を管理する各種の手段であり、一般に関税措置と非関税措置に分けられます。本章では、非関税措置に対して説明を進めていくこととしますが、管理の対象となるのは、貨物は当然として、技術の輸出入、サービス貿易（服務貿易）の輸出入も対象となります。

第1節　中国の輸出入許可証制度の概要

　対外貿易管理の目的は、中国に限らず、その国の経済的な利益を保護し、一方で、時には政治あるいは軍事目的を達成する手段としても利用されます。こうした点から、しばしば国際摩擦の原因ともなっています

　また、中国の対外貿易管理には、該当する輸出入貨物を管理する他の行政機関の事前承認（わが国で言う、他法令関係）を取得してから、輸出入許可証などを申請する貨物も多くあるので、順次、説明することとします。

１．中国の対外貿易管理の内容

　基本となる法律は、《中国対外貿易法》（中国主席令第22号）です。同法第2条で、「本法は対外貿易及び対外貿易に関連する知的所有権の保護に対して適用する。本法で言う所の対外貿易とは、貨物の輸出入、技術の輸出入と国際サービス貿易を指す」と規定され、具体的な方法として、第19条で「国家は輸入或いは輸出を制限する貨物に対して、金額割当、許可証等の方式で管理を実行する。輸入或いは輸出を制限する技術に対しては、許可証管理を実行する。金額割当、許可証管理を実行する貨物、技術は、国務院により規定され国務院の対外貿易主管部門或いは、それに協調する国務院のその他の関連部門の許可を経て、始めて輸入或いは輸出することができる。国家は一部の輸入貨物に対して関税割当管理を実行する」と規定されています。

２．輸出入貿易管理の種類

　基本となる法律は、対外貿易法に基づく《中国の貨物輸出入管理条例》にな

66

ります。貨物の輸出入貿易の管理は、禁止される貨物、制限される貨物、登録管理貨物、自由に輸出入ができる貨物に大きく分類されます。

（1）輸入貨物に対する管理
イ．輸入禁止貨物
　輸入禁止貨物目録が公布されています。禁止の根拠となるのは、検疫上の制約、ワシントン条約関係、環境汚染などの貨物で、次のような貨物が対象となります。
①　阿片、フロン113、四塩化炭素、虎骨、サイの角など
②　一部の中古機電産品（ボイラー、バーナー、レントゲン装置、輸血設備を含む各種医療用機器、自動車、エンジン、ゲーム機など）
③　アスベスト、1,2－ジブロモエタン、アルドリンなどの農薬など
④　「輸入禁止固体廃物目録」に記載されている、固体スクラップ類（動植物の廃物、水銀、鉱物の残りかす、生活ごみ、医療ごみ、ガラスくず、電池、廃棄家電製品などで、原料として再生できる固体スクラップは除く）
⑤　右ハンドルの自動車
⑥　「中華民国製造」、「MADE IN ROC」の表示が抹消されていない貨物

ロ．輸入制限貨物
　割当（中国語で「配額」）管理及び輸入許可証管理が行われ、毎年末までに翌年の対象貨物が公布されます。2019年度の例では、次の通りです。
①　関税割当管理
　　輸入関税割当証明を受領後、輸入通関に使用します。該当する貨物は、食用砂糖、羊毛、化学肥料（尿素、複合肥料など）、米、小麦、トウモロコシ、綿花などです。
②　輸入許可証管理
　　重点管理中古機電産品（第9章第4節で説明します）、オゾン層破壊物質及び他法令関係の管理貨物（軍民両用化学品、容易に毒物を製造できる化学品など）が対象となります。

ハ．輸入自由貨物
　自由に輸入できる貨物は、2つに区分されます。

① 何らの制限も受けない輸入貨物
② 自由に輸入することができるが登録管理を必要とする機電産品などを中心とした「自動輸入許可証」管理貨物

(2) 輸出貨物に対する管理

イ．輸出禁止貨物

輸出禁止貨物目録が公布されています。禁止の根拠となるのは、検疫上の制約、ワシントン条約関係、環境汚染などの貨物で、次のような貨物が対象となります。

① 阿片、フロン113、四塩化炭素、虎骨、サイの角など
② 木炭
③ アスベスト、1,2-ジブロモエタン、アルドリンなどの農薬など
④ 珪砂、天然砂、泥炭など
⑤ 「中華民国製造」、「MADE IN ROC」の表示が抹消されていない貨物
⑥ 古美術品 (中国文物法に規定する国宝など)

ロ．輸出制限貨物

金額割当管理許可証 (入札割当管理を含む) 及び輸出許可証管理が行われ、毎年末までに翌年の対象貨物が公布されます。

2019年度の例では、下記の通りです。

① 金額・数量割当貨物
小麦、小麦粉、米、石炭、綿花、生きた家畜類、製材など
② 割当入札管理貨物
イ草及びその製品、甘草及びその製品など
③ 輸出許可証管理
リン鉱石、肉類、レアアース、錫及びその製品、モリブデン及びその製品、ビタミンC、オートバイ及びフレーム、自動車及びシャーシなど
③ 国営企業輸出管理
国営企業のみが輸出できる貨物で、タングステン、白銀、アンチモンなどです。

（3）各種の輸出入許可証対象貨物の把握

　対象となる貨物は、HSコードごとに「監管証件コード」によって指定されています。例えば、HSコード【8703234110】の排気量1.5ℓ≦2ℓのピストンエンジン小型乗用自動車の場合、監管認件コードは【46AOxy】となっています。主なコードは**表3−1**の通りです。

表3−1　主な監管証件コード

監管コード	監管証件の名称	監管コード	監管証件の名称
1	輸入許可証	O	自動輸入許可証（新・旧機電）
4	輸出許可証		
6	中古機電輸入禁止	P	廃物輸入許可証
7	自動輸入許可証	t	関税割当証明
8	輸出禁止商品	x	輸出許可証（加工貿易）
9	輸入禁止商品		

> **Q：インターネットを通じて、監管コードを調べることはできますか？**
> A：幾つかの方法がありますが、例えば、「全関通」と言うサイト（www.qgtong.com）があります。そのHPの、「全関通数据庫」に「税関税則」があり、枠内に最低4桁のHSコードをインプットすれば、該当する10桁のコードが全て表示されるので、あてはまるHSコードを選択し、その「監管証件」欄を参照してください。

（4）輸出入許可証の取得が免除される場合

　次のような場合には、対象となる貨物であっても輸出入許可証の取得が免除されます（ただし、例外となる貨物もあります）。

イ．輸入許可証の取得が免除される場合

①　加工貿易により輸入される原材料、機械設備

②　一時輸入貨物（例えば、修理品、展覧会出品物など）

第3章　中国の貿易管理

③　無償の賠償貨物

④　国外から保税監督管理区域へ移入される外国貨物

ロ．**輸出許可証の取得が免除される場合**

①　一時輸出貨物

②　3万元以下の貨物サンプル

③　積戻し返送貨物

④　保税監督管理区域から国外へ送り出される貨物

Q：軍用品と誤認される可能性のある商品を輸入しようとした場合、中国からの輸出に際してどのような問題がありますか？

A：中国には《中国軍品輸出管理条例》があり、軍事目的の装備、専用の設備及び物資、技術などが対象となりますが、広範囲な産品に網掛けされていることから、貿易管理上のコードは設定されていないので、この管理条例に基づく、「軍品輸出管理明細書」（中国語で「军品出口管理单」）が制定されています。明細書は大きく14類に区分され、いわゆる武器類、軍用車両、軍艦、軍用機、軍事設備などのほか、それらに使用される部品類及び迷彩服、軍帽などその装備も含まれます。しかし、輸出ができる企業は、軍用品貿易公司に限定されていますので、一般の輸出企業が輸出できるのは非軍用品（民用）に限定されることとなります。

第2節　輸出入許可証の具体的な内容

１．輸入許可証について

　根拠となる規定は、2005年1月から施行されている《貨物輸入許可証管理方法》(商務部令2004年第27号)になります。

　輸入許可証の申請は、書面形式によることもネットワークによる申請も可能ですが、関税割当証明は書面形式になります。

(1) 発給機関

　商務部が輸入許可証の発給を主管しますが、対象貨物によって発給機構が区分され、規定上は、3営業日で発給されるとなっています (ただし、データが正しく、書類が整っていること)。

① 　商務部許可証局管轄：重点中古機電産品、オゾン層破壊物質 (北京管理企業の場合) 及び関税割当管理貨物

② 　地方商務主管部門管轄：オゾン層破壊物質 (北京管理以外)

(2) 輸入許可証の申請に必要な書類

　ネットワークによる申請であっても、事後、提出が必要です。

① 　輸入許可証申請書 (**資料3－1**参照)

② 　各種の資料となる書類、例えば、重点中古機電産品の場合は、用途説明、設備の状況、製造年月日の証明など

③ 　他法令による輸入を許可する書類

(3) 輸入許可証のペーパーレス化

　輸入許可証については、2018年10月15日からペーパーレス化が可能となっています。ただし、従来のペーパーによる許可証の取得も可能です。ペーパーレス化で取得する場合は、「輸入許可証電子証書」の形式となり、輸入通関もペーパーレス化で行う必要があります。

第3章　中国の貿易管理

資料3-1　中华人民共和国进口许可证申请表

1.进口商：　　　　代码		3.进口许可证号：	
2.收货人：　　　　代码		4.进口许可证有效截止日期： 　　　　　　　　　　年　　月　　日	
5.贸易方式：		8.出口国(地区)：	
6.外汇来源：		9.原产地国(地区)：	
7.报关口岸：		10.商品用途：	
11.商品名称：		商品编码：	

12.规格、型号	13.单位	14.数量	15.单价(币别)	16.总值(币别)	17.总值折美元
18.总 计：					

19.领证人姓名： 联系电话： 申请日期： 下次联系日期：	20.　签证机构审批(初审)： 终审：

中华人民共和国商务部监制　　　　　　　　　　　　第一联(正本)签证机构存档

（4）関税割当証明

　関税割当証明の取得には、次の通りの書類が必要です。

① 　営業許可証

② 　輸入関税配額申請表

③ 　貨物輸入契約書

④ 　その他の法定文書

（5）輸入許可証の有効期間

　有効期間は許可証が発給された日から、その年の12月31日までとなります（ただし、正当な理由があれば、翌年の3月末までの延長は可能です）。

(6) 輸入許可証の使用

輸入許可証の使用については、「一許可証・一税関」制として、有効期間内に一直属税関(例えば、上海税関管区)のみで使用することになります。また、一般的な状況下では「一決裁・一許可証」制として有効期間内に一回のみ通関申告に使用できることを指します。

現状では、実行されていませんが「非一決裁・一許可証」が実行される場合には、輸入許可証の有効期間内で複数回の通関申告に使用できることを指しますが、最多でも12回を超えないものとなっています。

ペーパーレス化の場合には、税関から発給機構へデータが送信されて、使用状態が把握されます。

2. 自動輸入許可証について

自動輸入許可も基本となる規定は、《中国対外貿易法》になります。

同法第15条では、「国務院の対外貿易主管部門は輸入情況を観測する必要性から、自由な輸入貨物の一部に対して輸入自動許可を実行し並びにそのリストを公布することが出来る」と規定しています。つまり、自動輸入許可証の目的は、統計に利用し、国内産業に重大な影響を及ぼす可能性のある大量で重要な貨物の監督を目的として、その輸入状況を把握することにあり、規制することは主目的としていないので基本的に申請があれば、自動輸入許可証は必ず発給される性質を持っています。

実務上の規定としては、《貨物自動輸入許可管理方法》があり、その第2条で、「貨物の輸入に従事する対外貿易経営者或いはその他の組織は、《自動輸入許可管理貨物目録》内に属する商品を、中国国内に輸入されれば、本方法を適用する」と規定されています。

(1) 自動輸入許可証の対象貨物の区分

対象貨物は、非機電類と機電類に区分され、毎年末までに翌年の自動輸入許可管理貨物目録が公表されますが、HSコードで個別に指定されます。2019年は、118アイテムが対象外となり、主な品目としては次の通りです。

イ．非機電類（2019年は商務部、地方発給を合わせて157アイテム）

牛肉、豚肉、羊肉、鶏肉、牛乳、粉乳、大豆、植物油、煙草、砂糖（非割当管理のもの）、鉄鉱石、原油・製品油、化学肥料、鋼材など26品目

ロ．機電類（2019年は426アイテム）

商務部発給：煙草機械、移動通信産品、サテライト通信テレビ設備及びコア部分品、各種自動車・KDパーツ、航空機、船舶など

地方発給：自動車用以外のエンジン、工程機械（タワークレーン、掘削機など）、印刷機械、紡織機械、金属冶金及び加工設備、金属加工工作機械（旋盤など）、電気設備（発電機、溶接機など）、鉄道機関車、自動車（87.02に属する製品が中心）、航空機、船舶、医療設備など

（2019年から、HS8704210000及び8704310000の5トン積み以下のトラックが対象となった）

（2）自動輸入許可証の発給

自動輸入許可証の発給は、地区を限定したトライアル期間を経て2016年1月から全国ベースで、ペーパーレス化（自動輸入許可証電子証書）が実行されています。したがって、該当する貨物の輸入通関申告に際しては紙の許可証を提出する必要はなくなりました。ただし、当然ですがシステムトラブルなどが発生した場合は、紙による許可証の発給も可能となっています。

ペーパーレス化されていますが、企業は紙による自動輸入許可証をプリントして保存する必要があり、「一決裁一証明」では、保存期間は3年となります。なお、「非一決裁一証明」では、マルチ使用が終了した時に、紙による許可証を税関へ提出して、照合抹消をしてもらうこととなります。

（3）機電類の発給手順

イ．企業登録と申請

商務部進出口許可証件申領平台（プラットフォーム）にアクセスし、「機電産品輸入単証管理システム」により企業登録を行います。登録が承認されれば、自動輸入許可証の電子申請表にデータをインプットし、営業許可証、対外貿

易経営者の証明書類などの書類をPDF化して電送します。

ロ．許可証の審査と許可

　申請されたデータに疑いがあれば、申請人に対し、説明あるいは資料の提供が求められます。審査に合格すれば、職員が電子署名し、電子化の自動機電産品輸入許可証に、電子印鑑が押印され、データは税関へ電送されますが、審査期間は、原則として10日以内とされています。特定の機電産品の場合には、さらに資料の提供が要求されます。例えば、医療設備類の機電産品、中古機電産品、たばこ製造設備、光ディスク生産設備などです。

ハ．自動輸入許可証の取得を免除される場合

① 　加工貿易による機電産品

② 　外国投資企業が自家用として輸入する機電産品

③ 　一時輸入貨物

（4）非機電類の発給手順

イ．事前届け出を必要とする場合

　貨物によっては許可証を申請する前に、関係する組織に届出などを行う必要があります。例えば、肉類、大豆、植物油、燃料油などが対象になります。

ロ．商務部へ企業登録

　商務部の進出口許可証件申領平台（プラットフォーム）にアクセスし、「非機電産品自動輸入許可証発給システム」により企業登録を行います。

ハ．許可証の審査と許可

　申請されたデータに疑いがあれば、申請人に対して説明あるいは資料の提供を求めることになります。審査に合格すれば、職員が電子署名し電子化の自動輸入許可証には電子印鑑が押印され、データは税関へ電送されます。審査期間は、原則として10日以内とされています。

第3章　中国の貿易管理

3．輸出許可証について

　根拠となる規定は、2008年7月から施行されている《貨物輸出許可証管理方法》(商務部令2008年11号)になります。

　輸出許可証の申請は、書面形式によることもネットワークによる申請も可能ですが、金額割当証明は書面形式になります。

(1) 発給機関

　商務部が輸出許可証の発給を主管しますが、対象貨物によって発給機構が区分されています。規定上は、3営業日で発給されるとなっています(ただし、データが正しく、書類が整っていること)。

①　商務部許可証局管轄：小麦、トウモロコシ、綿花、石炭、原油、精製油など及び北京所在の国営企業扱いの輸出貨物

②　商務部地方特派員弁事処管轄：生きた家畜類、小麦粉、米、甘草及びその製品、イ草及びその製品、錫及びその製品、モリブデン及びその製品、リン鉱石など

③　地方商務主管部門管轄：肉類、レアアース、ビタミンC、オートバイ及びフレーム、自動車(CKDを含む)及びシャーシなど

(2) 輸出許可証の申請に必要な書類

　ネットワークによる申請であっても、事後、提出が必要です。

①　輸出許可証申請書

②　金額割当管理貨物の場合は、管轄する行政機関の輸出金額割当文書の原本あるいは入札管理貨物の場合は、落札リスト及び数量が記載された「申領配額招標貨物出口許可証明書」の原本など

③　輸出契約書

④　その他の必要な書類

(3) 輸出許可証の有効期間

　輸出許可証の有効期間は、6か月を超えてはならず、発給された日から、

その年の12月31日までとなり、使用されなかった場合は自動的に失効となります。

(4) 輸出許可証の使用

　輸出許可証の使用については、輸入許可証と同様に「一許可証・一税関」となります。また、輸出許可証では「一決裁・一許可証」と「非一決裁・一許可証」制に区分されます。

　「非一決裁・一許可証」は、有効期間内で複数回の通関申告に使用できることを指しますが、最多でも12回を超えないものとなっており、適用されるケースは、輸出許可証の対象となる貨物を外国投資企業を輸出する場合と加工貿易による輸出が該当しています。

Ｑ１：中国の輸入通関の時に必要な「輸入許可証」のオリジナルは、現地通関業者が保管していますが、複数の通関業者（あるいは、複数の場所）で通関する場合にコピーあるいはPDFで代用できますか？

Ａ１：残念ながらできません。一般にマルチ使用は認められていないこと、陸揚げ地ごとに取得する必要があることがその理由です。

Ｑ２：中国へ輸入する時にＩ／Ｌ（輸入許可証）が必要になる場合、輸入会社によって許可されるスピードが違うのはどうしてですか？

Ａ２：申請書類の揃え方、申請書の作成の優劣が考えられますが、AEO分類で認証企業か一般信用企業かによっても差が出ます。その他の要因として、当該行政との関係が良いか悪いかが影響していることも考えられます。

第3章 中国の貿易管理

第3節　ワッセナー・アレンジメントへの対応

　ワッセナー・アレンジメント（以後は、W/Aと略称します）とは、外務省のホームページによれば、正式には《通常兵器及び関連汎用品・技術の輸出管理に関するワッセナー・アレンジメント》と呼ばれ、そのルーツは、対共産圏の輸出規制であるココムリストにあります。冷戦の終結に伴い、ココムリストはその役目を終えましたが、新たな国際社会の輸出管理体制のため、1996年7月にW/Aとして正式に発足しました。わが国では、輸出貿易管理令の別表1により、《リスト規制》、《キャッチオール規制》として、管理されています。

　中国は、W/Aには加盟していませんが、国際貿易への対応は当然ながらどうしても必要であることから、対象となる貨物の輸出入管理について、対応する法律を制定しているので、以下で説明を進めることとします（なお、W/Aは中国語で「瓦森纳协议」と言います）。

1.両用アイテムと技術の輸出入管理とは？

　両用アイテム（中国語で「両用物项」）と技術とは、軍需用と民需用に微妙に関連する通常兵器及び関連汎用品・技術を意味しています。

　両用アイテムの輸出入については、企業にその資格が必要となりますが、貿易管理面では、《両用アイテムと技術輸出入許可証管理方法》（商務部・税関総署2005年第29号）（中国語で「両用物项和技术进出口许可证管理办法」）が制定されていますが、その第2条で次のような法律を基に構成すると規定しています。

① 　核輸出管制条例

② 　両用アイテム及び関連技術輸出管制条例

③ 　ミサイル及び関連アイテムと技術輸出管制条例

④ 　バイオ両用アイテム及び関連設備と技術輸出管制条例

⑤ 　監視制御する化学品管理条例

⑥ 　容易に毒物を製造できる化学品管理条例

⑦ 　化学品及び関連設備と技術に関する輸出管制方法

２．具体的な対象となる貨物

　対象となる貨物については、多くの対象貨物があり、前年末頃に次年度の「両用物項と技術輸出入許可証管理目録」により、その詳細が公表されます。

　2019年度は商務部・税関総署2018年第104号公告で実施されているので、詳しくは、商務部などのホームページから検索することになりますが、個別の対象品目は、すべてHSコードにより指定されています。

　輸入と輸出別の主な内容は次の通りです。

(1) 両用アイテムと技術輸入許可証管理目録

イ．監視制御する化学品管理条例によるアイテム

① 第一類：化学兵器を製造できる化学品
　　例えば、マスタードガス、サリン、ソマンなど

② 第二類：化学兵器を製造できる前駆体となる化学品
　　例えば、三塩化ヒ素、2,2'-チオジエタノールなど

③ 第三類：化学兵器を製造できる主要原料となる化学品
　　例えば、シアン化水素、ホスゲン、ジメチルアミなど

ロ．容易に毒物を生産できる化学品

　例えば、エフェドリン、塩酸、硫酸、トルエンなど

ハ．放射性同位元素

　例えば、天然ウラン及びその化合物、ラジウム226など

(2) 両用アイテムと技術輸出許可証管理目録

イ．核輸出管制明細書（中国語で「核出口管制清単」）に掲げるアイテムと技術

　例えば、天然ウラン及びその化合物、劣化ウラン、重水などの原料、原子炉に関係する設備、パイプ、熱交換器、蒸気発生器など

ロ．核両用品及び関連技術輸出管制明細書記載のアイテムと技術

① 工業設備（設備、部品、ソフト、技術など）
　　例えば、ロボット、ローリング成型工作機械、デジタル高精度フライス盤など

② 材料（設備、部品、技術など）

例えば、特殊なアルミ合金、炭素繊維、ガラス繊維など

③ 一部のウラン分離設備と部品

周波数コンバータ、レーザー、真空ポンプなど

④ 重水生産設備（設備、部品、技術など）

⑤ 核爆発装置の研究開発に必要な設備

⑥ 核爆発装置の部品

（3）バイオ両用品及び関連設備と技術輸出管制明細書記載のアイテムと技術

例えば、人及び人畜共通の病原体、植物病原体、動物病原体、毒素及びその亜種、遺伝物質など

（4）監視制御する化学品管理条例によるアイテム

例えば、マスタードガス、サリン、ソマンなど

（5）化学品及び関係設備と技術に関する管制リストに掲げるアイテムと技術

① 化学品：フッ化水素、イソプロピルアミンなど

② 化学品に関する設備：バルブ、ポンプ、タンクなど

（6）ミサイル及び関連アイテムと技術輸出管制リストに掲げるアイテムと技術

例えば、弾道ミサイル、移動ロケット、エンジン、制御装置など

（7）容易に毒物を製造できる化学品

例えば、エフェドリン、塩酸、硫酸、トルエンなど

（8）一部の両用アイテムと技術

例えば、無人飛行機及びその部品と製造設備、浚渫船など

３．両用アイテムと技術の輸入許可証

　両用アイテムと技術に対する輸入許可証管理の対象は、監視制御する化学品、容易に毒物を製造できる化学品及び放射性同位元素になります。

　貿易方式としては、一般貿易ばかりでなく加工貿易の輸入も対象とされ、通関上の監管証件コードは、「２」となります。

　なお、国外から保税監督管理区域に保税貨物として搬入される場合も、取得が要求されます。

(1) あらかじめ必要とする資料
イ．監視制御する化学品の場合
　化学工業主管部門（工業と情報化部管轄）へ「輸入監視制御化学品ユーザー申請表」と「監視制御化学品輸入申請表」を提出し、決裁印を押印してもらいます。
ロ．容易に毒物を製造できる化学品の場合
　商務部の両用アイテムと技術輸出入管理電子政務プラットフォームで、「易制毒化学品輸入（輸出）申請表」作成し、承認されれば、「両用アイテムと技術輸入（輸出）決裁回答書」が発給されます。
ハ．放射性同位元素の場合
　国家環境保護部が批准した「放射性同位元素輸入審査批表」を受領します。

(2) 両用アイテムと技術輸入許可証の申請と受領
イ．申請先
① 　監視制御する化学品：商務部配額許可証事務局です。
② 　容易に毒物を製造できる化学品：中央管理企業は、①と同様で、その他の企業は各地の省レベルの商務部門です。
③ 　放射性同位元素：中央管理企業は、①と同じです。
ロ．申請と発給
　「両用アイテムと技術輸入許可証申請受領表」（**資料３－２**参照）を、オンライン申請あるいは紙により窓口で申請します。

第3章　中国の貿易管理

　申請が正しければ、許可証がプリントアウトされますが、発給された輸入許可証は、訂正ができませんのでどうしても必要な場合は、再度、申請することになります。

ハ．有効期間

　輸入許可証の有効期間は一年で、年度を超えて使用することは原則としてできませんが、特殊事情によっては、翌年3月31日までの延長は可能です。

ニ．発給の条件

　輸入許可証は、「一証明・一税関」とされ、「一決裁・一証明」制と大量あるいはバラ積み貨物には、「非一決裁・一証明」制が実施されます。

資料3－2　中华人民共和国两用物项和技术进口许可证申请表

1.进口商　　　　　代码：			3.进口许可证号		
2.收货人			4.进口许可证有效截至日期		
5.贸易方式			8.出口国(地区)		
6.合同号			9.付款方式		
7.报关口岸			10.运输方式		
11.最终用途			13.最终用户		
12.外汇来源			14.原产地国(地区)		
15.商品名称　　　　　　　　　　　　　　　　　　　商品编码：					
16.规格型号	17.单位	18.数量	19.单价( )	20.总值( )	21.总值折美元
22.总　计：					
23.领证人姓名： 　　　　申请单位盖章 联系人：　　　　电话：			24.发证机构审批(初审)： 　　　　经办人： 25.终审：		

中华人民共和国商务部监制

82

第3節　ワッセナー・アレンジメントへの対応

4．両用アイテムと技術の輸出許可証

両用アイテムと技術に対する輸出許可証管理の対象は、核、核両用品及び関連設備と技術、バイオ両用アイテム及び関連設備と技術、監視制御する化学品、関係する化学品及び関連設備と技術、ミサイル及び関連アイテムと技術、容易に毒物を製造できる化学品及び無人飛行機と高性能コンピュータなど、多岐にわたります。

貿易方式としては、一般貿易ばかりでなく加工貿易の輸入も対象とされ、通関上の監管証件コードは、「3」となりますが、特定国向け（アフガニスタンなど）の場合は、そのコードは「G」となります。

（1）あらかじめ必要とする書類
イ．核の場合

国家原子能機構へ「核輸出申請表」（最終ユーザー証明も添付）を提出し、さらに核に関係する各部門の審査を受けて承認を得る必要があります。

ロ．核両用品及び関連設備と技術の場合

商務主管部門へ「核両用品及び関連技術輸出申請表」（最終ユーザー証明も添付）を提出し、商務主管部門は、各関係部門と協議して45日以内に許可するかどうかを決裁します。

ハ．バイオ両用品及び関連設備と技術の場合

商務主管部門へ「生物両用品及び関連設備と技術申請表」を提出し、商務主管部門は45日以内に許可するかどうかを決裁します。

ニ．監視制御する化学品の場合

対象となる貨物は主として化学兵器に使用できる化学品です。化学工業主管部門へ「監控化学品輸出申請表」を提出して決裁を受けます。この時に、輸入国政府などが発行する兵器の生産に使用しないこと、第三国へ転売しないことの保証書が要求されます。

ホ．関係する化学品及び関連する設備と技術の場合

商務主管部門へ「関係する化学品及び関連する設備と技術輸出申請表」を提出して決裁を受けます。この時に「最終ユーザーと最終用途証明」（**資料3−3、**

83

第3章　中国の貿易管理

資料3－4参照)が要求されます。

ヘ．バイオ両用品及び関連設備と技術の場合

商務主管部門へ「生物両用品及び関連設備と技術申請表」を提出して決裁を受けます。この時に「最終ユーザーと最終用途証明」が要求されます。

ト．ミサイル及び関連アイテムと技術の場合

商務主管部門へ「ミサイル及び関連アイテムと技術輸出申請表」を提出し、商務主管部門は45日以内に許可するかどうかを決裁します。この時に「最終ユーザーと最終用途証明」が要求されます。

チ．容易に毒物を製造できる化学品の場合

商務部の両用アイテムと技術輸出入管理電子政務プラットフォームで、「易制毒化学品輸出申請表」を作成し、承認されれば、「両用アイテムと技術輸輸出決裁回答書(中国語で「批復単」)」が発給されます。

リ．無人飛行機と高性能コンピュータの場合

商務主管部門へ各々の「輸出申請表」を提出し、商務主管部門は45日以内に許可するかどうかを決裁します。この時に「最終ユーザーと最終用途証明」が要求されます。

(2) 両用アイテムと技術輸入許可証の申請と受領

イ．申請先の区分

① 　監視制御する化学品：商務部配額許可証事務局です。

② 　容易に毒物を製造できる化学品：中央管理企業は、①と同様で、その他の企業は各地の省レベルの商務部門です。

③ 　放射性同位元素：中央管理企業は、①と同じです。

ロ．申請と発給

「両用アイテムと技術輸入許可証申請受領表」をオンライン申請あるいは紙により窓口で申請します。申請が正しければ、輸入許可証がプリントアウトされます。

発給された輸入許可証は、訂正ができませんのでどうしても必要な場合は、再度、申請することになります。

84

第3節　ワッセナー・アレンジメントへの対応

資料3−3　End-User and End-Use Certificate
(英文書式)

20YY.MM.DD(Date)

Ministry of Commerce of P. R. China,

　　We, (Company name and address), are the end-user of (Commodity name) purchased from the Chinese company (Company name) under contract (Contract No.).
　　We guarantee that we will not transfer the above-said (Commodity name)　to any third party without the consent of the Chinese government.
　　We, (Company name), will only use the (Commodity name) purchased from Chinese company (Company name) under contract (Contract No.) for/in＿＿＿ (End-use).
　　We guarantee that we will not use the above-said (Commodity name) in the storing, processing, producing and treating of weapons of mass destruction and their delivery systems or any use other than we declared above.

Signature/Company Stamp
(Name in print)
＿＿＿＿＿＿＿＿ (Title)
＿＿＿＿＿＿＿＿ (Company name)

資料3−4　最终用户和最终用途证明
(中国語の訳文例)

中华人民共和国商务部：

　　我们, (公司名称、地址) , 是从中国 (公司名称)购买的 (合同号)项下的(商品名称)的最终用户。未经中国政府许可, 我们不将上述 (商品名称)转让给任何第三方。
　　我们, (公司名称) , 将把从中国 (公司名称) 购买的 (合同号) 项下的(商品名称)用于 (最终用途)。未经中国政府许可, 我们不将上述 (商品名称)用于储存、加工、生产、处理大规模杀伤性武器及其运载系统以及申明以外的其他用途。

＿＿＿＿＿＿＿ (最终用户公司名称)
＿＿＿＿＿＿＿ (签字人职务)
＿＿＿＿＿＿＿ (印刷体签字人姓名)
(出口商企业印章)
年　　月　　日

85

第3章　中国の貿易管理

ハ．有効期間

　輸入許可証の有効期間は1年で、年度を超えて使用することは原則としてできませんが、特殊事情によっては、翌年3月31日までの延長は可能です。

ニ．発給の条件

　輸入許可証は、「一証明・一税関」であり、さらに基本的には「一決裁・一証明」制ですが大量あるいはバラ積み貨物には、複数回（ただし、12回まで）使用できる「非一決裁・一証明」制も実施されます。

Q：技術の輸出入は、具体的にどのような行為を指すのでしょうか？

A：技術の輸出入とは、貿易、投資あるいは経済協力の方式を通じて国境を超えて技術を移転する行為を指し、単独で行われる特許権の譲渡、特許の申請譲渡、特許の実施許可、技術秘密の譲渡、技術サービスとその他の方式の技術移転をふくんでいます。関係する法律は《中国技術輸出入管理条例》で、輸入あるいは輸出を禁止し、制限する技術については、技術リストを通じて管理され、許可証管理が実施されます。技術の輸出入契約は、技術輸出入許可証が発給された日からでなければ効力を発生しません。一方、自由に輸出入される技術は、契約を登記管理する必要がありますが、契約そのものは法に従い成立したときに有効となります。

第4節　その他の主な貿易コントロール

1．オーディオ・ビジュアル製品の輸入

　オーディオ・ビジュアル製品（以下では、AV製品と略称しますが、中国語では、音像制品と言います）とは、内容を録音、録画済みの録音テープ・ビデオテープ、レコード、CD、DVDなどの媒体を指します。

　なお、次のような内容を含むAV製品は輸入が禁止されています。

① 　中国憲法の基本原則に反する場合

② 　国家の統一、主権、領土保全に危害のある場合

③ 　国家の安全あるいは国家の栄誉と利益に危害がある場合

④ 　中国共産党を攻撃し、中国政府を中傷した場合

⑤ 　邪教、迷信を宣伝した場合

⑥ 　わいせつ、賭博、暴力を宣伝しあるいは犯罪をそそのかした場合など。

　AV製品の管理には、《音像製品管理条例》（国務院令第343号）が規定され、輸入については、その第4章の規定でAV製品の輸入は国務院出版行政主管部門が批准した輸入経営権を有する企業が行わなければなりません。

　輸入するAV製品についての具体的な規定は、《音像製品輸入管理方法》（新聞出版総署、税関総署令第53号）があり、その第13条で「国家は輸入する音像製品に対して許可管理制度を実行し、輸入する前に、新聞出版総局へ申告して、内容の審査を受け、審査と批准を経て許可文書を取得した後、初めて輸入することが出来る」と規定されています。

　新聞出版総局は、申請から30日以内に輸入を批准するかどうかを決定し、批准されれば、輸入者は新聞出版総局から、「一決裁・一証明」により、AV製品（製品）輸入批准書、AV製品（版権導入）批准書などは2018年11月からEDIにより通関申告書と照合審査されることになりました。なお、通関時の監管証件コードは、「Z」となっています。

第3章　中国の貿易管理

２．廃物原料の輸入

　ここで言う廃物原料とは、原料として使用できる廃棄物を指し、通関時の監管証件コードは、「Ｐ」となっています。ただし、実際の分類は、制限類の輸入許可証と自動輸入許可証に分かれています（輸入禁止の場合は、コードが「９」となります）。

　廃物原料は、《中国固体廃物汚染環境防治法》、《バーゼル条約》、《固体廃物輸入管理方法》などにより管理され、生態環境部（旧環境保護部）、商務部、税関総署（検査検疫部門を含む）などが連合して「輸入禁止固体廃物目録」、「輸入制限類の再生原料にできる固体廃物目録」及び「非輸入制限類の再生原料にできる固体廃物目録」を公布し、分類しています。なお　《固体廃物輸入管理方法》は、正式には《進口可用作原料的固体廃物検験検疫管理弁法》（質検総局令第194号）と言い、2018年２月から改正法が施行されています。

（1）輸入禁止固体廃棄物

　輸入が禁止される廃棄物は、動植物産品廃棄物（廃羽毛、油粕、人毛など）、各種のスラグ（鉱さい）、廃棄医薬品（期限切れなど）、雑多な化学品廃棄物（医療廃棄物など）、プラスチック廃棄物及び加工くず（DVDなどの破砕物など）、ゴム・皮革の廃棄物、回収紙廃棄物（破砕したもの、壁紙、コピー紙など）、紡織原料及び製品の廃棄物（古着、綿の廃棄物など）、ガラス、金属と金属化合物の廃棄物（金属の灰、破砕物など）、電池の廃棄物、家電（仕分けされていない部品など）、その他となっています。

（2）輸入制限類の廃物原料
イ．対象となる貨物

　対象となる貨物は、HSコードにより指定されていますが、中国政府が定める「環境保護制御標準」に適合する金属粒状スラグ及び鉄鋼くず、プラスチック破砕物及び切りくず（エチレン重合体、塩化ビニールの重合体などとして確認できるもの）、回収紙及び紙板（いわゆる、古紙）、金属と合金の破砕物（ステンレス鋼、錫など）、金属混合物（プレスした廃車、銅やアルミの回収を目

88

的とするモーターあるいは電線、解体用船舶類) が該当します。

ロ．輸入許可証の申請方法

　所在地の環境保護局へ「輸入制限類の再生原料にできる固体廃物申請書」
(中国語で「限制進口類可用作原料的固体廃物申請書」に必要書類 (例えば、国
外サプライヤー登録証書、国内荷受人登記証書など) を添付して申請します。

　受理されれば、規定では10業務日で「固体廃物輸入許可証」が発給されます。

(3) 再生原料となる非輸入制限類の廃物原料

イ．対象となる貨物

　対象となる貨物は、HSコードにより指定されていますが、木類 (木質ペレッ
ト、鋸くず)、金属と合金の破砕物 (金、白金、鉄鋼、ニッケルなどのくず)
が該当します。

ロ．輸入許可証の申請方法

　所在地の環境保護局へ「自動輸入許可類の再生原料にできる固体廃物申請
書」(中国語で「自動許可進口類可用作原料的固体廃物申請書」) に必要書類 (例
えば、国外サプライヤー登録証書、国内荷受人登記証書など) を添付して申
請します。受理されれば、規定では10業務日で「固体廃物輸入許可証」が発給
されます。

(4) 輸出する場合に日本側が事前に行うべき事項

イ．サプライヤーの事前登録

　輸入される廃物原料には、今に至るまで医療廃棄物あるいは生活ごみなど
が混入される事例が後を絶たないことから、《固体廃物輸入管理方法》の第4
条で、廃物原料を輸入しようとする者ばかりでなく、中国へ輸出しようとす
る国外サプライヤー (中国語で「供貨商」) も、事前に中国当局へ登録登記する
必要があります。ここで言う、「国外サプライヤー」とは、廃物原料の貿易契
約を締結する当事者とされ、収集、加工、生産企業でもあっても、貿易会社
でも可能です。しかし、登録登記の条件は厳しく、例えば、中国の検査検疫
法規を熟知していること、ISO9001の品質管理資格を保有すること、などが
あげられます。

申請を所轄する行政部門は、国家質量検験検疫総局でしたが、省庁改編に伴い、2018年4月から税関総署の管轄となっています。手順は、概略、以下の通りとなります。

① 「進口可用作原料的固体廃物検験検疫電子監管システム」を通じて登録登記申請書を作成します。登録は、中国国内の代理人に委任する方法が一般的かと思います。

② 提出が要求される書類としては、公証を経た企業登記簿、ISO証書のコピー、作業場所の平面図(写真などを含む)、代理人への委任状など。

③ 申請書、提出書類が整っていれば、申請受理決定書が発給され、さらに専門的な審査が行われます。

④ 審査に合格すれば、「進口可用作原料的固体廃物国外供貨商注冊登記証書」が発給されます。この登記証書の有効期間は5年となっています。

ロ．船積み前検査の実施

実際の輸出に際しても《固体廃物輸入管理方法》の第5条で、船積み前検査を受け、検査証書の取得が義務付けられており、わが国の場合は、CCICジャパン株式会社が中国当局から指定されているので、詳細は同社へお問い合わせください(CCICジャパン株式会社：www.ccicjapan.com)。

(5) 廃物原料の制限拡大

中国政府は、2019年末までに国内資源により代替利用が可能な廃物原料の輸入を大幅に停止する方針を打ち出し、わが国にも波紋が広がっています。

イ．2018年末に禁止された品目

鋼鉄、銅、アルミの回収を目的とする電器、プレスした廃車、廃船、マンガンを含む鉄鋼スラグ、プラスチック破砕物と切りくずなど

ロ．2019年末に禁止が予定される品目

ステンレスのくず、チタンのくず、木質のくずなど

(6) 輸入取扱港区の制限

2019年1月1日から、固体廃物の輸入を取り扱う口岸を全国で18か所に制限する規定が公告されました。

第4節　その他の主な貿易コントロール

例えば、天津税関管区では新港港区、大連税関管区では大窯湾港区、上海税関管区では外高橋港区及び洋山港区、深圳税関管区では深圳蛇口港区となっています。

3．医薬品の輸入

医薬品（中国語では「药品」）とは、人類の疾病の予防、治療、診断などに使用される医薬品で、漢方薬、化学原料及びその製剤、抗生物質、血清、ワクチン、血液製剤、診断用医薬品などが含まれます。

基本的な法律としては、《中国薬品管理法》（中国主席令第45号）及びその実施条例などがありますが、言うまでもなく通関以前にクリアしなければならない事項は極めて多いと考えなければなりません。

概略を説明すると、輸入しようとする医薬品は、輸出国で市販が許可されている必要があり、そのメーカーなどが《輸入薬品管理方法》に基づき薬品管理部門へ申請し、品質、安全性、有効性等の審査を受けて合格すれば、「輸入薬品登録証」（中国語で「药品进口注册证」）を取得する必要があります。

（1）輸入薬品通関書の取得

医薬品の輸入は、「輸入薬品通関単」により監督管理が実施され、輸入通関の監管証件コードは、「Q」となっています。さらに、輸入者は「薬品経営許可証」を取得していなければなりません。

輸入者は、貨物が到着後に輸入の届出を行う必要があります。この時に、「輸入検査申告書」を作成し、「輸入薬品登録証」、「原産地証明書」、「薬品説明書」などのほか、インボイスなどを添付して、輸入地の薬品監督管理局へ届出を行い、審査を通れば「薬品通関書」が発給されるますが、2018年11月からEDIにより輸入通関申告書と照合されることとなりました。

（2）通関申告地の限定

医薬品の輸入は、通関申告を行う地域が北京、天津、上海、大連、青島、成都、重慶、厦門、南京、杭州、寧波、福州、広州、深圳、珠海、海口、西安、南寧の19都市の税関に指定されています。

91

第3章　中国の貿易管理

（3）その他の医薬品の輸出入

①　麻酔薬品の輸出入

「麻酔薬品輸出入准許証」を輸出入通関時に提出します。監管証件コードは、「W」です。

②　精神薬物の輸出入

「精神薬物輸出入准許証」を輸出入通関時に提出します。監管証件コードは、「Ⅰ」です。

③　動物用薬品の輸入

動物用医薬品については、《獣薬管理条例》及び《獣薬輸入管理方法》などの規定があり、「輸入獣薬通関単」を輸入通関時に提出します。監管証件コードは、「R」となります。

４．電子商取引に関する新法が発布

電子商取引（中国語で「電子商務」）は、eコマースとも呼ばれますが、中国でも急速に発展していることは、さまざまな形で報道されており、かつての「爆買い」スタイルに取って代る仕組みともなっています。

電子商取引の発展は急速であり、わが国でもインターネット上の電子商取引契約に関する包括的な法律はまだ有りませんが、経済産業省では、《電子商取引及び情報財取引等に関する準則》を公表しており、さらに、例えば、《電子消費者契約法》、《特定商取引に関する法律》、《個人情報の保護に関する法律》などが準用されているものと考えます。

その事情は中国でも同じであり、これまでは、《インターネットの安全を保護する決定について》、《電子署名法》（中国語で「電子签名法」）、あるいは《民法》などを適用していたものと見られます。しかし、急速の電子商取引の発展に対応するためには、どうしても基本となる法律が必要であるとの立場から、2016年、2017年の二度にわたる草案を経て、2018年8月31日の全人代で、正式に《中国電子商取引法》（中国語で「電子商務法」）が制定されました。ただし、施行は2019年1月1日からであり、現時点の内容は基本を定めたのみで、今後、実施条例あるいは細則などが公布されると思われます。

新法では、その第2条で「本法に言う所の電子商務とは、インターネット

等の情報ネットワークを通じて商品を販売し、或いはサービスを提供する経
営活動を指す」と規定されており、内容を概略、説明しますと、主な項目と
しては、次の通りです。

（1）電子商務経営者

① 電子商務経営者とは、インターネットの情報ネットワークを通じて商品
　を販売し、あるいはサービスを提供する経営活動に従事する法人などを指
　し、電子商務プラットフォームの経営者(中国語で「电子商务平台经营者」)、
　プラットフォーム内の経営者及び自ら構築したネットワーク、その他の
　ネットワークサービスを通じて商品を販売しあるいはサービスを提供する
　法人などの総称で、登記をする必要があります。

② 電子商務プラットフォーム経営者とは、電子商取引の場で、ネットワー
　クによる経営場所、取引への介在、情報の発信などのサービスを提供する
　法人などを指し、いわゆるバーチャルショップを意味するものと考えられ
　ます。

③ プラットフォーム内の経営者とは、電子商取引のプラットフォームを通
　じて商品を販売しあるいはサービスを提供する法人などを指し、いわゆる
　出店者と考えられます。

（2）電子商取引契約の締結と履行

　電子商取引の当事者が締結し履行する契約は、《中国民法総則》、《中国契約
法》、《中国電子サイン法》などの法律も適用されます。

　また、電子商取引の当事者は、電子支払い方式を採用して代金の支払いを
約定することができるとされています。

（3）電子商取引の紛争解決

　主目的は消費者の保護であり、《中国消費者権益保護法》と共に電子商務経
営者に対して消費者が要求することのできる賠償責任、紛争の解決方法など
が規定されています。

第3章　中国の貿易管理

（4）法律責任

　知的財産権を侵害する行為を含み、この法律に違反する行為などについては、行政処罰、罰金などが科されますが、その金額は、最低で2万元から最高では200万元となっています。

5．その他の輸出入貨物の場合

（1）農薬の輸出入

　「中国輸出入農薬登記証明リスト」に記載されている農薬の輸出入には、「農薬輸出入登記管理放行通知単」を輸出入通関時に提出する必要があります。監管証件コードは、「S」です。

（2）黄金及びその製品の輸出入

　「黄金及びその製品輸出入管理リスト」に記載されている金及び金製品で、例えば、非通貨用未鍛造金、金の破砕物、金製首飾り、時計バンド、時計の外殻などが対象となります。対象となるリスト記載貨物の輸出入通関時には、中国銀行が発給する「中国人民銀行黄金及びその製品輸出入准許証」の提出が必要となります。監管証件コードは、「J」です。

（3）商用の暗号産品と暗号技術を含む設備の輸入許可証管理

　《中国商用暗号管理条例》に基づき、「暗号産品と暗号技術を含む設備の輸入管理リスト」が公布され、リストに記された貨物については、国家暗号管理局（中国語で「国家密碼管理局」）が発給する「暗号産品と暗号技術を含む設備の輸入許可証」管理が実施されています。監管証件コードは、「M」です。

　商用の暗号とは、《中国商用暗号管理条例》第2条で「国家の秘密内容に関わらない情報に対して暗号化を加え或いは安全認証に使用する暗号技術と暗号産品を指す」と規定されています。

　対象となる貨物は、例えば、暗号機能を有するコードレス電話機（中国語で「无绳加密电话机」）及び静電感光式で2以上の暗号化機能を有するFAXなどが対象となっています。

第4章

化学品の輸出入

第4章　化学品の輸出入

　わが国と中国との化学品の貿易金額は、2006年以降、常にトップを占めており、特に輸出面（中国では輸入）では重要な貿易品目となっています。

　したがって、化学品の輸出入は、わが国の貿易額全体としても相当の比率を占めており2017年の実績では約12％となっています。

　一方で化学品は年々高度化され、複雑な成分構成を持つ品目も増えており、加えて、2015年8月12日の深夜に発生した天津の化学品倉庫大爆発により、危険化学品ばかりでなく普通化学品に対しても輸出入管理が厳しくなり、化学品全体の通関時間が大幅に増えるなどの弊害が出ています。

　中国税関の立場から見れば、同一のHSコードであっても危険品と普通品が含まれている場合、あるいは成分が複雑でコード判定が難しい場合、また、極端な場合には、危険品であるにもかかわらず、普通化学品として申告するなどの事例も少なくなく、その結果として、税関を含む行政当局の対応が厳しくなっていることも事実であると見ています。

　化学品に関する法規は、第3章で説明した《監視制御する化学品管理条例》、《容易に毒物を製造できる化学品管理条例》、《農薬管理条例》以外にも、《危険化学品安全管理条例》、《危険化学品経営許可証管理方法》、《危険化学品登記管理方法》、《危険化学品環境管理登記方法》、《危険化学品安全使用許可証実施条例》、《輸出入危険化学品及びその包装の監督管理に関する問題の公告》、《道路危険貨物運輸管理規定》、《港湾危険貨物安全管理規定》《中国船舶積載運送危険貨物安全監督管理規定》、《危険化学品倉庫管理条例》などの危険化学品に関する法規の他に、《新化学物質環境管理方法》、《化学品の物理危険性鑑定と分類管理方法》などがあります。

　このほかにも、化学品、特に危険化学品に関する法律、規則は数多く施行されていますが、それにもかかわらず、化学品を巡る事故はたびたび発生しているので、これらの法律、規則が組織の末端まで周知されているか、については疑問のあるところです。

第1節　新化学物質の管理方法

《新化学物質環境管理方法》(旧環境保護部令第7号) は、2003年10月に実施された中国の化学品管理のベースとなる規定で、中国版REACH法とも言われていますが、わが国で言えば、化審法 (化学物質の審査及び製造等の規制に関する法律) による「新規化学物質審査」に相当する仕組みと見ることができます。したがって、新化学物質とは、「中国現有化学物質リスト」に記載されていない化学物質ということになります。

1．新化学物質環境管理方法の概要

新化学物質は化学品の特性鑑別、分類標準を根拠に、一般類の新化学物質と危険類の新化学物質に分けられます。同法の第50条では、「一般類の新化学物質とは、いまだ危害特性が発見されていないか、あるいはその危害性が化学物質統計鑑別、分類に関する標準規定の値より低い新化学物質を指す；危険類の新化学物質とは、物理化学、人体の健康或いは環境危害特性を具有し、且つ化学物質危害特性鑑別、分類に関する標準規定の値に到達しているかあるいは超過した新化学物質を指す」と規定されています。

医薬品、農薬、動物用薬品、化粧品、食品添加物、飼料添加剤などは、それぞれに関係する法律、法規が適用されるので同法の適用範囲には、含まれません。(ただし、それらの原料、中間体については適用の対象となります)

新化学物質の生産者あるいは輸入者は、生産する前あるいは輸入する前に必ず「新化学物質環境管理登記証」を受領する必要があります。

登記証を取得していない新化学物質は、生産、輸入と加工使用が禁止されます。登記証の申請先は、2018年4月の省庁改編に伴い旧環境保護部化学品登記中心から、生態環境部の「固体廃物と化学品管理技術中心」へ移行しています。

２．新化学物質の申告方法の概要

(1) 申告者の資格

　規定の第16条によれば、新化学物質の申告人あるいは、その代理人は、中国国内に登録された機構でなければならないとなっています。したがって、日本側の輸出者が申告する場合には、中国国内の代理人へ委託する必要があります。

(2) 申告の方法

　新化学物質の申告は、通常申告(中国語で「常規申報」)、簡易申告(中国語で「簡易申報」)と化学研究の届出申告(中国語で「備案申報」)に分けられます。簡単に説明すれば、通常申告とは年間の生産量あるいは輸入量が１トン以上であり、申告数量により四等級に分けられ、数量が多ければ測定試験のデータ要求は高くなります。

　簡易申告は１トンに満たない場合に適用され、化学研究の届出申告の場合は、化学研究を目的として年間の生産量あるいは輸入量が、0.1トンに満たない場合となっています。

３．中国の現有化学物質リスト

　中国現有化学物質リスト(中国語で「中国現有化学物质名录」)は、生態環境部(旧環境保護部)により制定され調整されますが、現行の対象品を取りまとめたリストは、2013年版として環境保護部2013年第１号公告で45,612アイテムが公布され、その後、環境保護部2016年第20号公告で31アイテムが増補されていますが、一つのリスト名としては、2013年版のままとなっています。

　リストに記載されている情報は、化学物質の中国語・英語の名称、分子式及びCAS番号(中国語で「美国化学文摘号」)あるいはシリーズ番号となっています。

第1節　新化学物質の管理方法

Q：最新の中国現有化学物質リストの内容を知るには、どのような方法がありますか？
A：現在の生態環境部のサイトから公表された公告を探し出すことも、目録も販売されていますが、最新の情報には不十分なことも考えられます。その他には、幾つかの有料のサイトもあると思いますが、まず、日本化学品輸出入協会へお問い合わせ頂くのが一番かと思います。

写真は、タンクコンテナです。液体化学品はドラム缶で輸送される場合もありますが、タンクコンテナを利用してコンテナ船により国際輸送することも可能です。

第4章　化学品の輸出入

第2節　危険化学品の輸出入管理

　危険化学品については、その性質から当然ながら中国でもさまざまな規制が実施されています。しかし、危険化学品が原因となる重大事故は、数多く発生し、特に2015年8月12日の深夜に発生した天津の化学品倉庫大爆発は、甚大な人的、物的損害をもたらしましたが、その原因については諸説あり、未だに明確にはなっていないと見られます。

　この事故については、うわさ話をふくめ当時のインターネット情報などにより、筆者がまとめた天津港大爆発の概要は以下の通りです。

① 　発生日時：2015年8月12日、22時50分に第1次の火災発生、23時6分消防隊消火活動開始、23時30分頃、連続大爆発が発生しました。

② 　170人以上の死者及び直接的な経済損失は、114億ドルを超えるであろうとの観測もあり、その他、マンションなどで空き巣事件も多発したとのことです。

③ 　連続大爆発の原因は、硝酸アンモニウムへの放水とされていますが、第1次火災の原因を含め、詳細は依然として不透明のままになっています。

④ 　現場には、2～30本の硝酸塩、約10本の硝酸アンモニウム、7～8本の硝酸カリウムなどのコンテナがあったと伝えられます。

　　その他にも、倉庫内にはシアン化ナトリウム、ジメチルアニリン、クロロホルム、ジクロロメタン、無水マレイン酸、マッチ10tなどを含め、多種多様な危険物を取り扱っていたようです。

⑤ 　爆発した危険品倉庫は、瑞海国際物流有限公司ですが、2012年11月に普通倉庫業として天津新疆保税港区内に設立されました。危険品に関しては2014年4～6月にトライアルの営業許可を受け、正式に《港湾経営許可証》と《港湾危険貨物作業許可証》を取得したのは、事故のわずか3カ月前の2015年6月のことであり、しかもトライアル期間から正式取扱い認可まで約1年のブランクがありますが、その間にも危険品を取扱っていた可能性があります。

⑥ 　正式許可から事故発生までの期間が非常に短く、職員、作業員を含め、

100

危険品に対する経験が十分であったかには疑問を持たざるを得ません。

さらに、驚かされることは2015年6月に、既に「経営異常リスト」で、信用失墜企業に分類されていたとの情報があったことです。

１．危険化学品に関する法律

（1）危険化学品安全管理条例

現行の危険化学品安全条例（国務院令第591号）は、2011年12月1日に改正施行されています。この条例は、危険化学品全般に関する規定で、危険化学品を取り扱うことのできる資格、管轄する行政当局のほか、生産と貯蔵、使用の安全、経営、輸送、登記と事故対応、包装・容器などについて、基本となる事項を定めています。併せて、「危険化学品名録（2015）」が公布されています。

イ．危険化学品の取扱い資格

① 生産資格：危険化学品安全生産許可証

② 販売、輸入、保管資格：危険化学品経営許可証

輸入企業は、対外貿易経営者の承認を受けている必要があります。

③ 使用（二次加工に使用）資格：危険化学品使用許可証

ロ．危険化学品に対する検査監督管理

《危険化学品安全管理条例》は、危険化学品の検査と監督管理に重点が置かれています。そのために検査検疫部門（現在は、税関総署の管轄）は、輸出入される危険化学品及びその包装に対して検査と監督を強化しています。

輸入検査監督管理面では、輸入検査の対象となる危険化学品は、中国の「危険化学品目録」に記載されている必要があり、検査を申請する書類のほかに、

① 輸入危険化学品経営企業符合性声明

② 添加剤あるいは安定剤の添加する必要のある産品は、実際に添加された抑制剤あるいは安定剤の名称、数量などの状況を提供

③ 中国語の安全データシート（SDS）、危険公示ラベル見本

などを提出し、申告する貨物の主要成分・組成成分の情報、物理及び化学特性、危険類別、包装類別などが関係する規定に符合するかどうか、検査申告時に提供された安全データシート、危険公示ラベル相互に一致しているかど

うか、包装上に中国語の危険表示ラベルがあるかなどが審査されます。

輸出検査監督管理面では、輸入と同様に中国の《危険化学品目録》中にある品種でなければならず、検査を申請する書類のほかに、以下の書類、資料の提出が必要となります。

① 輸出危険化学品生産企業符合性声明
② 出国危険貨物包装容器性能検査結果書
③ 危険特性分類鑑別報告
④ 安全データシート（SDS）、危険公示ラベル見本（もしも外国語のサンプルであれば、対応する中国語の翻訳文が必要となります）
⑤ 添加剤あるいは安定剤の添加する必要のある産品は、実際に添加された抑制剤あるいは安定剤の名称、数量などの状況説明などを提出して、輸入の場合と同様に検査貨物の主要成分・組成成分情報、物理及び化学特性、危険類別、包装類別などが関係する規定に符合するかどうか、検査申告時に提供された安全データシート（SDS）、危険表示ラベルが相互に一致してい

るかどうかなどが審査され、さらに、輸出する危険化学品の包装については、海運、空運、自動車、鉄道輸送の輸出危険貨物包装検査規定、標準に基づき性能検査、使用鑑定を実施し、それぞれ、「出国危険貨物包装性能検査結果書」、「出国危険貨物包装使用鑑定結果書」を受領します。

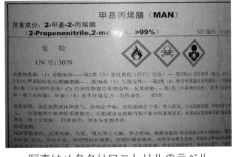

写真はメタクリロニトリルのラベル

(2) 化学品物理危険性鑑定と分類管理方法

次のような場合には、化学品の物理危険性の鑑定と分類を実施しなければなりません。

① 危険化学品目録に記載されている危険化学品の組成部分が一種類及びそれ以上が含まれているが、ただし全体の物理危険性が依然として未確定の

化学品。

② 危険化学品目録に記載されておらず、かつ物理危険性が依然として未確定の化学品。

☞ この規定が、ややもすれば拡大して適用され、危険化学品か普通化学品の区分が難しい場合、あるいはHSコードの判定が疑わしい（判断が難しい）場合に、税関がこの鑑定を行うことを要求するケースも少なくないと見ています（この手順について、上海では、公開されているので、**図4-1**をご参照ください）。

(3) 危険化学品登記管理方法

　2012年8月1日から、改正《危険化学品登記管理方法》(安全生産監督管理総局令第53号) が施行されました。本方法の施行に伴い、「危険化学品目録」に記載されている危険化学品を生産または輸入する中国国内の企業は、この方法にしたがって企業の登録と危険化学品の登記手続きを行う必要があります。

2．危険化学品目録

　危険化学品目録は、現在、2017年版が公開されています。この危険化学品目録は、Yahooで、「危険化学品目录2017版」と簡体文字で入力すれば見ることが可能です。また、担当行政機関である応急管理部 (旧国家安全生産監督管理総局) のサイトからアウトプットとすることができます。

　危険化学品目録は、順号、品名、別名、CAS号からなっており、例えば、順号20は、品名では畳氮化鈉〈日本名：アジ化ナトリウム〉、別名では、三氮化鈉、CAS号は、26628-22-8、備考は、劇毒と記載されています。

　単体ではない危険化学品の判定についての基準には、次のような規定があります。

　1つ目は、主要成分が全て目録に記載されている危険化学品であり、その上、主要成分の質量割合あるいは体積比の和が70％を下回らない混合物 (鑑定を経て危険化学品の確定原則に属さない場合は除く) は、危険化学品と見なし、安全監督管理部門が安全に関する行政許可を行う時には、混合物の商

第4章 化学品の輸出入

図4−1 上海口岸の輸入危険化学品及び包装の検査監督管理操作のフロー

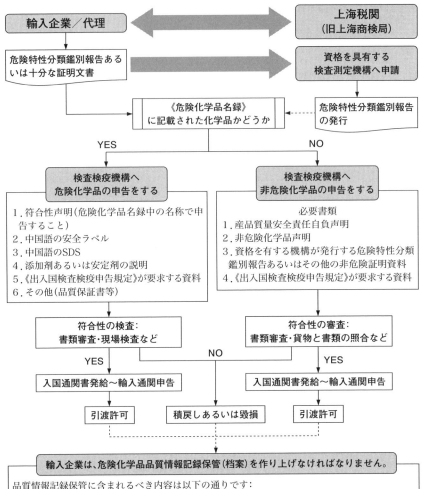

品名称及びその主要成分の含有量を明記しなければなりません。

2つ目は、主要成分が全て目録に記載されている危険化学品であり、その上、主要成分の質量割合あるいは体積比の和が70％より小さい混合物あるいは危険特性が未確定の化学品については、生産あるいは輸入する企業は、《化学品物理危険性鑑定と分類管理方法》(国家安全監管総局令第80号) などにより、鑑定分類を行わなければならず、鑑定分類を経て危険化学品確定原則に属する場合、《危険化学品登記管理方法》に基づき、危険化学品登記を行わなければなりません。

3．安全データシート（安全技術説明書）

化学品安全技術説明書 (化学品安全データシート、Safety Data Sheet for Chemical Products、略してSDSと言います) とは、化学品のサプライヤーが、川下のユーザー(化学品に接触する者すべてを含む)へ順に伝える化学品の基本危害情報 (運輸、操作処理、保管と応急行動情報を含みます) の一種の媒体と言うことができます。SDSは、化学品 (物質あるいは混合物) の安全、健康、環境保護などの方面の情報を提供し、保護措置と緊急状況の応急措置を推奨するものとなっています。SDSは、《危険化学品安全管理条例》の第15条で危険化学品の生産企業は生産する危険化学品に符合するSDSを提供しなければならず、並びに包装内の危険化学品に符合する化学品安全ラベルを危険化学品の包装 (外装を含む) 上に貼り付けなければなりません。ただし、中国に輸出する場合には、SDS及び安全ラベルは中国語で作成されている必要があります。

SDSは、16部に分かれており、第一部分の化学品及び企業情報以下、危険性の概述、成分／組成の情報、救急措置、消防措置、漏洩応急処理、操作処置と保管、接触コントロールと個人の防護、理化学特性、安定性と反応性、毒理学情報、生態学情報、廃棄処置、運輸情報、法規情報と続き、第十六部分は、その他の情報、となっています。

第4章　化学品の輸出入

第3節　食品添加物の輸入管理

　食品添加物（中国語で「食品添加剤」）は、保存料、甘味料、着色料、香料など、食品の製造過程または食品の加工・保存の目的で使用されるものです。食品添加物は、化学品から産み出されるばかりでなく、植物や動物由来の品目も含まれ、輸出入食品添加物の監督管理については、《中国食品安全法》、《中国輸出入商品検査法》、《中国輸出入動植物検疫法》、《食品等の産品の安全監督管理を強化する特別規定》及び国家質検総局が制定した《輸出入食品添加剤検査検疫監督管理業務規範》などが関係しています。

１．食品添加物の輸入条件

　輸入する食品添加物は、下記の条件の一つに符合していなければなりません。
① 　食品安全の国家標準がある場合
② 　国務院衛生行政管理部門（旧国家食品薬品監督管理局、現国家市場監督管理総局）の批准を経て、中国で使用が許可された食品添加物目録に記載されている場合
③ 　「食品添加剤使用衛生標準」（GB2760）、「食品栄養強化剤使用衛生標準」（GB14880）に記載されている場合
④ 　食品安全法実施前に輸入記録があるが、食品安全国家標準がない食品添加剤目録に記載されている場合
　上記の４条件以外に入国動植物検疫許可を受けなければならない場合は、入国動植物検疫許可証を取得しなければなりません。

２．ラベルについて

　輸入される食品添加物には、中国語のラベル、中国語の説明書が必要であり、ラベルは、最小販売単位の包装上に貼付あるいは印刷されていなければなりません。ラベルに必要な主な事項は、次の通りです。
① 　名称、規格、正味含有量

106

第3節　食品添加物の輸入管理

② 成分表あるいは配合表

③ 原産国（地区）及び国内代理業者の名称、住所、連絡方式

④ 生産年月日（決裁番号）と品質保証期間

⑤ 貯蔵条件

⑥ 使用範囲、使用量、使用方法

⑦ 「食品添加剤」であるという字句

⑧ 複合添加食品添加物は、含まれている品種ごとの一般名称、含有量

⑨ その他、食品の安全法律、国家標準などで明記しなければならない事項

3．食品添加物の輸入検査

　食品添加物を輸入する企業は、商品検査部門（現在は、税関の所管）へ検査の申告をしなければなりません。必要な資料は次の通りです。

① 用途が明記され、あるいは売買双方の用途声明のある貿易契約

② 食品添加物の成分説明

③ 輸入企業の営業許可証など

④ 入国検疫の対象となる場合は、入国動植物検疫許可証

⑤ 新品種の食品添加物を初めて輸入する時は、国家衛生健康委員会が輸入を許可した文書と産品品質標準と検査方法標準の文書

4．食品添加物の新品種の場合

　食品添加剤新品種の管理を強化するために、衛生部（現在は国家衛生健康委員会）は、2010年《食品添加剤新品種管理方法》（衛生部令第73号）を施行しています。

（1）新品種とは？

　食品添加物の新品種とは、次の通りです。

① 食品安全の国家標準に記載がない食品添加剤の品種

② 使用が許可される国家衛生健康委員会の公告に記載されていない食品添加剤の新品種

③ 使用範囲あるいは使用量を拡大する食品添加剤の品種

第4章　化学品の輸出入

（2）新品種の輸入申請

　新品種の輸入（生産、販売も含む）を申請する場合は、新品種の許可申請を提出し、並びに以下の資料を提出する必要があります。

①　広く一般に用いられる添加剤の名称、効能分類、使用量と使用範囲

②　技術上、確かに必要とされる証明と使用効果の資料あるいは文書

③　食品添加剤の品質規格要求、生産製造工程と検査方法、食品中の当該添加剤の検査方法あるいは関係する状況の説明

④　安全性評価資料（生産原料、化学構造と物理特性、生産製造工程、毒理学安全性評価あるいは検査報告、品質規格検査報告など（使用範囲、使用量の拡大の場合は除く）

⑤　ラベル、説明書と食品添加剤のサンプルその他

　初めて輸入する場合には、輸出国（地区）で、その添加剤がその国（地区）で生産あるいは販売が許可されていることを証明する資料などが要求されます。

第5章

外国投資企業に対する優遇措置

第5章　外国投資企業に対する優遇措置

　中国への投資は、ジェトロのデータによれば2016年に投資額が前年比0.2％のマイナスとなり、2012年以来4年ぶりにマイナスとなっていました。そのような背景もあってか、中国政府は2017年1月に《対外開放を拡大して外資を積極的に利用する若干の措置に関する通知》を公表して、外資利用は中国の対外開放の基本的な国策であり、開放型経済体制の重要な組成部分と位置付けています。その基礎の上に、同年6月に《外商投資産業指導目録2017年版》を発表し、2015年版と比較すると制限類と禁止類を93から63（制限類35、禁止類28）に減少させています。

　その中では、オートバイの製造、民間衛星の設計・製造、食用油などへの参入制限を取消し、奨励類にはバーチャルリアリティー（中国語で「虚実現実」）設備の研究開発と製造、3Dプリンター設備のコア部品の製造などが加わっています。さらに、2018年中に金融業の対外開放も拡大し、証券会社などの外資比率を51％まで緩和し3年後には制限を撤廃、銀行業の外資持ち分の制限を撤廃するなど、内外資統一の方針が出されています。

　中国への投資は、過去の労働集約型産業への投資が人件費の高騰などの要因から減少あるいは内陸部への移転が進み、一方で主な投資が化学品などの、より技術水準の高い領域に移行しているのではないかと見ています。

第1節　外国投資企業の種類

　外国投資企業には、3種類のタイプがあり、一般的に「三資企業」と言います。ただし、このほかに2以上の企業あるいは個人が共同で事業を行うパートナーシップ企業（中国語で「合伙企業」）の形態もありますが、必ずしも一般的ではないので説明は省略します。

1. 三資企業

　三資企業は次の通りで、基本となる法律は、《中国外資企業法》及びその実施細則になります。

（1）独資企業

　外国側の投資者は資本金が100％の形態で直接投資し、独自に経営する企業ですが、外国側が一社である必要はありません。

　会社の運営面では、外国側が外国側の意向で行うことができるので、外国側としてはこの形態を優先していますが、中国の行政などへの対応は独力で行う必要があります。

（2）中外合資企業

　一般的に合弁企業と呼ばれる形態で、中国側、外国側が契約で定められた比率で出資する形式です。出資者は金銭によることも中国側は土地使用権などの現物出資で行うこともできます。

　経営リスク、義務、配当金については、双方の出資比率により決定され、合弁期間を延長することも可能です。なお、原則として外国側の出資比率は、25％以上である必要があります。

　基本的に、行政側への対応は中国側が担当するので、申請などについては有利な点もありますが、他方、稼働後の経営方針あるいは運営方法などについて、中国側の意向が強く打ち出される事例も少なくありません。

　過去には、外国側の出資比率が過半数を超えてはならない業種が数多く存在していましたが、現在では、相当数の業種について外国側が50％以上を出資することが可能になっています。

（3）中外合作企業

　合作企業と呼ばれる形態で、基本的には、中国側が、土地使用権、労働力などの現物出資を中心とし、外国側は、運転資金、販売、経営などを受け持つ形式でしたが、双方が金銭を出資する方式も多くあり、外形的には合弁企業と変わりがない形態となっています。合作企業は、双方が負う必要のあるすべての条件、例えば、リスク負担、利益分配などを、合作契約により定める必要があります。合作企業も外国側の出資比率は、25％以上であることが求められます。

第5章　外国投資企業に対する優遇措置

> **Q：合弁企業と合作企業は同じように思われますが、違いはどのようになっ
> ていますか？**
> A：合弁企業と合作企業は外形的には同じように見えますが、次のような大
> きな違いがあります。
> ①　配当金については、合弁企業は出資比率によって決定されますが、合
> 作企業は、外国側が比率によることなく先行優先して回収することがで
> きます。
> ②　合弁企業は、合弁期間の延長が可能ですが、合弁企業は契約期間を延
> 長することができません。したがって、外国側は、その期間内に回収で
> きるように配当金を優先して受け取ることができます。
> ③　契約が終了した場合、資産などについては合弁の場合、出資比率によ
> り分配しますが、合作の場合は、外国側が優先回収しているので、全て
> 中国側に帰属します。

2．外国投資企業の設立について

　外国投資企業の設立手続きには、生産に使用するために輸入する機械設備
の免税を受けるためのポイントとなる手順が含まれているので、概略を説明
しておきます。

　合弁企業と独資企業では、合弁企業の場合は双方の出資者が合弁意向書、
合弁契約書などを作成する必要があるなど、異なる部分もありますが概略、
同じような流れですので以下の通り、簡単に説明します。

(1) 企業名称の事前審査許可

　中国では、会社名について工商行政管理部門で事前に審査を受けて認可を
得る必要があります。名称にも基準があり、所在地、社名、業態が必要です。
例えば、上海○○倉儲有限公司のようになります。認可を受ければ、「企業名
称預先核准通知書」が発給されます。

（2）設立許可書類の受領

　申請書、契約、定款、董事会関係などのほか、フィジビリティースタディー（F/Sと言います）が重要になります。

　F/Sには、生産工程のフローなどのほか、導入したい輸入設備の明細書（名称、産地、型号、規格、数量、単価、新旧区分など）が含まれ、マスターリストとして輸入免税設備の基本となります。

　業種の形態により設立許可書類には２種類あります。

①　参入許可に特別管理が行われていない業種

　2017年２月から、決裁審査方式から届出（中国語で「備案」）方式に規定が改正され、「外商投資総合管理情報システム」により、届出を行い受理されれば、「外商設立備案回執」が発給されます。

②　参入許可に特別管理が実施される業種

　中国政府として外資の参入に対して、例えば、資本比率制限（例えば外資は50％以下）あるいは高度の管理を必要とする業種については、「外商投資准入特別管理措置」を実施しており、例えば、石油などの採掘業、航空会社、民用衛星の設計・製造などの業種が該当します。この場合には、①と同様にシステムを通じて、決裁審査を受ける必要があります。審査を通過すれば、「外商投資企業批准証書」が発給されます。

（3）その他の手続き

　営業許可証の取得、税務局登記、外為局登記、税関登記などが必要になります。

第5章　外国投資企業に対する優遇措置

第2節　外国投資企業の生産設備輸入優遇制度

1. 外国投資企業の自家用機械設備などの免税輸入制度

　外国投資企業が新規に開業する場合あるいは増資した場合には、その生産に使用する機械設備などを投資総額（登録資本ではありません）の範囲内で関税が免税で輸入できます。しかし、以前は増値税も免税でしたが、2009年から課税となっています。

（1）免税で輸入することのできる条件
① 「外商投資産業指導目録」の奨励類の業種に属していること。
② 「中西部地区外商投資優勢産業目録」に記載されている業種ですが、省、自治区、直轄市により対象業種の内容が異なります。

　中西部地区とは、山西、内蒙古、遼寧、吉林、黒竜江、安徽、江西、河南、湖南、湖北、広西、海南、重慶市、四川、貴州、雲南、チベット、陝西、甘粛、青海、寧夏、新疆の省・自治区・直轄市です。
③ 奨励類プロジェクトの確認

　2015年5月から商務主管部門は、従来のペーパーによる「国家が発展を奨励する内外資プロジェクト確認書」（中国語で「国家奨励発展的内外資項目確認書」）の発給を中止し、「外商投資総合管理情報システム」を通じて設立申請の時にインプットする方式となっています。

　　増値税は輸入時に納税しなければなりませんが、輸入した機械設備類は、その企業の固定資産として計上することができるので、税関の増値税納付領収書により仕入控除の対象となります。

（2）免税とならない貨物
　外国投資企業の投資総額内で輸入される機械設備であっても、免税とならない品目があります。すなわち、必要であれば関税を納付して輸入すること

114

になります。

　対象となる品目は20種類あり、HSコードで指定されています。品目は、テレビ、ビデオカメラ、ビデオレコーダー、ビデオ再生機、音響設備（マイクロフォン、ラジオ受信機類など）、エアコン、冷蔵庫、洗濯機、カメラ、コピー機、デジタル電話交換機、自動データ処理機械（半導体記憶装置などを含む）、電話機、無線回線システム、FAX、電子式計算機、タイプライター及びワードプロセッサー、自動車、オートバイ及びその他、HSコードの第1～83章、第91～97章の貨物（ただし、プロジェクトの機械設備に付随して輸入される部品、付属品などは除く）となっています。

2．輸入設備の免税手続き

　実際に対象となる機械設備などを輸入する場合には、税関へ届出し、免税による通関を承認してもらう必要があります。

(1) 輸入貨物の減免税届出

　輸入貨物の減免税届出（中国語で「备案」）は企業を管轄する税関へ、次の書類を提出（オンラインでも申請できます）します。
①　輸出入貨物減免税備案申請表
②　営業許可証
③　輸入設備明細書（マスターリストとして、免税申請の基礎となります）
④　その他の税関が必要とする書類

　受理した税関は、原則として10日程度で届出を受理するかどうかの決定を行います。

(2) 個別輸入の免税申請

　一般に、工場などで使用する機械設備は、複数回に輸入されるので、都度、免税の申請を行う必要があります。

　従来は、ペーパーの「輸出入貨物徴免税申請表」を作成する必要がありましたが、2017年4月からペーパーレス化されています。

　申請は、通関関係業務統合システムである電子口岸を通じてインプットし、

第5章　外国投資企業に対する優遇措置

提出を必要とする書類は、スキャンなどによりPDF化して、電送すること
となります。必要な書類は、輸入契約書、営業許可証、輸入貨物明細書など
PDF化して送信し、システムの中で「中国税関輸出入貨物徴免税証明」として
受理されれば、番号を確認し、輸入通関時に通関申告書を作成する時に届出
(備案)番号欄に記載しなければなりません(参考までに、以前の紙による「徴
免税証明」を**資料5－1**として添付しておきます)。

日本側が作成するインボイスは、免税部分と課税部分がある場合には、それぞれ分け
て作成する必要があります。

3．もう一つの免税輸入制度

2009年8月から、《国家が発展を支持する重要技術・装備輸入税収政策》を
公布し、中国国内でまだ十分に製造などが可能となっていない機械設備など
について、輸入時の関税及び増値税も免税とすることを決定しました。対象
となる品目は「国家が発展を支持する重要技術・装備と産品(2017年修正版)」
により、公表されています。手続きとしては、外国投資企業の生産設備輸入
優遇制度とほぼ同じであり、免税としない品目があることも同様です。対象
となるのは、大型クリーン高能率発電設備、大型石油および石化設備、超・
高圧送電変電設備などの分野が該当します。

4．免税輸入後の税関の監督管理

外国投資企業の生産設備輸入優遇制度により輸入された機械設備は、保税
貨物ではなく免税で輸入通関されますが、引き続き税関の監督管理下(監管
期間と言います)に置かれます。したがって、監管期間の間に税関に無断で
売却あるいは処分することができません。一般的な機械設備であれば、監管
期間は、2018年2月から従来の5年が3年に短縮され、監管期限が満了すれ
ば税関の監督管理は自動的に解除されます(船舶、航空機は8年、機動車輌
は6年と従来通りです)。ただし、解除後でも、念のために税関から「中国海
関対外商投資企業減免税進口貨物解除監管証明」を取得しておく方が良いと

第2節　外国投資企業の生産設備輸入優遇制度

資料5-1
中华人民共和国海关
进出口货物征免税证明

编号：

减免税申请人：			征免性质/代码：		有效期：		审批依据：
发证日期： 年 月 日						年 月 日止	
到货口岸：		合同号：		至		项目性质：	

序号	货名	规格	税号	数量	单位	金额	币制	主管海关审批征免意见		
								关税	增值税	其它
1										
2										
3										
4										
5										
备注										

核放海关批注：

审批海关签章：

负责人：
年 月 日

负责人：
年 月 日

注意事项及权利义务提示：

1. 本证明使用一次有效。同一合同项下货物分口岸进口或分批到货的，应向审批海关申明，并按到货口岸、到货日期分别申请此证明。
2. 货物进口时应向海关交验本证明，复印件无效。
3. 本证明有效期应按照具体政策规定填写，但最长不得超过半年；如需延期，应在有效期内向原审批海关提出延期申请。
4. 规定由海关监管使用的减免税货物，在海关监管年限内，减免税申请人应按照特定用途、特定企业、特定地区使用；未经海关许可，不得擅自转让、抵押、质押、移作他用或者进行其他处置，否则，海关将依法处理。
5. 如不服本证明决定，依照《中华人民共和国行政复议法》第九条之规定，可以在本证明送达之日起六十日内向上一级海关（海关总署）申请行政复议，对复议决定仍不服的，依照《中华人民共和国行政诉讼法》第三十八条第一款之规定，可以自收到复议决定书之日起十五日内，向人民法院提起诉讼。

いわれています。

　該当する機械設備などについて監管期限内に、例えば売却などの必要があり、解除を申請することは可能ですが、税関へ申請し、関税を追納して解除することとなります。なお、輸入許可証類の対象となる場合は、その取得が必要となります。

写真は2005年に稼働した「インテル社」の工場です。筆者も機械設備の免税輸入通関などで苦労（？）した思い出があります。

第**6**章

キーワードとしての
HSコードと税表分類

第1節　キーワードとしてのHSコード

1．HSコードとは？

　HSコードとは、国際条約である《商品の名称及び分類についての統一システム》により定められたコード番号で、条約加盟国が基本となる条項を共有しています。「HS」とは、Harmonized Commodity Description and Coding Systemの略称で、中国語では、「海关编码」あるいは「HS编码」と言います。

　HSコードを簡単に説明すると、大きくは22類（わが国では、「部」）に分類されています。HSとして基本となるコードは6桁までであり、1〜2桁まででは「章」（わが国では、「類」）、3〜4桁までを「目」（モクと読みます）、5〜6桁までを子目（わが国では、「項」及び「号」）と言われています。すなわち、HSコードとしては、6桁までが国際標準共通コードとなり、7桁目以降については、各国がその国の事情により独自に細分してよいこととなっているため、中国では、さらに4桁を加えて10桁で構成されていますが、わが国では9桁で構成されています。

　したがって、厳密に言えば、HSコードとは6桁までを指し、全体としてのコードは、各国の「税関コード」と呼ぶべきかもしれませんが、ここでは、「HSコード」に名称を統一しておきたいと思います。

　このことから、7桁目以降の分類は、各国が自国の事情に合わせて細分されているために、例えば、わが国の輸出通関申告書のHSコードをそのまま、中国の輸入通関申告コードとして使用することは、残念ながらできません。

　例えば乗用自動車の8703.22-000は、わが国では「シリンダー容積が1,000立方センチメートルを超え1,500立方センチメートル以下のもの」として、一つのコードとなっていますが、中国では、870322-3010の「排気量が1,500ℓ以上2,000ℓ以下のピストン式内燃エンジンを搭載した小型乗用車」を含み、全部で8つのHSコードに分類されています。

２．HSコードの機能

HSコードの基本的な機能は、関税率などの税則、貿易統計の集計などにあることは各国とも共通です。わが国では、輸出統計品目番号表、輸入統計品目番号表があり、基本となる６桁目までの分類は、他の国と共通ですが、７〜９桁目は、輸入と輸出で細分が異なっています。これに加えて、わが国では、輸入統計品目番号表と別に、年度ごとの実行関税率表も公表されています。しかし、中国では輸出と輸入のHS番号は共有され、毎年「商品総合分類表」として公表されています。

中国でも、税関の税則（関税、増値税、消費税など）及び貿易統計に使用されることは当然ですが、貿易実務から見てもHSコードが非常に大きな要素となっています。具体的には、既に本書の第３、４章で説明した輸出入許可証などの貿易管理のほか、検査検疫、他法令による貿易管理、輸出入禁止品目などはほとんどの場合、個別にHSコードで指定されています。例えば品質保証に関わる法定検査品目、機械類の強制性認証制度（CCC制度）対象品目の判定など、広範囲に及びます。

したがって、HSコードを判定することは、通関申告以外にどのような手続きが必要であるかを判断する重要な要素と言うことができます。

通関申告を行う時のHSコードの判断は、先ず、輸出入者（通関業者も含みます）が自ら判断して税関へ申告しなければなりません。言うまでもありませんが、これらは、中国側の輸出入者が解決しなければならない事項ですが、スムースな貿易取引のためには、特に日本から輸出された貨物について、HSコードを十分に判断できる要素（申告要素と言います）が、インボイス上に明記されていることがどうしても必要となります。

申告要素は、主として輸出入通関告書の商品名称、規格型号欄に表現されていますが、簡単に言えば貨物の外観、成分、用途などから対象となる貨物を特定するための要素ですが、中国税関の通関システムが全国一体化通関方式となったことから、HSコードの審査確定はコンピュータにより、HSコード別に自動的に集中審査する方式となっているので、適切な申告要素のインプットも重要なポイントとなっています。

第6章　キーワードとしてのHSコードと税表分類

　参考までに申告要素の事例を挙げておきます(**表6-1**参照)。ただし、実際の通関申告書には反映されない事項、筆者にはその意図が不明な事項も含まれています。

表6-1　参考事例（HS：87032130.10）

HSコード：87032130.10
排気量1ℓ以下のピストン式点火内燃機関を搭載した小型乗用車に限る
1．品名；2．ブランドタイプ；3．輸出優遇状況；4．エンジンタイプ(ジーゼル、ガソリン等)、5．CKDの場合は注記のこと；6．座席数；7．メーカー名；8．関連名称；9．排気量(リットル)；10．型号；11．並行輸入車は当初の販売目的国を注記；12．GTIN；13．CAS；14．新車は価格を注記する必要もある；15．その他(申告する必要がない要素であるが、実際の状況を根拠に申告されたい)

3．GTIN、CASの申告要求

　GTINは、Global Trade Item Number(国際標準商品識別コード)の略称で、すなわちバーコードです。CASとは、Chemical Abstracts Serviceの略称で、これは化学品に対応する番号です。

　2017年9月に中国税関では通関のEDIシステムを更新し、全ての税表番号(HSコード)について、GTIN及びCAS番号を申告要素としてシステム内で申告するように要求しています。ただし、実際の通関申告書上には反映されず、あくまでもコンピュータ審査上の便宜のため、とされています。したがって、該当しなければ、「無GTIN」、「無CAS」と申告することになります。該当するにもかかわらず、「無」と申告した場合でも、申告行為自体が拒否されるわけではありませんが、特に、化学品の場合、コンピュータ審査からマニュアル審査となる可能性があり通関時間が長くなることがあるとされています。

第2節　税表分類について

1．税表分類とは？

　税表分類（中国語で「商品归类」）とは、HS条約の商品分類目録により、《中国輸出入税則》を基礎として、《輸出入税則商品及び品目注釈》などに基づき、輸出入貨物の商品コードを確定することを指します。

　中国税関法の第42条で『輸出入貨物の商品類別は国家の商品類別に関する規定に基づき確定される』とあり、さらに《中国税関輸出入貨物商品税表分類管理規定》（税関総署令第158号）では、その第6条で『受・発送人或いはその代理人は法律、行政法規の規定及び税関の要求に基づき、その輸出入貨物の商品名称、規格型号等をありのままに、正確に申告し、さらにその申告する輸出入貨物に対して商品税表分類を行い、相応する商品コードを確定しなければならない』と規定しています。

2．税表分類のやり方

　税表分類のやり方は、基本的に中国とわが国との間で大きな差があるわけではありません。HSの分類原則については、中国もわが国も共有しているので、言い換えれば、わが国のHSコードが分れば、そこから中国のHSコードを判定することは比較的容易であると思います。

　HSコードの分類のやり方を簡単に説明すれば、次の通りになると思います。

（1）分類のための基本情報
①　種類、材質、成分（含有量）、用途、機能、原理、加工方法など
②　規格、排気量、座席数、容量、外観、幅、単位当り重量など

（2）品目ごとの情報の例
①　化学品類：品名、用途、成分（含有量）など

② アパレル類：品名、用途、材質の構成、染色・織編み方法など
③ 機械設備類：品名、用途、機能、原理など
④ 自動車：エンジンタイプ、排気量、用途、座席数など

(3) 税表分類の一般的な流れ

① 申告前に、輸出入企業あるいは委託を受けた通関企業が税表分類の原則に基づいて、自らHSコードを判断します。判定が難しい場合には、税関へわが国と同様に事前教示を求めることができます。

② 通関申告後は税関の集中システムの中で判定されますが、場合によっては、貨物を管轄している現場税関が検査を行うほか、化学検査が実施される場合もあります。

③ 通関許可後にも、税関では申告されたデータの抽出検査などを実施し、その結果によっては税額の追徴、処罰などが行われることがあります。

３．税表分類のもう一つのタイプ

HSの税表分類に対しては、《関税率表の解釈に関する通則》が共有化されていますが、その２の(a)では、各品目の貨物には、当該貨物の未完成品あるいは未製造品が含まれるとされるので、未完成品あるいは未製造品が、完成品あるいは製造品の基本的な特徴を具有していれば、検査時に未組立品あるいは分解部品であっても完成品あるいは製造品として税表分類することになります。

仮に、多くの部品を一つ、一つ税表分類することは、HS番号の判定、異なる関税の計算、あるいは個別の輸入許可証類の取得の有無など、非常に煩雑な業務になります。完成品として認定されれば、HS番号も関税率も許可証類の取得も一本化されます。

(1) 完成品の特徴を有するとは？

① 未完成品あるいは未製造品であって完成品とするには、不足する部品があるが、ただし、完成品の特徴に影響しなければ、完成品の税号により税表分類することができます。

第2節　税表分類について

② 　組み立てられていない部品あるいは分解されたバラ部品は、例えばCKD
は完全組立部品、SKDは半組立部品ですが、CKDの税表分類は完成品とし
て税表分類し、SKDの場合は、完成品としての構成割合を根拠に税表分類
することになります。

一般に、価格が一つの参考要素であり、輸入部品の価格が完成品の60％及
びそれ以上を占めれば、完成品として税表分類することができるとされてい
ます。

(2) 完成品として税表分類を行うことができる条件

《輸出入貨物商品税表分類管理規定》(税関総署令第158号)第7条に基づき、
4つの原則が必要になります。
① 　同一の輸送手段で運送されること
② 　同時に同一の口岸に運送されること
③ 　その上、同一の荷受人に属すること
④ 　同一B/Lを使用した複数種類の輸入貨物であっても、同一の商品番号に
帰属できること

(3) 完成品として判断する要件

分割して輸入される商品が完成品の特徴を構成するかどうかは、主として
2つの判断があり、1つは部品の価値が完成品の60％以上であること。2つ
には、輸入する完成品の中の重要部品と部品が、完成品の特徴を構成してい
れば、完成品により税表分類されることになります。

もう一つの問題として、重要部品については、どのようにコア部品に属す
るかを判断しなければなりませんが、これについては相当に専門的な知識が
必要であり、種類ごとの商品の重要部品がどのようなものであるかは、商品
の特徴を根拠に研究を行い確定する必要がでてきます。

4．中国版事前教示制度としての事前裁定制度

わが国では、税関が事前教示制度の概要について、そのホームページで『輸
入の前に税関に対して、当該貨物の関税分類(税番)、原産地、関税評価及び

減免税について照会を行い、その回答を受けることができる制度です』と紹介しています。

中国においてもこの制度の有無について、よくご質問を頂きますが、同様の制度は中国でも規定が存在しています。

中国の事前教示制度は中国語では「預归类制度」と言いますが、対象となるのは、「一般貿易」による輸出入貨物であり、加工貿易貨物については、加工貿易の審査時に既にHSコードが確定されているので対象となりません。

この仕組みは以前から存在し2000年に《輸出入商品事前税表分類暫定方法》(税関総署令第80号)、2007年5月に《中国税関輸出入貨物商品分類管理規定》(税関総署令第158号)が施行されていましたが、貨物が実際に輸出入される45日前(当時の規定)までに申請すること、基本的に申請した税関管轄区内のみでしか有効とならないことなどから、今一つ、利用が進んでいなかったと筆者は感じていました。

その後、この実務は2012年に中国通関協会へ移管されましたが、2018年2月に中国税関総署は《中国税関事前裁定管理暫定方法》を施行して、従来は個別に存在していた「事前税表分類」、「原産地資格」及び「課税価格に対する評価」を一本化しました。

(1) 申請の対象

同法によれば、その第3条で事前裁定を申請することができる税関事務として次の項目を規定しています。

① 輸出入貨物の商品税表分類
② 輸入貨物の課税価格に関する要素、評価方法
③ 輸入貨物の課税価格に関する要素、評価方法
④ 税関総署が規定する、その他の税関事務

特に、②の課税価格に関する要素には、「特許使用料」、「コミッション」、「運送保険費」、「特殊関係」及びその他の課税価格査定に関する要素が含まれます。

(2) 申請人の資格

同法第4条で、『事前裁定の申請人は、実際の輸出入活動と関係し、さらに

第2節　税表分類について

税関において登録登記した対外貿易経営者でなければならない』と規定され
ています。

(3) 申請する時期

　同法第7条で、申請しようとする貨物が輸出入される3カ月前までに申請
人が登録している税関へ裁定の申請をする必要があります。

(4) 申請の受理及び事前裁定の決定

　申請人が事前裁定を申請する場合は、統合システムである電子口岸の「事
前税表分類システム」を通じて「中国税関事前裁定申請書」(**資料6－1**参照)及
び関係する資料を提出しなければなりません。申請を受理した税関は10日以
内に審査を行い、承認されれば「中国税関事前裁定申請受理決定書」が発給さ
れ、内容をさらに審査し、第10条により「中国税関事前裁定決定書」が作出さ
れるので、通関に利用します。なお、この決定書の有効期間は3年となって
います。

　添付する主な資料は、商品名称、規格型号、機能、用途、成分、バーコー
ド番号などのほか、化学品では、CAS番号、SDSなどを提出することになり
ます。

　Q：HSコードの分類が日本と中国では違う部分があることは分りましたが、
　　日本で中国のHSコードを調べることは難しいのでしょうか？

　A：筆者が一番良いと思う方法は、現地法人、駐在員事務所があれば、現地
　　の書店で中国税関出版社が発行している「20xx年中国海関報関実用手冊」
　　の購入をおすすめします(毎年、改訂されます)。

　　　また、インターネットで調べる方法もあります。いろいろなサイトがあ
　　りますが、例えば、「全関通(www.qgtong.com)」で、全関通数据庫の「商
　　品編碼」→「全関通HS編碼査詢系統」→「分類検索」で、類別一覧が出てく
　　るので、そこから探す方法もあります。

127

第6章　キーワードとしてのHSコードと税表分類

資料6-1　中华人民共和国海关预裁定申请书（商品归类）

编号：

申请人基本信息		
申请人		
企业代码		
统一社会信用代码		
通讯地址		
联系电话		
电子邮箱		
与货物关系	□收货人	□发货人
是否已就相同商品申请商品归类预裁定	□是	□否
是否就相同商品持有《海关预裁定决定书》	□是　　决定书编号：	□否
货物基本信息		
商品名称（中、英文）		
其他名称		
拟进出口日期		
拟进出口口岸		
拟进出口数量		
贸易方式		
商品描述（规格、型号、结构原理、性能指标、功能、用途、成份、加工方法、分析方法等）：		
随附材料清单（有关材料请附后）：		
结构式、CAS号、图片、条形码（GTIN）、二维码、出厂商品序列号等：		
申请人（章） 　年　月　日	海关（章）： 签收人： 接受日期：　　年　月　日	

注：1、填写此申请表前应阅读《中华人民共和国海关预裁定管理暂行办法》；
　　2、需要保密的内容，应书面向海关申请；
　　3、应当提交的商品材料：
　　　　(1) 企业进出口计划，包括所涉及拟实际进出口货物的相关材料，如进出口合同或意向书等；
　　　　(2) 商品描述，包括商品名称、规格型号、原理、功能、用途等，不同类别的商品描述重点不同，如：材料类商品重点描述商品的外观（形状、形态），商品的规格（特殊要求的技术参数、尺寸、成份含量），商品的加工方法，商品的来源和最终用途等；产品类商品重点描述商品的型号、状态和结构（组成、组分），商品功能、工作原理（各组分部分工作情况或加工方法）及用途等；化工产品还应提供分子式、CAS号、结构式或材料安全数据表（MSDS）；申请商品如有条形码（GTIN）的，应一同提供；
　　　　(3) 海关认为需要的其他材料。
上述材料如为外文，申请人应当同时提交符合海关要求的中文译本。

128

第7章

中国の通関実務

第7章　中国の通関実務

　中国税関の通関業務は、EDI化が進んでいます。現在では、全国税関通関一体化を実現し、中国全土のどの税関でも基本的に申告者が自主的に選択して申告が可能であり、またペーパーレス化も進み、通関面では以前から比べれば大幅に改善されていると思います。一方で、中国との貿易取引では特に輸入通関面で日本側の不満もまた、少なくありません。筆者の経験では例えば、どうして時間がかかるのか、問題があるが何が問題なのか分からない、先方に問い合わせるとそれは税関が悪いと言われる、人治主義で困っているなどの指摘がありますが、中国通関の原理原則についての理解が十分ではないことから来る部分もまた多いように思います。

第1節　中国の通関システムの概要

1．中国電子口岸の概要

　税関業務の電子化は、1988年3月の「H883」システム稼働にさかのぼることができます。初期段階では通関申告処理、輸送手段、コンテナの管理などのマニュアル処理の自動化に留まっており、また、オペレーションも不安定で、筆者の経験でも1992〜93年の駐在員時代に、しばしば通関システムのダウンにより、通関が遅れたこと、あるいは、CYに当然あるべきコンテナが引取り済み（本船からCYに搬入後に、場所を移動したがデータの修正が行われていない？）となっていて、自力で探し出したことなどのトラブルもありました。その後のオペレーションを通じてシステムも軌道に乗り、1999年11月にH2000システムが稼働して、2004年には全国の税関で利用されるようになり、EDI化が本格化したと思います。その後もバージョンアップを重ね、2018年2月に高速データ処理プラットフォーム（ドイツの「SAP HANA」とのこと）の導入を完了し、クラウド計算などの新技術により、輸出入貨物の全てのプロセスを監視コントロールし、それらの情報をリアルタイムに分析し、リスクを研究し判断することなどを実現しています。

130

中国のEDI化は、「中国電子口岸」の「口岸電子執法系統」を中心に公共データセンター(中国語で「公共数据中心」)をコアとして輸出入に対する統一された情報プラットフォームと位置付け、各行政機関が関係する輸出入業務の情報、資金、貨物情報などを電子データベースとして公共データセンターに蓄積し、各行政機関が部門を越えて共有する仕組みとなっています(図7-1)。

図7-1　中国電子口岸の仕組み

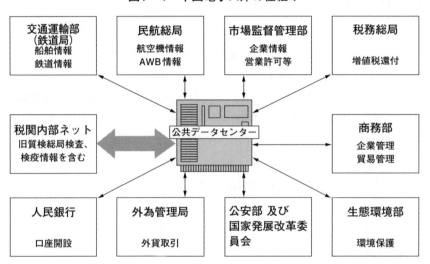

2．通関申告方法の変化

中国税関法では、その第35条で、「輸入貨物は、荷受人により貨物の入国地の税関で税関手続が行われ、輸出貨物は、発送人により出国地の税関で、税関手続が行われなければならない。受・発送人の申請により、税関が同意すれば、輸入貨物の荷受人は税関が設置された指定運送先で、輸出貨物の発送人は税関が設置された発送先で税関手続を行うことができる。(後略)」と規定されています。つまり、基本のやり方としては、輸入貨物は、B/Lなどの国際運送状に記載されている仕向地(港、空港など)で輸入通関を行い、一方、輸出貨物については、貨物を外国に向けて積み出す場所(港、空港など)で輸出通関を行うことを原則としているわけです。

しかし、その後の区域通関改革(所在地申告、口岸検査引渡方式)、広域の

区域一体化通関方式(例えば、上海から重慶、昆明に至る長江沿岸区域内であれば、申告税関を自由に選択)を経て、2017年7月から輸入で、10月から輸出入ともに税関の通関一体化が全国において実施され、企業は全国の任意の税関を選択して申告、納税などの税関手続きを完了することができるようになっています。

3．保税輸送制度の変化

　保税輸送(中国語で「転関運輸」)制度は、全国税関通関一体化の展開に伴い、一般的な輸出入通関の場合は保税輸送の必要がなくなったことから対象となる業務は2018年1月から大幅に縮小されています。

　従来、輸入貨物を陸揚げ場所ではなく、例えば、内陸の企業所在地の税関で輸入通関するためには陸揚げ場所から内陸の通関場所までは、保税輸送をする必要がありました。しかし、中国の保税輸送は、わが国の保税輸送(OLT:Over Land Transport)と比べて、煩雑な手続きとなっていました。例えば、税関が規定した仕様の車輌(海関監管車と言います)を使用すること、発送前に税関で必ずシールをしてもらうこと、発地、着地双方の税関が合意する必要があることなどの多くの問題があった制度でしたが、全国税関一体化方式の導入に伴い、保税輸送業務の必要性が減少したことから、2018年以降、保税輸送を申請しなければならない業務は、基本的に下記の業務に限定されています(2019年1月からペーパーレス化)。

① 複合一貫輸送貨物及び全行程のスルーB/Lなどにより、国内で輸送手段(例えば、船舶→鉄道)を積み替える必要がある輸出入貨物
② 税関の承認を経た固体スクラップの輸入
③ 検査検疫の必要性による場合
④ 郵便、クーリエ、一時輸出入貨物(ATAカルネによる貨物を含む)
⑤ 温度管理などの特殊な管理を必要とする場合など

税関監管車

第2節　中国の輸出入通関

1．通関申告の当事者

　通関申告の当事者は、中国税関法第9条で、「輸出入貨物は、別段の定めの
ある場合を除き、輸出入貨物の受・発送人が自ら通関申告、納税手続きを行
うことができるものとし、輸出入貨物の受・発送人は税関に登録登記した通
関企業に委託して通関申告、納税手続きを行うこともできる」と規定してい
ます。ここで言う、「輸出入貨物の受・発送人」とは、商務部で規定されてい
る、「対外貿易経営者」を意味しています。したがって、通関企業は、対外貿
易経営者の委託を受けて通関業務を行うこととなります。

　なお、出入国する物品の所有者（一般的には、出入国地の携帯物品など）も
通関申告の当事者であり、納税義務人にも該当します。

　このことから、非居住者（会社を含む）は、中国では輸出入通関の当事者となることが
　できません。したがって、インコタームズのEXW、DDPなどは、基本的にできない
　こととなります。ただし、フォワーダーを介在して疑似的に行うことは可能ですが、
　例えば、輸出入許可証は、居住者である輸出入者が取得しなければならず、関税、増
　値税の納税義務人も輸出入貨物の受・発送人でなければならないなどの問題が残りま
　す。

2．通関の基本的な流れ

　通関の流れは、全国税関通関一体化となっても基本的には変化がないと筆
者は考えます。

　従来の通関の基本的な流れを図示（**図7−2**）すれば、主として大きく次の
5つに区分されています。このような方式を「直列方式」（中国語で「串联式」）
の作業形態と言います。この方式では、申告の受理から納税・引渡許可まで
が順次、実施されていく方式です。

第7章　中国の通関実務

図7-2　通関の基本的なフロー

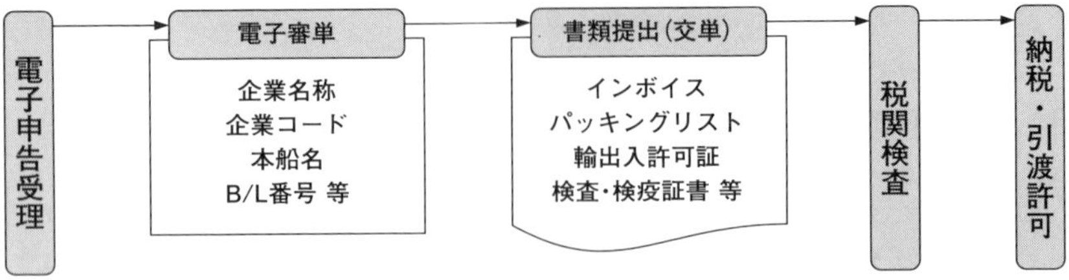

電子申告受理 → 電子審単

電子審単
企業名称
企業コード
本船名
B/L番号 等

→ 書類提出（交単）

書類提出（交単）
インボイス
パッキングリスト
輸出入許可証
検査・検疫証書 等

→ 税関検査 → 納税・引渡許可

　この場合、データ審査、書類審査、現場検査などを経て、関税額などについては、税関が査定した結果により確定されて税関により納付書が発行されるので申告者が納付すれば許可が出ることになります。

　　貨物の受・発送人あるいは通関企業が行う通関申告では、オンライン化されている企業はシステムを通じて直接申告できますが、非オンライン企業は、申告書の内容を作成してから事前インプット作業会社に委託してデータを送信する方式になります。

3．全国税関通関一体化方式

　全国税関通関一体化は、2017年7月から輸入、10月から輸出入ともに正式に実施されましたが、既に説明した通り、区域通関一体化、広域区域一体化のステップを経ています。

（1）全国税関通関一体化方式の概要

　全国税関通関一体化は、これまでのシステム運用に伴い蓄積してきた各種の通関情報ビッグデータとAIを活用して、従来の直列方式から「一度で申報、分断処置」(中国語で「一次申報、分歩処置」)方式となった点にあります。以前は、通関申告が行われれば、一連の流れに沿って処理されていましたが、一体化方式では、一度の通関申告でリスクの判定などにより許可までの流れが分かれることがある、という意味です。

　全国通関一体化による大きな変化を筆者なりに要約すると、次の通りと考えます。

134

① 従来は、輸入時には関税その他の諸税を支払ってから許可になる方式ですが、一体化後は、原則として許可を先行させ、その後に納税することになります。
② 貨物に対する審査は、税関総署が管轄する審査部門により集中して行われ、現場税関の関与する余地がほとんどないと考えられます（貨物検査も、中央からの指示によります）。
③ データが集中して管理、審査されることから、HSコード、申告金額などについて過去のデータとの整合性が問題になり、税関査察の対象となる可能性も高くなります。
④ 検査検疫についてもいわゆるシングルウインドウで申告することになりました（検査検疫部門も税関総署の管轄下に改編されたことによります）。

（2）全国税関通関一体化の基本

　この方式は、輸出よりも輸入通関に重点を置いている仕組みと見ることができます。

　全国税関通関一体化とは、基本的に通関申告場所を申告者が任意の税関を自主的に選択して通関申告を行うことを指します。

　一体化通関方式では、例えば、重慶に所在する輸入企業が上海洋山港で入国した貨物を、一部の例外となる貨物を除き企業は重慶税関で貨物の輸入を申告できるので、上海洋山港税関へ申告する必要はありません。重慶税関は直接、貨物に対して引渡許可処理を行い、上海洋山港税関は重慶税関の引渡し許可の指令を根拠に貨物の引渡しを許可するので、内国貨物として企業は直接、工場まで輸送することができます（洋山港税関で申告することも当然、可能です）。この場合、法理論的には輸入通関申告を例えば天津税関へ行うことは可能ですが、検査対象となった場合の立ち会いなどを考えれば意味がなく、基本的に、輸入貨物の荷受人の所在地の税関あるいは貨物の到着地の税関へ申告することが通常であると考えます。

　一方、輸出の場合は、検査あるいは検疫などの関係から輸出者の所在地の税関で申告することが基本となりますが、それ以外の貨物の場合には船積み地で申告することも当然可能となります。

第7章　中国の通関実務

(3) 一体化通関申告のフロー

イ．マニフェスト情報の確認

　24時間ルールにより、積載船舶、航空機などのマニフェスト情報が確定されているので確認します（輸出の場合でも、マニフェストの事前登録が行われています）。

ロ．申告税関の選択

　原則として、輸出入者が自主的に選択することができますが、検査検疫条件のために、到着口岸（港、空港など）あるいは貨物の発送地で通関申告しなければならない場合もあります。

ハ．必要書類の準備

　通関申告に必要な書類（貿易書類、許可証、証明書など）を用意します。

ニ．通関申告の実行

①　輸出入貨物の受・発送人あるいは委託を受けた通関企業が、通関申告書の電子データをオンラインで、あるいはインプット業者に委託して電子化し、同時に通関関係書類をPDF化して送信します。申告が受理されれば、「接受申報」の回答があります（受理されない場合は、「退単」、すなわち、差戻しの回答が出されて不許可となります）。

②　企業は、納税すべき税額（関税、増値税など）を自主的に計算して納付書を作成します（中国では、貨物によって輸出関税が課税されます）。

③　税関はシステムにより、事前に設定されたパラメーターに基づき電子データ通関申告書に対して規範性、論理性の審査を行います。

④　税関検査を必要とする場合は、申告地の税関が口岸税関へ検査指令を出します。検査結果は、双方の税関が共有します。

⑤　検査結果にも異常がなければ、申告税関から「電子引渡許可情報」が出され、企業はそれにより貨物の引き取りを行うことができます。

⑥　関税、増値税などを銀行引き落としあるいは納付します。

⑦　企業は通関申告書の外貨受払用、輸出税還付用証明を申告税関へ発給の申請を行い受領します。

ホ．データ審査の方式

① リスク防止制御センター（中国語で「风险防控中心」）

　税関総署の管轄下で一級センターとして全国に３か所設置され、貨物に対し運送方式別に業務分担して貿易管理（禁止、制限）の該当・非該当、知的財産権侵害の有無、品名、規格、数量などに虚偽申告があるかどうか、安全に許可するかどうかを分析し、同時に必要があれば現場税関に指令して検査を実施させます。必要により、通関完了前であっても税収徴収管理センターへリスクの排除審査を行わせることがあります。

　３か所のセンターは以下の通りですが、各地区の税関にもサブセンターが設置されています。

　青島リスクセンター：海上、河川輸送貨物

　上海リスクセンター：航空輸送貨物

　黄埔リスクセンター：陸路運送貨物

② 税収徴収管理センター（中国語で「税収征管中心」）

　税関総署の管轄下で全国に３か所設置され、通関完了後に商品と事業別で分業し、税に関係する申告要素の正確性に対して検証を行い、税表分類、価格、原産地などの税収徴収管理要素の税収リスクを重点的に審査することとされています。

　３か所のセンターは以下の通りです。

　上海税管センター：主として機電類、車両を管轄

　広州税管センター：主として化学工業品、金属類を管轄

　京津税管センター：食品、薬品、繊維類などを管轄

Q：代金決済を必要としない無償貨物の場合の金額設定は適当でよいのでしょうか？

A：無償貨物は、外為上の貿易決済は確かに行われませんが、税関から見れば、貨物の価値と貿易決済は個別の事項であり、貨物の価値に対して課税することには変わりがありません。したがって、無償貨物であっても適切な価格を設定しなければなりません。

第7章　中国の通関実務

4．通関に必要な書類

　通関に必要となる書類は、わが国の場合とそれほどの相違があるわけではありませんが、相当部分が電子化されています（**表7-1**）。

表7-1　通関に必要となる主な書類

輸入通関	輸出通関
1．輸入通関申告書（自動作成）	1．輸出通関申告書（自動作成）
2．輸入貨物インボイス	2．輸出貨物インボイス
3．パッキングリスト	3．パッキングリスト
4．関税・増値税などの納付書 　　（企業が自主作成）	4．輸出関税の納付書 　　（企業が自主作成）
5．電子加工貿易手冊	5．電子加工貿易手冊
6．D/O（電子認証）	6．検査・検疫出国貨物通関書 　　（電子化）
7．減免税証明（電子化）	7．原産地証明書
8．輸入許可証、輸入証明書など 　　（自動輸入許可証は電子化）	8．輸出貿易契約書
9．検査・検疫入国貨物通関書 　　（電子化）	9．検査・検疫出国貨物通関書 　　（電子化）
10．原産地証明書	
11．輸入貿易契約書	

5．従来の通関方式との相違点

表7-2　従来の通関方式との相違点

項　目	全国税関一体化方式	旧来の通関方式
申告税関	原則、全国の任意の税関 （申告者の選択）	原則、貨物の陸揚げ地点、または積込地点
貿易書類提出	PDF化により電送が可能	現場税関へ提出
税額の計算と納付	申告時に自主計算し、自主納付する	税関の査定により決定されてから納付する
申告内容に対する審査	リスクセンター及び税管センターで審査	各現場税関が審査
貨物に対する検査	指示後に現場税関が行う	現場税関で行う
通関許可	税額納付前でも可能	税額納付後が基本

６．通関申告書の申告項目に対する幾つかのポイント

通関行為は、あくまでも中国側の責任により行われるものですが、日本側としても知っておいた方が良い項目について幾つか説明したいと思います。

（１）通関申告書の記載項目及び書式の変更

通関申告書の各項目の記載方法などは、2016年５月16日に税関総署公告2016年第20号及び28号により第１次の変更が行われ、さらに、2018年８月１日から税関総署公告第61号により、第２次の変更が実施され、輸出入通関申告書などは従来の縦書きから横書き方式に変更され、申告項目にも変更が加えられました。この一連の変更は次の通りです。

イ．申告書の１ページに記載できる品目数が増加された

各通関申告書で申告できる品目数は、従来の１ページで５項目から８項目とし、一通関申告の上限は、従来の20アイテムから、50アイテムに引き上げられました。したがって、51アイテムの場合は、二通関申告ということになります（ただし、他法令関係で20アイテムに制限される場合もあるようです）。

> 50アイテムで一通関申告となっていますが、超えた場合は通関料金にアタッチシートの作成費用が加算されます。

ロ．書式及び記載項目の変更が行われた

2018年８月から、従来の縦額方式から横書きに変更されましたが、項目についても幾つかの変更が行われましたので、主な点を挙げておきます。

① 輸入通関申告書では、国外輸出者（中国語で「境外发货人」）の名称、貨物保管場所名などが加えられ、その他の項目も名称の変更が行われています。

② 輸出通関申告書では、国外輸入者（中国語で「境外收货人」）の名称、原産国名などが加えられ、その他の項目も名称の変更が行われています。

ハ．評価申告要素の申告が必要となったことの影響

通関申告書（輸出・輸入とも）の申告欄に「特殊関係確認」、「価格影響確認」、「支払特許権使用費確認」などのわが国で言う「評価申告」に属する項目につい

第 7 章　中国の通関実務

て、必ず「是」か「否」か、を自主判定して申告することが求められます。つまり、わが国の通関申告書と「個別評価申告書」を合わせた性格を持つと見ることができますが、企業が直面する問題としては、安易に「否」と記載した場合に、申告が事実ではないと疑念を持たれる可能性があり、一方、「是」と記載した場合には税関が事実性の審査を行う可能性が高くなります。

　内容としては次の通りです。

①　特殊関係確認とは、売買双方に特殊関係が存在するかどうかであり、例えば、家族経営か、トップが兼務しているか、などです。

②　価格影響確認とは、過度の値引きがないか、輸入貨物の買い手に対して売り手から何らかの制限が加えられていないか、などです。

③　支払特許権使用費確認とは、特許権、商標権、著作権、専有技術権などの費用について、当該貨物価格に含まれているか、あるいは、加算すべき別途決済が発生していないか、などです。

ニ．特殊関係の取引価格への影響

　特殊関係については、次のような関係が対象となると規定されています。

①　売買双方が同一家族メンバーで構成されている場合

②　売買双方が互いに商業上の高級職員あるいは董事である場合

③　一方が直接あるいは間接に他方のコントロールを受ける場合

④　公開発行された議決権を有する株式を一方が直接あるいは間接に保有し、コントロールし、あるいはどちらかが5％以上（5％を含む）を保有している場合

⑤　一方が他方の雇員、高級職員あるいは董事（役員）である場合

　しかし、例えば、親会社と子会社の関係では、多くの場合、上記の条件に合致することが考えられます。

　実際の申告に際しては、《中国税関の輸出入貨物課税価格審査決定方法》の第17条で、中国の納税義務人は売買双方に特殊関係が存在するが、同時期に特殊関係がない輸入者により輸入された同種の貨物の取引価格と近いことなどを証明することができる場合は、「否」と記載することとなります。

　価格差の判定根拠には、商業レベルと輸入数量が異なること、例えば大量か少量かなどの要素、あるいは売買双方に特殊関係がないことなどによる費用

第2節　中国の輸出入通関

の差異も発生する場合があることなどには税関が考慮しなければならない、されています。

> 簡単に言えば、申告者以外に多くの中国へ輸入された価格との間に極端な差がなければ、あるいは差のある正当な理由を証明することができれば、「特殊関係確認」は、「是」であっても、「価格影響確認」は、「否」と記載することになります。

ホ．別途支払いの申告書への記載

　申告する貨物に関係する特許権などの別途決済があれば、申告書の「雑費項目」に金額を記載する必要があります（貨物代金に減額すべき金額が含まれている場合は、「雑費項目」に金額をマイナスで表示します）。

(2) 支払特許権使用費の確認

　筆者として特に問題が発生しやすい項目であると考えています。どのように、支払特許権使用費確認の「是」か「否」を記入するかですが、次の通りと考えられます。

① 売買双方の間で、直接あるいは間接に特許権使用費を支払う必要性が存在していない場合、あるいは特許権使用費が既に輸入される貨物の取引価格に含まれている場合は、「否」と記入することになります。

② 売買双方の間で、直接あるいは間接に特許権使用費を支払う必要性が存在しているが、取引価格には含まれていない場合であっても、申告する貨物とは関係がないことを証明できる場合は、「否」と記入することになります。

③ 売買双方に特許権使用費を支払う必要性が存在し、取引価格には含まれておらず、申告する貨物と関係があると規定により認められる場合には、「是」と記入しなければなりません。

　上記の場合の関係規定とは、《中国税関輸出入貨物課税価格審査決定方法》の第13条になります。

> 前記のいずれであっても、例えば、特許権使用費が貨物代金に含まれているか、別途

第7章　中国の通関実務

支払いが行われる契約となっているか、などを立証する契約書などの証拠を明確に作成しておくことが、日本側にも求められます。

④　加工貿易の場合は、輸入した原材料などが加工製造を経て全て製品として輸出されることから、中国企業が国外へ特許権使用費の別途支払いがあったとしても、もともと、原材料などの関税、増値税などは納付を要求されないことから加算要素にはならないとのことです。

> Q：どのような企業が評価申告要素審査の対象と、なりやすいのでしょうか？
> A：断定的には言えませんが、独資企業、合弁企業などは、多かれ少なかれ親会社のサポートを受けている事実が多いために、税関から注目されることとなります。現在のシステムでは、税関が税務部門、外為管理部門あるいは銀行との間で情報を共有しているので、貿易取引以外の対外支払いについても、十分に把握されると見なければなりません。

7．税関検査

　通関に関連して行われる検査には、2つの側面があります。1つは通関貨物に対する検査で、申告内容が正確であり、書類（データ）と現物との一致性などが検査されます。もう1つは、動植物検疫及び衛生検疫、品質に対する法定商品検査などがあります。

　ここでは通関貨物に対する検査について説明し、検査検疫関係については、章を変えて説明することとします。

（1）検査する根拠

　中国税関法の第28条では、「輸出入貨物は税関の検査を受けなければならない。税関の貨物検査時には、輸入貨物の荷受人、輸出貨物の発送人はその場に立会い、貨物を搬送し、開梱し、再梱包する責任を負わなければならない。税関は必要と認めるとき、直接、開梱検査、再検査、あるいは貨物見本の採

取を行うことができる。(以下、省略)」と規定されています。

つまり、法理論上、輸出入貨物は100％検査対象となるわけですが、実際にはAEO制度による企業格付けによる検査率に差があるなど企業の信用程度あるいは貨物の種類によって1％程度から100％検査までの差が存在します。

(2) 検査方法

対象となる貨物（あるいはコンテナ）を税関が指定した場所、時間までに申告者である貨物の受・発送人あるいは委託を受けた通関業者が運送し、その場に立ち会う必要があります。

ただし、ほとんどの場合に当日検査とはならず、通関完了までに時間を要することになります。

税関は、主として外観検査と開箱検査を行いますが、その準備、移動、開梱作業などは、申告者（通関業者を含みます）が自己の責任と費用で行わなければなりません。

税関の現場検査場

> Q：中国からコンテナで貨物を輸入しましたが、コンテナのドアサイドの複数カートンが開けられて中身が散乱して破損したものもありました。クレームしたところ、中国の輸出者は税関検査のためで税関の責任であると主張していますが、税関の責任を追及できるのでしょうか？
>
> A：中国税関法第28条では、明確に「税関の貨物検査時には、輸入貨物の荷受人、輸出貨物の発送人はその場に立会い並びに貨物を搬送し、開梱し、再梱包する責任を負わなければならない」と規定されています。
>
> 　したがって、ご質問にあるような破損などについては、中国税関ではなく、輸出者へ、クレームすることが可能です。

第7章　中国の通関実務

8. 中国側の輸入通関に対して日本側の配慮が望ましい事項

　通関行為は中国側の問題です。しかし、特に日本から輸出して中国側が輸入通関する場合に、日本側の配慮が望ましい事項について、筆者の私見ですが幾つか説明したいと思います。

(1) 申告要素に配慮する

　本書第6章第1節2. で触れましたが、HSコードの認定には「申告要素」が重要な要素となります。申告要素には、「税表分類要素」(中国語で「归类要素」)と「価格要素」があります。基本的には、品名、材質、規格、成分(含有量)、用途などになりますが、それぞれの品目によって、さらに内容が異なるので、可能な限りその内容に沿ったインボイスを作成することが望ましいことになります。

　そのためにはHSコードごとに申告要素が設定されていますが、例えば、中国のサイト「全関通」(www.qgtong.com)にアクセスし、「申報要素」をクリックし、21の類別(わが国では、「部」)から該当するHSを選択して調べることができます。

(2) インボイスの作成への配慮

　中国の通関申告書では、個別に申告しなければならない項目が、わが国と比較して相当多いように思います。そのために、同一品目を同時に輸出する場合であってもインボイスを分ける必要がある場合があります。

　例えば、監管方式(一般貿易、加工貿易か)、契約協議番号、決済取引方式(CIF、FOBなど)、徴免性質(課税、免税、減税など)、B/L番号などによって申告書を分けなければなりません。また、よくある例としては、加工貿易で同一品目であっても契約が異なる場合には、契約書別に作成する必要があり、あるいは、正規の取引品目とサンプルの場合も、それぞれに分けて作成する必要があります。

(3) 評価申告要素

　わが国では評価申告と通関申告は別の行為となっていますが、中国では、現行の規定では通関申告書にわが国で言う評価申告要素を記載する欄があります。繰り返しになりますが、そこでは、「特殊関係確認」、「価格影響確認」、「支払特許権使用費確認」について、それぞれ、「是」か「否」を記入する必要があります。「是」にチェックした場合であっても、実際の取引価格に影響がなければ、問題はありません。

　具体的には、特許権、商標権などの費用が貨物代金に含まれているか、あるいは別途決済となっているのかなどについて、契約あるいは協議書で金額及び条件などを定めておく必要があります。この点については、第4節で改めて説明します。

(4) GTINコードとCASコードの記載

　2017年9月20日、EDIシステム更新後、全ての税表番号の規範申告要素の全てに新たにGTINコード（国際標準商品識別コード）、CAS番号（米国化学ダイジェストサービス社の化学物質生成の登記番号）の2項目の申告要素が増加されています。

　もしも実際にないのであれば、「無GTIN」、「無CAS」と申告することとなりますが、ただし、該当するにもかかわらず、記載しない場合でも、通関申告の受理が無効になることはありませんが、特に化学品の場合、恐らくは電子審査からマニュアル審査などに回されることから、通関時間が長くなることがあるとの警告があります。

第7章　中国の通関実務

第3節　輸出入税制

　輸出入に関係する税制は基本的にはわが国の税制とそれほどの差はないように思いますが、一方で、わが国とは異なる部分もあるので法律の条文で比較してみます。

表7－3　わが国との相違点

項　目	中国の税関法	わが国の関税法
1．課税物件	第五十三条：許可される<u>輸出入貨物</u>、出入国物品は、税関により法に従い関税が徴収される。	第三条：<u>輸入貨物</u>（信書を除く。）には、この法律及び関税定率法その他関税に関する法律により、関税を課する。（後略）
2．納税義務者	第五十四条：輸入貨物の<u>荷受人</u>、輸出貨物の発送人、出入国物品の所有者は関税の納税義務者である。	第六条：関税は、この法律又は関税定率法その他関税に関する法律に別段の規定がある場合を除く外、<u>貨物を輸入する者</u>が、これを納める義務がある。

1．輸入に関する税制

　関係する法律としては、《中国税関法》、《中国輸出入関税条例》、《中国輸出入税則》があり、さらに、《増値税暫定条例》、《消費税暫定条例》も関係してきます。

　中国は、2017年から18年にかけて各種品目の関税率の引き下げを複数回、実施しており、18年11月に実施された引下げによって、平均関税率の水準は前年の9.8％から7.5％となったと公表されています。

（1）輸入関税の種類

　関税の種類には、普通税率、優遇税率がありますが、一般的には優遇税率が適用されています。関税率は、一般に従価税ですが、従量税、複合税、スライド税などがあります。優遇税率には次のような種類があります。

① 　最恵国税率：中国と他の国家が相互に一般的最恵国待遇を与えることを締結した税率で、ＷＴＯ税率とも言われており、わが国を初め、欧米など

146

各国からの輸入品に適用されています（相手国も中国に対して同様の処遇をします）。

② 協定税率：中国がFTAなどの協定により締結した双方で適用する税率です。現在、アセアン、シンガポール、韓国、オーストラリア、ニュージーランド、スイス、イスラエルなどが対象となっています。また、このグループには台湾（ECFA協議）、香港・マカオ（CEPA協議）も入ります。

③ 特恵税率：正式には特定優遇関税ですが、ある特定の国家から輸入する全てあるいは一部の商品について、より低い税率あるいはゼロ税率で中国側が一方的に優遇する措置で、主としてアフリカ諸国に適用され、その税率は最恵国税率より低くなります。

④ 暫定税率：一定の期間内は最恵国税率よりも低い税率が適用され、技術革新、省エネ類、資源類が対象となっています。

⑤ 普通税率：上記の税率の対象とならない国家あるいは地区に適用される税率で、わが国とは関係がありません。対象となるのは、例えば、バミューダ、ケイマン諸島、フィジーなどが該当します。

⑥ 関税割当税率：中国語で関税配額税率と言い、その資格を有する企業が輸入する指定された貨物に対して低い税率を適用します。

Q：関税率の適用について優先順は決まっていますか？

A：《中国輸出入関税条例》を参照するとメインとなる税率の種類には最恵国税率、協定税率、特恵税率、暫定税率、普通税率が基本になっています。

適用順位は、特恵税率（特定国のみ）→暫定協定税率→協定税率→最恵国暫定税率→最恵国税率→普通税率となります。

ただし、基本となる税率のほかに、不当廉売関税、相殺関税などがあり、対象となる場合には無条件で優先課税される性質があります。

（2）増値税について

増値税は、いわゆるVAT（Value Added Tax）として、商品の流通の過程で産み出される付加価値額により税額を計算する税制で、わが国の消費税に

相当します。

　国内で売買される時には、商品代金の領収書とは別に増値税専用領収書が発行される「外税方式」をとり、その専用領収書により仕入れ控除を行うことができます（ただし、国内の小売金額は、内税方式の表示となっています）。

　単純に企業が負担する税額を計算すると、

　＊納税すべき金額＝販売税額（売上金額×16％）－仕入れ税額

ということになります。

イ．納税人

　納税人には一般納税人と小規模納税人があり売り上げの規模で区分されます。小規模納税人は年間の課税売り上げが従来は、メーカーで50万元以下、卸売、小売業では80万元以下が対象となっていましたが、2018年5月1日から、ともに500万元以下に引き上げられました。

ロ．税率

　増値税の税率は、2018年5月1日から下記の通り、16％（それまでは17％）などに引き下げられています。

① 一般納税人（16％、10％、6％）

　16％：貨物販売、役務、一般的な輸入貨物

　10％：交通運輸、建築、不動産販売など、並びに農産品、エネルギー、書籍、オーディオ・ビジュアル製品、化学肥料、農薬など

　 6％：無形資産の販売

② 小規模納税人（3％、ただし仕入控除ができません）

ハ．輸入貨物の増値税

　輸入貨物に対する増値税税率も、2018年5月1日から基本的に16％（それまでは17％）に引き下げられており、輸入通関の時には関税とは別に「税関輸入増値税専用納付書」により納付し、この領収書が仕入れ控除のエビデンスになります。

ニ．物流業に対する増値税課税

　2013年から、国内物流である倉庫業、トラック輸送などの物流業にも、それまでは営業収入に対して「営業税」として課税していたものを、請求金額を基礎として「増値税」を計算し、別請求（増値税専用領収書発行）する方式に改

められました（ただし、海上運賃などの国際運送は対象外です）。

税率は、道路運送業で11％、倉庫業、フォワーダーでは6％となっています。

(3) 消費税

中国の消費税は、わが国の消費税と名称は同じですが、どちらかといえば、わが国の旧「物品税」の性格を持っています。

消費税は特定の消費品を課税対象とした流通税の一種で、品目により税率が分れますが、従価率と従量率の2種類があります。

対象品目は、たばこ、酒類、化粧品、ヘアケア製品、オートバイ、乗用車、ゴルフ用品、潤滑油、ジーゼル油、高級腕時計、宝飾品、鉛蓄電池（リチウム電池、太陽電池などの環境にやさしい電池には課税しない）、塗料（施工状態で揮発性有機物が420g／ℓ以下の場合は、非課税）です。

２．輸入申告時の税額の計算方法

課税する税制の順序は、関税、消費税、増値税となります。

(1) 関税の計算方法

課税価格×為替相場（人民元換算）×関税率＝関税額（人民元）

（関税は一般に従価税ですが、従量税、複合税などもあります）

(2) 消費税の計算方法

① 従価税率の場合

＊税計算構成価格＝（課税価格＋関税額）÷（1－消費税率）

＊納税すべき税額＝税計算構成価格×消費税率

② 従量税率の場合

＊納税すべき税額＝対象輸入数量×為替相場×消費税率

(3) 増値税の計算方法

＊納税すべき税額＝（課税価格＋関税額＋消費税額）×16％（または、11％）

第7章　中国の通関実務

3．その他の特殊な税制

　輸出入に関係する税制には、一般的に課税される関税などの他に、幾つかの税制があります。

（1）不当廉売関税

　不当廉売関税（中国語で「反傾銷関税」）とは、いわゆるダンピング防止税ですが、「ダンピング」とは、正常な貿易のプロセスにおいて、輸入される商品が正常な価格（輸出国の国内価格など）より低い価格で中国市場に輸入された場合には、中国の国内産業に実質的な損害を与え、あるいは実質的な損害が生み出される脅威があり、または国内産業の構築に対する実質的な障害がある場合に、調査を実施し不当廉売措置を採ることを指します。

　不当廉売関税の適用は、中国国内企業の申請により商務部が調査して決定しますが、徴収は5年間を期限としています（ただし、状況が変わらなければさらに延長されます）。

　課税対象は、当該品目の輸出者名も特定して課税されます。例えば、2018年3月に発動されたメチルイソブチルケトンでは、韓国のメーカーに対する税率は32.3％ですが、日本に対しては、A社は45％、B社は47.8％、その他のメーカーは190.4％にもなっています。したがって、この不当廉売関税の発動は税額全体への波及効果も相当に大きいと思います。該当する貨物に対しては、関税額に対し次のような不当廉売関税額が加算されます。

　＊不当廉売関税税額＝課税価格×不当廉売関税税率

　＊増値税＝（課税価格＋関税額＋不当廉売関税額）×16％

（2）相殺関税

　相殺関税（中国語では、反補貼関税）とは、輸出する商品が輸出国においてその国の政府などから補助金を受けている場合にその補助金額の範囲内でその効果を相殺するために課税する制度です。

（3）報復関税

　ある国が中国の輸出する貨物に対して差別的な関税の取扱をしている場合に、それと同額の割増関税を課税する制度で、例えば、2018年4月以降、アメリカの中国製品に対する25％の課税表明に対抗して、大豆などの農産品、自動車などを初めとして多くの品目に対して加算関税の徴収をアメリカの発動に即応して次々と実施しています。

　　＊報復関税適用後の関税額＝（関税課税価格×適用関税率）＋（関税課税価格×加徴関税税率）

　　＊増値税、消費税の計算に際しては、報復関税額相当分は加算しません。

4．輸出に関する税制

　輸出に関する税制では、わが国では輸出関税の規定はなく、消費税についても輸出貨物に対しては免税であり、仕入に関わる消費税については、還付する仕組みがあります。

　しかし、中国では、わが国と異なる仕組みとなっています。

（1）輸出関税

　中国では、特定の商品に対して輸出時に、輸出関税が課税されています。当然のことですが輸出関税は、その国の輸出競争力には不利に働きますが、財政収入の確保には有利となります。

　2019年度では、1月1日から対象品目がHSコードで202から108アイテムに減少し、暫定税率0％も50アイテム含まれ、例えば、ウナギの稚魚（20％）、ベンゼン（0％）、高純度陰極銅（10％）、クロム鉄鋼（15％）などです。

　輸出関税の場合、課税価格は取引価格を基礎としてFOB価格を算定して課税されます。

（2）輸出増値税

　正式には、輸出貨物の税還付（免税）の規定に属し、法的には、「輸出増値税」という用語はなく、輸出にかかわる増値税という位置付けになります。《増値税暫定条例》では、その第2条（4）で、「納税人が輸出する貨物は、税率を

第 7 章　中国の通関実務

ゼロとする；但し、国務院に別段に規定がある場合は除く」と規定され、輸出される貨物については、基本的にゼロ税率ですが、過去に不正な還付請求が多発したことから、課税してから還付する方式が採用されたと聞いています。ここでは「輸出増値税」の名称を使用して説明することとします。

　この方式は、一般貿易であっても進料加工貿易であっても適用されますが、その条件は次の通りです。

①　対外貿易経営者であって、一般納税人であること

②　税務局へ還付申請するためには、実際に輸出されたことが税関により確認されてから税関が発給する「退税単」(輸出通関申告書還付用)の提出が求められていましたが、2015 年 6 月 1 日から税関から税務局へデータを送信する方式となり、EDI 化されています

③　輸出貨物代金が受領されていること

　ただし、同じ加工貿易であっても来料加工貿易の場合は、この制度の対象とはなりませんが、「来料加工免税証明」を税務当局へ提出する必要があります。

（3）輸出増値税の徴収・還付方法

　実際の計算方式は、企業の形態（生産企業か貿易企業かなど）によって実際の計算方式は異なり、また、国内調達資材の有無、還付率によって複雑ですので省略します。

　課税価格はFOB価格に基づき計算されますが、方式としては次のような形態で実施されています。

①　先に徴収、後で還付（中国語で「先征后退」）

　企業にとっては支払いが先行するので、運転資金などに影響します。

②　免除、控除、還付（中国語で「免」、「抵」、「退」）

　多くの場合、この方式と考えられ、簡単に言えば、企業の財務帳簿内で、未払いの課税税額、未収の還付税額などをまず計算してその差額により、納付あるいは還付される方式と考えられます（実際の計算は、輸出以外の業務で発生する増値税と総合して計算されます）。

152

第3節　輸出入税制

③　徴税せず、還付せず（中国語で「不征」、「不退」）

　加工貿易の結転制度の場合などに採用される、変則的な方式です。

（4）輸出増値税の還付率

　還付率は商品によりさまざまですが、一般的に中国として、輸出を振興したいハイテク、ＩＴ産品などは、還付率が高く、靴などの労働集約型は低くなっています。旧来は、HSコード64類（靴）では、還付率は15％、HSコード85.08（真空掃除機）、85.17（携帯電話）などは16％でしたが、91類の時計類では13％となっていました。

　しかし、輸出振興のためか2016年11月からカメラ、エンジン、ポンプ、消火器などの機電産品を中心とした418品目の還付率を16％に引き上げました。続いて輸出企業の下支えを目的として、国務院は2018年11月１日から、財税〔2018〕年123号の通知で輸出税還付率をさらに変更し、現行の還付率が15％と一部の13％の品目の場合には16％の還付率、9％の品目の場合は10％と13％に、５％の品目は６％と10％に還付率が変更されました。ただし、汚染度が高い資源性の産品などについては還付率の変更は行われていません。

> **中国語さまざま─老婆、太太、愛人─**
>
> 　「老婆」は、老人ではありません。「太太」は、別に太っているからではありません。「愛人」は、愛人ではありません。年代により、違うそうですがいずれも「奥様」を表す言葉です。念のためですが、日本語の愛人は、「情人」になります。

第7章　中国の通関実務

第4節　課税価格の決定方法

輸出入に関係する課税価格について、総括して説明したいと思います。

1．課税価格

課税価格（中国語で、「完税价格」）については、中国税関法の第55条で「輸出入貨物の課税価格は税関により当該貨物の取引価格を以って基礎とし審査確定される。取引価格で確定することができない時、課税価格は税関により法に従い評価決定される。輸入貨物の課税価格には貨物の価格、貨物が中国国内の輸入地点で卸されるまでの輸送とその関連費用、保険費を含む；輸出貨物の課税価格には貨物の価格、貨物が中国国内の輸出地点で積み込まれるまでの輸送およびその関連費用、保険費が含まれるが、ただし、その中に含まれる輸出関税額控除しなければならない。出入国される物品の課税価格は、税関により法に従い決定される」と規定されており、中国関税条例の第18条でも同様の規定があります。

この規定が意味するところは、基本的に、輸入貨物の課税価格はCIF価格、輸出貨物の課税価格はFOB価格ということになります。貿易決済のタイプとしては、一般に、FOB（FCA）、C&F、C&I、CIF、DDPなどがありますが、申告する課税価格としては、輸入はCIF、輸出はFOBに換算して申告することとなります。

ただし、常にCIF価格＝課税価格ではありません。中国でもわが国と同様にいわゆる評価制度があり、加算すべき、あるいは減額すべき金額があり、その場合は、プラスあるいはマイナスした価格が課税価格になります。

2．輸入課税価格の加算あるいは減額要素

《中国関税条例》及び《中国税関の輸出入貨物課税価格審査決定方法》によれば、主な加算すべき要素としては、

① 買い手が負担する貨物購入コミッション以外のコミッションと仲介費用
② 当該貨物が中国国内へ販売される条件として、買い手が必ず別途支払う

154

必要があり、当該貨物と関連する特許権使用費など

③　売り手が、直接あるいは間接に買い手から取得する当該貨物の輸入後の転売、処置あるいは使用による収益。

などがあります。

　主な減額すべき要素としては、

①　工場建物、機械、設備などの貨物を輸入した後に行われる建設、据付け、組立て、修理と技術サービスなどの費用

②　輸入貨物が国内の輸入地点に運送されて取卸された後の国内輸送及びその関連費用、保険費など

③　輸入関税及び輸入時に支払われるべき国内税収。

などとなっています。

　特殊な建値として、「CIF & Int.」のような場合にも、利息費用が単独で明記されている場合には、その利息費用は課税価格に算入しないと規定されています。

　これらのことから、例えば、DDUの場合には、CIF＋関税＋増値税（消費税を含む）＋通関費用＋国内運送費などで構成されますが、輸入通関申告時にはCIF価格以外の費用を控除する必要があるわけです（その場合、相手先に貨物代金の明細が分ることになります）。このようなことは、輸出の場合のEXWについても同様の問題があることになります。

3．特許権使用料などの支払いの確認

　輸入貨物の課税価格を確定する時は、貨物価格に含まれていない下記の費用あるいは価値は課税価格に算入しなければならないとされています。加算すべき要素は次の通りです。当然ですが特許権などの使用料の別途支払いがあったとしても、申告する貨物に関係がなければ加算要素とはなりません。

①　特許権使用料

②　商標権使用料

③　著作権料

第 7 章　中国の通関実務

　貨物代金以外の対外支払い（受領を含む）は、直接、税関が関係する支払い
ではありませんが、電子口岸システムにより情報が共有化されているので、
その時には問題が指摘されなくても、後日、調査の対象となることが、しば
しば発生しています。

４．課税価格に対して税関が疑義のある場合とその対策

　税関は、申告した課税価格に対して疑問がある場合は、納税義務人あるい
は代理人に対して、「価格質疑通知書」を発給し、納税義務人は通知書を受け
取った日から５日以内に書面で資料あるいは証拠を提出して、申告した価格
が正しいことを証明しなければなりません。期限までに証明できない場合は、
税関が価格を査定することになります。

　そのリスクを回避する方法としては、課税価格の事前裁定を申請する方法
があります。第６章で説明しましたが、中国版事前教示制度である、《中国税
関事前裁定管理暫定方法》を利用することができます。

　申請人は貨物を輸入する３カ月前までに申請書を提出して、輸入貨物の課
税価格の要素、評価方法について事前に税関の裁定を受けて、「中国税関事前
裁定決定書（価格）」（**資料7－1**を参照）の発給を受けることができます。この
課税価格に関する要素には、「特許権使用料」、「コミッション」、「運送保険費」
及び「特殊関係」も含まれます。

156

第4節　課税価格の決定方法

資料7－1　中华人民共和国海关预裁定决定书
（价格）

编号：＿＿＿＿＿＿＿＿

申请人：	
企业代码：	
统一社会信用代码：	
通讯地址：	
联系电话：	
合同协议号：	

申请书编号：＿＿＿＿＿＿＿＿＿＿＿

受理日期：　　　年　　　月　　　日

＿＿＿＿＿＿＿＿＿＿（企业申请进口货物完税价格相关要素）应当计入进口货物完税价格

＿＿＿＿＿＿＿＿＿＿（企业申请进口货物完税价格相关要素）不应计入进口货物完税价格

经预裁定决定应当计入进口货物完税价格的相关要素，具体计入的金额应由申请人根据《中华人民共和国海关审定进出口货物完税价格办法》第十一条的规定按照客观量化数据资料自行予以确定。

是否存在特殊关系	特殊关系是否影响成交价格
□是　　　　　　□否	□是　　　　　　□否

进口货物价格是否符合成交价格条件
□是　　　　　　□否

（公章）

　　　　　　　　　　　　　　　　　　　　年　　　月　　　日

本预裁定决定书自作出之日起3年内有效。

157

第７章　中国の通関実務

第8章

通関のバリエーション

第8章　通関のバリエーション

中国にも一般的な貨物の輸出入通関のほかに、さまざまな通関方式が存在しているので、主な方法について説明したいと思います。

第1節　一時輸出入制度

1.一時輸出入制度の概要

一時輸出入される貨物は、税関の批准を経て一時的に出国あるいは入国し、規定された期限内に、原状のまま、再入国あるいは再出国する貨物を指します。関係法は、《中国税関一時入出国貨物監督管理方法》(税関総署令第233号)です。

（1）対象となる主な貨物

一時出入国監督管理方法の第3条で次のように規定されています。
① 展覧会、交易会などで展示される貨物(非販売に限る)
② 体育交流活動で使用される競技用品
③ 報道、映画、テレビ番組の製作に使用する機材
④ 貨物のサンプル
⑤ 据付け、テスト、設備修理などの使用される機器
⑥ 貨物を収納する容器(例えば、リターナブル容器、パレット)
⑦ プロジェクト工事の施工中に使用される設備、機器及び用品
⑧ 税関が批准するその他の一時輸出入貨物などがありますが、一般的に対象となる業務としては、①、④と⑥になると考えられます。そのほか、⑧には修理品もその範囲に入るものと考えます。

（2）ATAカルネによる通関方式

通関方式には、「ATAカルネを使用する方法」と「一時輸出入による通常通関」を行う方法があります。

イ．ATAカルネとは？

　ATAカルネは、「物品の一時輸入のための通関手帳」と言い、わが国の税関によれば、「ATAカルネとは、世界の主要国の間で結ばれている《物品の一時輸入のための通関手帳に関する通関条約（ATA条約）》に基づく国際的制度による通関用書類のことです。商品見本や展示用物品、職業用具などの物品をある国に持ち出し、仕事が終わったらその国から持ち出して、別の国に行く、あるいは日本に持ち帰ってくるといった場合、それぞれの国で通関手続きを行わなければならず、また、場合によっては課税されることもあります。

　このようなとき、ATAカルネを利用することによって、それぞれの国の税関で、都度、通関書類を作成することなく、課税されることもなく輸出入通関することができます」と説明されています。

ロ．ATAカルネの条件

① 有効期間は1年以内です。

② 持ち込む先の国がATA条約に加盟している必要があり、中国はその加盟国で、これまでATA条約の内、展覧会条約のみの加盟でした。2019年1月の税関総署公告により職業用具及び商品見本条約にも加盟したと推定され、カルネの使用範囲は展覧会、交易会、会議などから、音楽家の楽器あるいはデモ用機械類の一時輸出入にも使用範囲が拡大されたものとみられます。

③ わが国は、一般社団法人日本商事仲裁協会が発給します。Webサイトは、（http://www.jcaa.or.jp/）です。

　なお、中国の場合は、中国国際貿易促進委員会（CCPIT）になります。

２．一時輸出入による通常通関の基本条件

　《中国税関一時入出国貨物監督管理方法》によれば、基本条件は次の通りです。

① 一時入出国貨物は、入出国された日から6カ月以内に再出国され、あるいは再入国されなければなりません。ただし、再延長を申請することはできます。

② 一時入出国貨物は、形状などを変更してはならず、原状のまま再出国あるいは再入国されなければなりません。ただし、正常な使用で生み出される損耗などは認められます（修理は除きます）。

③ 輸出入許可証の取得は免除されますが、動植物検疫などは手続きは必要です。

第8章　通関のバリエーション

④　非ATAカルネによる一時入出国貨物の受・発送人は、関係する規定に基づき主管地の税関へ対象となる貨物の関税、増値税などの金額に相当する担保金あるいは銀行保証書を提供しなければなりません。

　　実際の手続きがすべて完了すれば、担保金、保証書は返還され、関税などの税金は課税されません。

⑤　国外から一時入国した貨物を保税物流園区のような税関特殊監督管理区域や保税監督管理場所に輸出する場合は、従来、積戻し出国と認定されていませんが、税関総署公告で2019年1月から可能となっています。

3. 申請から通関許可までの概略の手順

①　中国税関一時入出国貨物監督管理方法第7条により、主管地の税関へ「一時入出国貨物確認申請書」(**資料8−1参照**) を提出します。

②　申請が受理されれば、20日以内に「〇〇税関一時入出国貨物審査確認 (**資料8−2参照**) が発給されるので、通関の準備をすることになります。

③　貨物サンプル、テスト用機器などの貨物単独の場合は、単独で通関申告することは当然ですが、通い箱の場合は、貨物を積載して輸入されることも多いので、貨物とは区分して個別に通関申告する必要があることから、インボイスを分けて作成する必要があります (一時入出国の通関申告書には、貨物本体の通関申告書番号を記載することにより、貨物との関係を明らかにします。)。

④　再輸出あるいは再輸入する時にも、同じように通関申告します。

⑤　一時輸出入業務が完了すれば、一時出入国貨物の受・発送人は、主管地の税関へ手仕舞い手続き (中国語で「結案」) を行い、担保金あるいは保証書の解除手続きを行います。

4. タイプ別の利用方法

(1) 通い箱(リターナブルパレットなど)の場合

　通い箱の通関は中国側から見た場合には、その通い箱の発生源が中国であれば、一時輸出・再輸入、例えば日本発であれば、一時輸入・再輸出ということになります。

第 1 節　一時輸出入制度

資料8－1　暂时进出境货物确认申请书

编号：_____

____(1)____海关：

我单位拟对_____(2)_____按照《中华人民共和国海关暂时进出境货物管理办法》第三条第一款第(3)项____(3)____办理暂时进/出境手续，特向你关提出确认申请。

____(4)____(公章)

年　月　日

填写规范说明：

(1)海关名称；

(2)货物名称、规格型号、数量、颜色、品牌；

(3)海关总署令第233号第三条第一款中所列项目编号及内容；

(4)申请单位名称。

资料8－2　中华人民共和国　　　　海关
暂时进出境货物审核确认书

编号：_____

____(1)____：

经审核，你单位____(2)____《暂时进出境货物确认申请书》有关货物____(3)____《中华人民共和国海关法》及《中华人民共和国海关暂时进出境货物管理办法》有关规定，____(4)____按照《中华人民共和国海关暂时进出境货物管理办法》第三条第一款第(5)项____(5)____办理海关手续。

____(6)____海关(盖章)

年　月　日

填写规范说明：

(1)被告知单位名称；

(2)单位暂时进出境申请书编号；

(3)"符合"或者"不符合"；

(4)"可以"或者"不能"；

(5)海关总署令第233号第三条第一款中所列项目编号及内容；

(6)海关名称。

わが国では、関税定率法第14条の無条件免税、同第17条の再輸出免税による免税措置が可能であり、さらに2012年10月からAEO輸出入者であれば一定の条件のもとで、手続きを簡素化できますが、実際のご利用に際しては税関とのお打ち合わせも必要かと思います（AEO輸出入者とは、AEO輸出者・AEO輸入者双方の承認を得ている者を指します）。

しかし、中国では、

① 特に担保金の提供が必要なこと（銀行保証書には銀行が消極的とか？）

② 一時輸出入を行うことの申請から承認までに20日以上を必要とすること

③ 貨物を積載している場合では、別申告としなければならない（通関料金が発生する）

などから、今一つ利用度が低いように思います。

- 通い箱は、繰り返して使用されることから、その数量が相当程度多い場合には、その都度、一時輸出入の申請を行うことなく、一定金額の保証金あるいは銀行保証状を提出して、「一時輸出入包装容器税関監督管理登記簿」（中国語で「暫時进出口包装容器海关监管登记簿」）により、出入国の時には、この登記簿と輸出入の通関申告を行うことができます。登記簿は、年間2回、税関の年度審査を受ける必要があります。
- パレットの場合、現地の管理が十分ではないために、数量不足を招くことがしばしば起こります。また、中国側が一時輸出入制度の利用に消極的なことから、貨物と一体で通関し、別途、空きパレットを一般貿易貨物として輸出する、というやり方が多いように見受けます。

（2）修理物品の場合

修理物品についても基本的に一時輸出入貨物となりますが、中国が輸入した機械設備を修理するために一時輸出して修理後に再輸入する形態と、日本が輸入した物品を修理のために中国へ輸出して一時輸入し、修理後の日本へ再輸出する形態です。

いずれの場合であっても、原則は一時輸出入として行われます。

イ．事前に用意すべき書類

① 修理に関する協議書あるいは契約書、または、アフターサービス契約、

修理保証条項が含まれる売買契約書

② 修理する部分、シリアル番号などの主要部分の写真

③ 必要により商品検査証明（鑑定書などを含む）

④ 税関が認めた保証書（中国側輸出入者の作成も可）

ロ．実際の手続き

① 輸出入／修理貨物申請表（**資料8－3**参照）を作成

② 「税関一時輸入/輸出批准書」を取得

③ 輸入（輸出）貨物通関申告書を作成して申告し、同時に、インボイスなどの商業書類を提出

④ 担保金の納付あるいは税関の認める保証書の提供

⑤ 一時輸出の場合は、当初に輸入した時の輸入通関申告書、インボイスなどを提出します。

また、一時輸入した修理品を再輸出する場合には、一時輸入した時の輸入通関申告書の提出が必要になります。

ハ．留意事項

① 出国あるいは入国された修理貨物は6か月以内に積み戻して入国あるいは出国されなければならず、積み戻して出入国された後、貨物主は税関が許可した通関申告書により、当初に出入国した税関で保証金などの返還と手仕舞い手続きをすることになります。

② 中国国外で修理が行われた場合、修理保証期間内であって無償で修理されれば、免税で許可されます。

しかし、修理保証期間外の場合、実際に対外支払いがあるかどうかを問わず、全ての修理費と材料費の合計を以って課税価格として徴税されます（貨物本体の価格は含みません）。

③ 輸出入許可証の取得は対象貨物であっても免除されます。

④ 繰り返しになりますが、一時輸出入の申請から認可までに20日程度の日数がかかります。認可前に貨物が中国に到着していても輸入通関はできませんし、認可前に一時輸出通関をすることもできません。

ニ．修理貨物で発生する問題

① 外国で修理のために一時輸出したが、修理が不能のために中国側へ返送

第8章　通関のバリエーション

されない場合は、一時輸出通関申告の取消手続きを行い、改めて、「一般貨物」として輸出通関を行う必要があります。また、一時輸入したが、中国側で修理ができないために、再輸出しない場合は、同じように一時輸入通関を取消し、正式な輸入通関を行うことになりますが、課税価格の算定及び課税の問題、輸入許可証などを取得する必要性などの問題が発生することとなります。

② 日本側で修理しようとした時に、修理するよりも新品を返送した方が良いのでは、との判断から善意で中国側に無断で新品を返送した場合は、修理品とは同一貨物ではないためにトラブルになります（例えば、新品として課税される、通関申告を取り消して再申告する、輸入許可証の取得義務が発生するなどです）。

資料8-3　进出口/修理货物申请表

编号：20　　年　　　关（　　　）号

报关单号码：		贸易方式		贸易国别		日期	
申请单位：							
进口或出口				联系电话			
商品编码	货物名称／规格型号			数量／单位		货物总值	
担保原因 （打勾）	申请暂时进／出口期限： （　　　　　）月			保证金金额		是否属无线电器材或 __应检验检疫的货物	
暂时进出口	是否属国家限制进出口商品						
修理物品							
差额保金	__差额保证金期限：						
租赁贸易	有何级主管部门批准文件					何种担保形式	
其他							
现场接单 关员审批	该货物符合《中华人民共和国海关暂时进出境货物管理办法》第三条第　　　项／修理物 品的规定 拟同意其暂时进（出）口／进（出）境维修，期限　　个月，请领导审批。						
科长审批							
处长审批							
关长审批							
备 注							

（3）展覧会などへの出展

　展覧会の開催主体により、多少の違いがありますが、出展貨物の輸入通関、搬送、展示作業、再輸出などの取扱いは、主催者が指定した取扱い業者（複数の業者の場合もあります）が行いますので、独自に行うことは、できない仕組みになっています。

イ．出展手順

① 取扱指定業者を選択して、例えば広州交易会では、その業者と「輸入展品物流サービス委託書」により、輸出入通関、検査検疫、国内輸送、保管、会場への搬出入、展示、展覧会終了後の税関手仕舞い、積戻しなどの業務委託契約を結びます。

② 出展する貨物の明細書を指定業者へ送付し、「暫准進口展品報関清単」を作成してもらいます。

③ 輸出するインボイスは、その指定業者名となるので、B/L（または、AWB）は、運賃は「Prepaid」とし、「Consignee」、「Notify Party」は、指定した業者名で作成することとなります。

④ 出展者が携帯して持ち込むことも可能ですが、携帯品の範囲内である必要があります（超過した場合は、正式通関になります）。

⑤ ATAカルネを使用することもできます。

ロ．留意する事項

① 積み戻す商品、展示即売品、終了後に廃棄する商品などは取扱業者に通知し、「暫准進口展品報関清単」の内で区分して申告してもらう必要があります。

② 原則として、クーリエ便は取り扱いません（広州交易会の場合）。

③ 展覧会開催地以外の港（空港など）で陸揚げされた貨物は、保税輸送により転送する必要があります。

④ 展覧会期間に消費し、あるいは配布する商品は、税関により展覧会の性質、展覧会参加業者の規模、観衆の人数などの状況により、合理的な範囲内であれば、輸入関税と輸入関連税の徴収が免除されます（例えば、少量のサンプル、機械類のデモの時に消費される材料、展示台の装飾品、無償の宣伝物品などです）。

第8章　通関のバリエーション

第2節　クーリエ貨物の輸出入

　クーリエ貨物（中国語で「快件貨物」）による運送は、日中間のみならずワールドワイドで行われています。クーリエによる運送であっても出入国にはクーリエ会社が税関へ申告しなければならず、その貨物の性質により通関方法が異なります。

　適用法は《中国税関の出入国クーリエ貨物に対する監督管理方法》が2006年5月から施行されていますが、さらに2018年9月25日から、《新版クーリエ通関管理システムバージョンアップに関する事項の公告》が公布されています。両方の法律、規定によれば、クーリエ貨物は「文書類」、「個人物品」と「貨物類」の3種類に区分されています。

１．クーリエ貨物の分類

　クーリエ貨物には次の種類があります。

① 　文書類：A類通関申告書（旧KJ-1）

　文書類は、免税の商業価値のない文書、伝票、資料などを指します。

② 　個人物品：B類通関申告書（旧個人申告書）

　個人物品は、自家用の合理的な数量の範囲内で、出入国する旅客が携帯しないで輸送する旅具物品、個人物品などを指します。

③ 　貨物類：C類通関申告書（旧KJ-2、3）

　貨物類は、上記以外の貨物、例えば、部品、広告品、貨物サンプルなどが含まれ、貨物本体価値が5000元（運賃、保険料等は含まない）以下であって、さらに次の条件には該当しないこととされています（該当する場合は、正式な輸入通関になります）。

・　輸出入許可証類を取得する必要がある場合

・　輸出増値税還付、輸出外貨決済あるいは輸入外貨決済を行う必要がある場合

・　一般貿易監督管理方式で法により検査検疫を行わなければならない場合

・　貨物サンプル・広告品の監督管理方式で法により、口岸で検査検疫を行

168

わなければならない場合（例えば、動植物検疫など）

2．クーリエ貨物の通関

　クーリエ貨物の通関は、税関の許可を受けた税関監督管理場所で行われなければなりません。したがってクーリエ会社は税関の監督管理要求に符合する場所と設備などを設けなければならないことになります。

　通関は、あらかじめ、データ送信などにより提出されたクーリエ貨物のマニフェストなどが税関に受理された後、中国国内到着を税関に申告した日から14日以内、あるいは国外に向けて送り出されてから3時間以内に税関へ簡易通関方式で申告しなければならないとされています。

3．クーリエ貨物の注意事項

① 　文書類、個人物品以外の一般貨物（サンプルなどを含む）は無償・有償を問わず中国側の輸出入者は「対外貿易経営者」でなければなりません。そのため、日本から発送する際に、クーリエ会社から対外貿易経営者の税関登録登記番号（C/R番号と言います）の通知を求められます（HSコードも合わせて要求されます）。

② 　免税となる広告品・サンプル品の条件は、「商業価値がない」か、関税額が50人民元以下の場合に限られます。この「商業価値がない」とは、文字通り市場価値がない貨物ということになりますが、例えば、片方だけの靴、消去できない「SAMPLE」マークがあるなどの商品と考えられます。したがって、ほとんどの場合、課税対象となります。

③ 　貨物類では、「1．」で説明した通り対象となる貨物は発送国の衛生証明書などの書類の提出が必要であり、中国側では、輸出入許可証、検査検疫合格書類なども必要となるので、クーリエ通関とせず、一般貿易として正式通関の必要があります。

第8章　通関のバリエーション

Q：クーリエ便で有償貨物を輸出しましたが、中国側から貨物代金を送金できないと言われました。何故ですか？

A：クーリエ貨物の通関は、基本的に簡易通関となっています。そのために、中国の外為法による対外支払いに要求される通関証明書が発給されません。つまり、一般貨物として正式通関をしてもらわなければなりません。ただし、日本側で正式通関を要求しても現地にその認識が無ければ、簡易通関で処理してしまうことになります。その点から、貨物代金の支払いを伴う場合は、航空貨物で輸出される方が安心かと思います。

第3節　その他の通関方式

1．中国で作成されたソフトウエアの輸出

　中国でソフトウエア（中国では、軟件、以下ではソフトと言います）の開発を行い、日本へ輸出することはよくある業務と思います。ソフトは、その性質からUSB、DVDなどのメディアにインストールする場合のほかに、オンラインで電送する方法もありますが、いずれの場合でも貿易代金の決済は可能です。

（1）具体的な輸出手順

　ソフトの輸出には、先ず輸出契約を登録しなければなりません。具体的には、《ソフト輸出管理と統計方法》（中国語で「軟件出口管理和統計办法」）の第5条で「ソフトの輸出契約が効力を発した後、ソフトの輸出企業は、ソフト輸出契約登記管理センターでソフトの輸出契約をオンラインで登記しなければならない。並びに所在地原則により、効力を発したソフト輸出契約の正本により所在地の対外経済貿易庁（委員会、局）で、ソフト輸出契約登記証書を受領する。ソフト輸出企業は、ソフト輸出契約の中でソフト輸出方式を税関通関方式あるいはオンライン電送方式かを明確にしなければならない」と規定しています。

（2）税関通関方式による輸出

　メディアにインストールしたソフトのHSコードは、筆者の見方では、DVDの場合のHSは「8523402000」、USBの場合は、「8471709000」と考えます。

① 　輸出者は、対外貿易経営者になります。

② 　税関でソフトの輸入通関申告を行う時は、「ソフト輸出契約登記証書」、「輸出外貨受領照合抹消書」などの書類により、インボイス、パッキングリストなどの貿易書類により、輸出通関手続きを行います。

③ 　通関が完了すれば、外為管理局で輸出代金を受領する手続きを行います。

④　最後に、税務当局へ輸出増値税還付の手続きを行います。

（3）オンライン電送方式による輸出

　オンラインで電送してソフトを輸出する場合、企業は輸出代金を受領した後、「ソフト輸出契約登記証書」、「ソフト輸出契約」により、直接、外為取引銀行で外貨受領手続きを行うことになります。この方式は、いわゆる「モノ」貿易ではなく、サービス貿易の範囲になるので、輸出増値税の対象とはなりません。

２．中国への積み戻し返品

　中国から輸入した貨物に、品質などの問題があり中国へ返品したい、ということは、しばしば発生します。これを中国語で、「退運貨物」と言います。しかし、返品を要求した時に中国側から、ルール上で返品は受け入れられないなどの理由で拒絶される事例も耳にしますが、原則として、中国への返品は可能です。

　ただし、返品を受入れるためには、税関手続きばかりでなく、税務局、外為管理局などに対して中国側の行うべき事務手数も多くあり、そこへの理解は必要かと思います。

（1）一般貿易の場合の返品
イ．貨物代金の受領と輸出増値税還付との関係
①　外貨を受領済みで外為局の手続きが完了している場合は、輸出者は外為局へ申請して、「相殺済み受領輸出外貨照合抹消証明」（中国語で「已冲減出口収匯核銷証明」）を受領します。
②　税務局で税還付手続きを完了している場合は、税務局で税の追納手続きを行い「追納証明」（中国語で「补税証明」）を受領します。もし還付手続きをまだ行っていない場合、「未退税証明」を受領します。
③　再輸入の通関申告のためには、積戻し協議書（契約）、当初の輸出通関申告書・インボイス・パッキングリストなどの通関関係書類、日本側から提供される公的機関の品質不合格証明（海事検定協会など）及び返品のための

第3節　その他の通関方式

インボイス・パンキングリストなどの書類が必要になります。

ロ．課税される場合

輸出許可の日から1年以内に、原状のまま、返品積み戻された場合には、関税、増値税などは課税されません。しかし、1年を超えた場合には、積戻しではなく一般貨物として通関しなければならないので、課税対象となります。

（2）加工貿易による返品交換の場合

　加工貿易により、日本へ輸出された製品を返品のみを行う場合は基本的には（1）の手順と同様ですが、この場合、中国に返品で輸入された製品は、改めて加工貿易の仕組みのなかで、不良品として国内販売あるいは放棄することとなりますが、再度、輸入通関申告し、国内販売した場合には関税などを納付する必要があります。

　しかし、加工貿易であっても、日本側から製品の返品あるいは交換（修理）を希望することも多いと思うので、この方法についても説明します。この場合、通関申告書上の分類は、加工貿易のタイプにより「来料成品退換」あるいは「進料成品退換」となります。

イ．交換が可能な条件

① 契約をした加工貿易が、まだ進行中か中国側の手仕舞いが終了していないこと。

② 返品交換する製品に使用する原材料は、輸入時の品名、数量、金額が同一であること。

③ 中国側企業は、交換する製品の再生産に使用する原材料は国内で調達するか、一般貿易で輸入すること。

ロ．手続きに必要な資料

① 製品交換契約及び交換を必要とする証明

② 返品の輸入時には、輸出時の輸出申告書・通関書類、返品輸入のインボイスなどの通関書類

③ 交換輸出の時には、新たなインボイス・パッキングリストなどの通関書類・輸出通関申告書、返品輸入時の輸入通関申告書などとなります。

173

第8章　通関のバリエーション

ハ．留意する事項
① 加工貿易手冊（帳簿）が完了している場合には、一般貿易として輸入することになります（課税対象となります）。
② 返品輸入の時には、一般貿易の場合に必要であった外貨受領、税還付を取消す証明の提出は不要とされています。

３．リース貿易貨物の輸入通関

　リース貿易貨物（中国語で「租賃貿易貨物」）の輸入貨物とは、リース業務を経営する企業が外国側と国際リース契約を締結した後、リースで輸入される貨物を指します。中国の貿易統計で占める割合は、2018年の実績で0.09％（約42億ドル）となっています。

（1）リース貿易貨物の区分
　リースの方式には、ファイナンス・リース（中国語で「金融租賃」）とオペレーティング・リース（中国語で「経営租賃」）があります。
　ファイナンス・リースとは、使用者が選んだものをリース会社（中国語で「出租人」）が使用者（中国語で「承租人」）に代わって購入し、貸与する取引を言います。したがって、一般的にこのリースの場合は、リース期間満了後に積み戻しされず、名目的な価格で使用者へ譲渡されることとなります。
　オペレーティング・リースで輸入されるリース貨物は、一般に一時的な性質があり、契約で規定された期限により積み戻されますが、リース期間満了時の残存価額（残価）をリース会社が査定し、物件の元本部分から残価を差し引いて、リース料を算出することから、一般に貨物の価額よりもリース代金料金が少なくなります。

（2）リース貿易輸入貨物の課税価格と通関のやりかた
　輸入通関申告は、輸入者の所在地の税関で行いますが、輸入通関に必要な書類は、一般貨物の通関と同様にインボイスなどの通関書類のほか、リース契約書の提出が必要であり、輸入許可証対象貨物は所定の許可証など、法定検査対象貨物などは、その手続きが必要になります。

イ．ファイナンス・リースの場合

① 貨物の価額により課税価格を税関が査定し、輸入時には一般の輸入通関と同様の手続きを行い、関税などを一括して納付します。

② リース代金により課税価格を税関が査定し、リース代金が分割支払いであれば、関税なども分割納付されます。

輸入通関報告書は、第一回目のリース代金課税価格とする申告書と実際の貨物価額を申告価格とする通関申告書を作成し、関税などは、第一回目のリース代金の通関申告書の課税価格により納税します。

ロ．オペレーティング・リースの場合

リース金額の総額により課税価格を税関が査定し、一般にリース代金は分割払いとなるので、輸入通関は、第一回目のリース代金を課税価格とする通関申告書と実際の貨物価額を申告価格とする通関申告書を作成し、関税などは、第一回目のリース代金の通関申告書の課税価格により納税します。

ハ．税関の監督管理

リース貿易による貨物は純粋の保税貨物ではありませんが、リース代金は一般的に分割払いの方式を採るので、この場合は、輸入された日から、リースが終了して税関の手続きが完了する日まで、税関の監督管理を受ける「税関監管貨物」として税関の管理下にあります。したがって、リース期間が満了した時には、30日以内に税関の手仕舞い（中国語で「結关」）を行う必要があります。

リースが終了した貨物は、原則として海外へ積み戻す必要がありますが、リース終了後の買取り、リース期間の延長も可能であり、改めて輸入通関申告手続きなどを行います。

ニ．分割払いの納税手続き

分割支払いのリース貨物は、契約で約定された各期のリース代金について、納税義務人は税関へ毎回リース金を支払った後、その都度、遅くても15日目までに、輸入通関申告書を作成し、「関連通関申告書」欄に第一回目に輸入したリース貨物の通関申告書番号を記載して申告納税手続きを行わなければなりません。

第8章　通関のバリエーション

第4節　通関申告に関するその他の事項

1．通関申告書の作成

　中国の輸出入通関申告書の作成は、中国側の輸出入者（あるいは通関業者）が行いますが、わが国の通関申告書の作成と比較すると異なる側面が多く見受けられます。

　例えば、わが国の場合は、通関申告書は基本的にローマ字で作成しますが、中国では申告書の作成は中国語でなければならないとされています。しかし、インボイスなどは英文（ローマ字）で作成されていることから、HSコードの判定の際には微妙な解釈の差が生まれることもよくあります。

　日本側でインボイスの作成に配慮が必要な項目としては、次のような項目があります。

① **監管方式**

　貨物に対する税関の監督管理のタイプであり、例えば、全く同一の貨物であっても、通常の貿易品とサンプル品では監管方式で異なるので、インボイスを分ける必要があります。

　主な監管方式の分類は次の通りです。

表8－1　主な監管方式の分類

コード	監管方式	コード	監管方式	コード	監管方式
0110	一般貿易	0214	来料加工	0615	進料（対口）
1300	修理物品	1523	租賃貿易	2600	一時輸出入
3010	貨物見本	4561	退運貨物	9610	電子商務

② **合同協議号**

　貿易契約の番号を記載します。

③ **取引方式（中国語で「成交方式」）**

　FOB、CIFなどにより区分します。

④ **グロスウエイト（中国語で「毛重」）**

　パッキングリストとB/Lなどの数値を一致させる必要があります。

176

第4節　通関申告に関するその他の事項

２．特殊な申告

(1) 国際貿易電子商取引の通関申告

　中国における最近の国際貿易電子商取引（中国語で「跨境貿易电子商务」）の発展は急速に進んでいますが、同時に幾つかの問題が存在していました。例えば、カード決済などを除き、クーリエ、郵送方式を通じて買い入れた国外の商品は、外為決済手続きをすることができず、中国から輸出した場合には、輸出税還付の奨励政策もまた享受することができませんでした。このため、2014年8月に《跨境貿易の電子商取引で出入国する貨物、物品の監督管理に関する事項の公告》を施行して、税関ネットワークによる「電子商務取引プラットフォーム」(中国語で「电子商务交易平台」)、「電子商務通関サービスプラットフォーム」(中国語で「电子商务通关服务平台」)及び「電子商務通関管理プラットフォーム」(中国語で「电子商务通关管理平台」) を構築して、クロスボーダー取引の、外為決済、税還付などの問題を解決しています。

　通関申告を簡単に説明すれば、取扱い企業は「明細書で審査許可、総括して申告」(中国語で「清单核放」、「汇总申报」)方式として、「中国税関跨境貿易電子商務進出境申告明細書」により通関手続きを行います。次に毎月10日までに前月の申告明細書を各種のデータごとにまとめて輸出入通関申告を行います。輸出入許可証類は、明細書通関の時に提出します。

　なお、本書第3章第4節4．で触れた通り、2019年1月1日から《中国電子商務法》が施行されているので、今後、その実施条例、細則などの発布により手続きが変わることも考えられます。

(2) 旅具通関

　中国に入国する時に、例えばハンドキャリーなどで物品を持ち込むことはよく行われます。入国時には「中国税関進出境旅客行李物品申報単」の提出が要求されるので、該当する物品があれば申告しなければなりません。このような方式はわが国でも同様ですので、詳細な説明は省略しますが、注意すべき点は下記の通りです。

① 課税された場合の料率は、関税、増値税、消費税が含まれています（2018

第8章　通関のバリエーション

年11月１日から、料率が変更されています）。

② 課税された場合に、その場で納付できなければ、保税預けをすることになります。

③ ハンドキャリー品で貨物代金の送金を必要とする場合は、正式通関しなければなりません。

　こんな話を聞きました。ハンドキャリー貨物を代金受領のために正式通関したいと申し出たところ、職員が「折角、旅具の簡易通関で速く済ませようと言っているのに、本通関は面倒くさい」と言ったとか？？？

（3）中国における許可前引取制度

　「許可前引取」とは、わが国の税関ホームページによれば、「例えば以下のような貨物について輸入の許可前に貨物を直ちに引き取ることが可能となる許可前引取り承認制度（Before Permit：BP）を導入しています。なお、許可前引取り承認制度を利用する場合には、関税等相当額の担保を税関に提出した上で税関長の承認を受ける必要があります」とあり、対象となる場合として、

① 貴重品や危険物、変質・損傷のおそれがあり特に引取りを急ぐもの

② 展示会などへ出品するもので時間的制約があるとき

③ 特恵税率または経済連携協定に基づく税率の適用のため必要とされる原産地証明書の提出が遅れるとき（ただし、いずれの場合も「原産地証明書の提出猶予」の承認を受けた場合に限ります）

④ 陸揚げ後に数量を確定させる契約による貨物であり、輸入申告時に貨物の数量が確定していないとき

　以上のような要件が定められています。

　中国でも、税関法第66条に「貨物の税表分類、価格評価の確定と有効な通関申告証票の提供あるいはその他の税関手続きを完了する前に、受・発送人が貨物の引渡許可を要求する場合、税関は法により履行すべき法律義務に相応する担保の提供を受けた後に引渡許可をしなければならない」との規定があり、わが国と同様の制度があります。これを、中国語で「提前放行貨物」と言いますが、対象となる場合は次の通りです。

第4節　通関申告に関するその他の事項

① 輸出入貨物の税表分類、課税価格、原産地が依然として未確定の場合
② 有効な通関申告証票が依然として未提出の場合
③ 納税期限内の税額が依然として未納税の場合
④ 延滞金が依然として未納の場合
⑤ その他の税関手続きが未完了の場合

　ただし、出入国が制限される貨物で、提供すべき許可証類を提出ができない場合は、担保による引渡許可は承認されません。

(写真は、珠海とマカオ国境の中国側出入り口の拱北口岸です。
中国側の入国レーンに、65歳以上は優先レーンとして「長老優先」と表示してありました。「後期高齢者」より、ネーミングが良いのでは、と思いました。)

第 8 章　通関のバリエーション

第9章

輸出入商品の検査

第9章　輸出入商品の検査

　輸出入商品の検査（検疫を含みます）は、国家質量監管検験検疫総局の所管となっていましたが、全国税関通関一体化の全面的な実施もあり、2018年3月の全人代の決定により、従来の国家質量監管検験検疫総局の業務は、税関総署と国家市場監督管理総局に分割され、輸出入商品検査法、国境衛生検疫法、出入国動植物検疫法、食品衛生法に関する業務は税関総署の所管、国家標準化法、国家計量法、国家認証認可条例（CCC認証制度など）、国家産品品質法などは国家市場監督管理総局の所管となり、4月から正式に実施されています。

　輸出入貨物に関する検査業務は、輸出入される貨物の品質、規格、衛生、安全などについて検査が行われ、多くの法律が関係しますが、基本的な規定は、《中国輸出入商品検査法》、《中国出入国動植物検疫法》、《中国国境衛生検疫法》、《中国食品安全法》及び各実施条例があります。

第1節　輸出入商品検査の実務

　《輸出入商品検査法》（中国語では「进出口商品检验法」）の第4条で、「輸出入商品検査とは、人類の健康と安全を保護し、動物或いは植物の生命と健康を保護し、環境を保護し、詐欺行為を防止し、国家安全の原則を維持することを根拠に、《国家商検部門により、必ず検査を実施する必要のある輸出入商品目録》が制定され、調整され並びに実施が公布される」と規定されています。

　したがって、法定検査に属する輸出商品は、検査を経て合格しない場合、輸出が許可されず、法定検査に属する輸入商品は、検査を経ていない場合、販売、使用が許可されません。法定検査とは、輸出入商品目録（以下、法定目録とします）に記載され、必ず検査を実施する輸出入商品となります。法定検査の対象となる貨物は、HSコード表の「監管証件代碼」により、判定することができます。輸入の場合はコードが「A」、輸出の場合はコードは「B」となります。なお、2017年5月から検査検疫業務の全行程についてペーパーレス化が実行されています。

182

１．検査申請企業の届出

　検査を申請しようとする企業（中国語で「報検企業」）は、所在地の税関の検査検疫部門（旧来は、所在地の出入国検査検疫局）へ届出（中国語で「备案」）をする必要があります。検査を申請しようとする企業（中国語で「自理報検企業」）とは、一般的には輸出入貨物の受・発送人と代理で申告業務を行う企業（中国語で「代理報検企業」）も含まれます。

　また、合わせて検査を担当する職員も届出る必要があります。申請は、「報検企業備案表」、「報検人員備案表」にインプットし、営業許可証、企業信用統一コードなどの必要資料はPDF化して電送します。

２．輸入貨物の検査手順

（1）検査申告の時期

① 　輸入される微生物、人体組織、生物製品、血液及びその製品あるいは家禽類などは、入国する30日前までに検査の申告をしなければなりません。

② 　その他の動物を輸入する場合、入国の15日前までに検査の申告をしなければなりません。

③ 　輸入する植物、種子、種苗及びその他の繁殖材料に場合は、入国の７日前までに検査の申告をしなければなりません。

（2）検査申告の地点

① 　一般的な検査対象貨物は、入国前あるいは入国時に通関申告地の税関検査検疫部門へ申告します。

② 　大量のバラ積み貨物、腐敗変質しやすい貨物、原料となる廃品などは、貨物を取卸す口岸の検査検疫部門へ検査の申告をします。

③ 　据付けテストと合わせて検査を行う必要のあるプラント設備、及び口岸において開梱した後に包装を元に戻すことが難しい貨物は、荷受人の所在地で検査が実施されます。

第9章　輸出入商品の検査

(3) 検査の申告

　ネットワークを通じて、「入国貨物検査申告書」(中国語で「入境貨物報検単」)を作成し、対外貿易契約、インボイス、パッキングリスト、B/Lなどの関係書類をPDFで提供することになります。

(4) 輸入通関に必要な書類

　申告データによる審査に合格すれば、法定検査貨物の輸入者あるいはその代理人は、通関申告地の検査検疫機構から「入国貨物通関書」(中国語で「入境貨物通関単」)を受領し税関へ輸入通関申告する時に必ず添付すべき書類となっていましたが、税関総署公告2018年第50号より、6月1日から電子申告方式により「入国貨物通関書」のペーパーによる提出を廃止し、電子化による検査検疫番号をシステムの中でチェックされるので、輸入通関申告書の「添付書類欄」に「A」及びその番号を記載することとなっています。

(5) 通関後の事後検査

　輸入通関が完了した後に、貨物に対して実際に検査、検疫を行うこととなります。合格すれば、法定検査貨物を販売あるいは使用することができる証拠として「入国貨物検査検疫証明」を受領することができます。

　　商品検査対象商品は、市販後にも随時検査が実施されるので、その時に品質に問題があると販売差し止め、廃棄処分が行われます。2018年6月にも不合格品のリストが公表されました。

３．輸出貨物の検査手順

　《中国輸出入商品検査法》の規定を根拠に、下記の商品は輸出する前に、必ずその地の商品検査機構あるいは国家商検部門(税関総署管轄)が指定する検査機構の検査を受けて合格する必要があります。
① 　法定検査目録でコードが「B」と指定されている輸出貨物
② 　対外貿易契約の規定で検査を行う必要がある貨物

③ 輸入相手国政府の規定で中国商検機構の検査合格証明書を発行を必要と
する商品

④ その他

（1）検査申告の時期

輸出しようとする貨物は遅くとも通関申告あるいは積み込みの7日前まで
に検査を申告しなければなりません。

ただし、隔離して検疫する必要のある動物は、出国する60日前までに事前
申告し、隔離を実施する7日前に検査申告を行うことになります。

（2）検査の申告

輸出しようとする貨物は、産地の検査検疫機構へ検査を申告しなければな
りません。具体的には、ネットワークを通じて、「出国貨物検査申告書」（中国
語で「出境報検単」）を作成し、対外貿易契約、インボイス、パッキングリス
ト、L/Cなどの関係書類をPDFで提供することになります。

（3）輸出通関に必要な書類

申告データによる審査に合格すれば、法定検査貨物の輸出者あるいはその
代理人は、申告地の検査検疫機構から「出国貨物通関書」（中国語で「出境貨物
通関単」）を受領し税関へ輸入通関申告する時に必ず添付すべき書類となって
いましたが、輸入の場合と同様に電子申告方式により「出国貨物通関書」の
ペーパーによる提出が廃止されましたので電子化システムで検査検疫番号を
チェックし、輸出通関申告書の「添付書類欄」に「B」及びその番号を記載する
ことになります。

輸出する貨物の場合は、その性質上、輸出通関の前に検査検疫が完了して
いなければなりません。

第9章　輸出入商品の検査

Q：法定検査の輸出貨物であれば、輸出時に検査されているはずですが、日本へ輸入した後に不良品が発見されるのは、十分な検査をしていないのでしょうか？

A：複数の理由があると考えますが、一つには、ほとんどの場合、全数検査は行われていません。また、近年は少ないと思いますが、体裁はできているが、売りものとしてどうか、と思われる商品もあります。例えば、プリント模様にズレがある、あるいは色がかすれているなどです。対策の一つに、現地で検品、検針業務を委託することも一つの方法ですが・・・

検品の実例

4．クーリエ貨物の検査検疫

　クーリエ貨物の場合でも、《出入国動植物検疫法》、《国境衛生検疫法》あるいは、その他の法律に該当する貨物は検査検疫の対象となります。クーリエ貨物の検査検疫は、クーリエ会社が申告の当事者となりますが、動植物産品あるいは中国の品質許可制度、衛生登録登記制度などにより管理される貨物に対しては、外国側の証明書が要求されます。

　筆者の聞いた話では、サンプル品としてミネラルウォーターを送ったところ、衛生証明書が添付されていなかったために通関ができなかったという事例がありましたので、動植物産品、飲料などについては、あらかじめクーリエ会社に確認する必要があります。

第2節　強制性産品認証制度

　中国の強制性産品認証制度は、また、CCC（英文名称の「China Compulsory Certification」の略称）あるいは３Ｃとも呼ばれていますが、2002年５月１日から適用され、その主旨は消費者の身体への安全と国家の安全を保護し、品質管理を強化することを目的として制定された製品合格評定制度であり、中国国内で生産あるいは販売される製品（部品なども含む）に対して国内の技術標準に適合していることを審査して認証する制度で輸入製品についても適用されます。

　強制性産品認証制度（以後、CCC認証と略称します）は、国家標準化法の第２条で「標準には国家標準があり、さらに強制性標準と推奨性標準に分けられる」と規定され、実施規定として《強制性産品認証管理規定》（国家質検総局令第117号）が制定されています。

1．CCC認証

　CCC認証は、一般的な商品検査とその目的は共通しており、国家の安全を保護し、人体の健康あるいは動植物の生命・健康を保護し、環境を保護するために、国家が指定する産品は必ず「事前に」第三者機関の検査により中国の国家標準（GBシリーズ）に合格し、並びにCCC認証マークを表示した後、初めて中国で工場から出荷し、販売し、あるいは輸入し、中国国内で使用することができるとされています。したがって、CCC認証は、輸出貨物には適用されません。

（1）CCC認証の手順

　日本から輸出する対象貨物については、一般的にメーカーがCCC認証の手続きをすることとなります。申請に際しては、わが国に代行する組織もあり詳細は省略しますが、簡単に言えば次の通りで、所要時間は５〜８か月といわれています。

　認証の申請→型式検査→工場検査→認証の取得とCCCマークの表示→

第9章　輸出入商品の検査

年度追跡検査

　なお、CCC認証の有効期間は5年となっています。

(2) CCC認証の対象貨物

　CCC認証の対象となる貨物は、「強制性産品認証目録」により、HSコードで指定されていますが、当該コード全てが対象となるわけではなく、同一のHSコードであっても認証適用範囲外となる貨物があります。

　第一次指定目録としては、電線・ケーブルが5種類(特殊ケーブル類)、スイッチ及び保護あるいは接続用の電気装置が6種類(カプラー、コンセント、家庭用スイッチなど)、低電圧電器が9種類(サーキットブレーカー、過電流プロテクター、継電器、スイッチなど)、小電力モーターが1種類、電動工具が16種類(電気ドリル、電気砥石、電気のこぎりなど)、電気溶接機が15種類(各種アーク溶接機、プラズマアーク切断機など)、家庭用と類似用途の設備が18種類(冷蔵庫、扇風機、エアコン、真空掃除機、アイロン、炊飯器など)、オーディオ・ビジュアル類設備が16種類(500W以下のスピーカー、チューナー、カラーTV、ビデオなど)、情報技術設備が12種類(マイクロコンピュータ、モバイルコンピュータ、プリンターなど)、照明設備が2種類(照明器具、安定器)、通信端末設備：9種類(固定電話機、FAX、デジタル電話機、デジタルモバイルステーションなど)、自動車及び安全付属品が3種類(自動車、オートバイ及びそれらの部品、安全ベルトなど)自動車用タイヤが3種類(自動車用、オートバイ用タイヤ)、安全ガラスが3種類(自動車用安全ガラス、建築安全ガラスなど)、農業機械が1種類(農業用噴霧器)、医療機器産品が7種類(X線機器、透析機器、心電図機器、人工心肺など)、消防産品が3種類(火災警報器、スプリンクラーなど)、安全技術防犯産品で1種類(侵入警報装置)が指定されました。

　これ以降に追加された目録としては、無線LAN産品、装飾内装産品(溶剤型木材コーティング、磁器タイルなど)、各種警報装置(侵入警報器、防犯警報装置、自動車盗難防止器など)、玩具類(電動玩具、プラスチック玩具、金属玩具、幼児用玩具など)、自動車用各種装置(ヘッドライト、各種照明類、反射器、バックミラー、警笛、ガソリンタンク、イス、ヘッドレストなど)、

188

建築耐火物（門扉、窓枠など）、自動車用チャイルドチェア、オートバイ用ヘルメットなどがあります。

　なお、2018年12月3日から、電動丸鋸、溶接トーチ、コピー機、自動車用反射器、盗難防止金庫など12品目が対象外となりました。

2．CCC認証取得の免除

　基本的に、CCC認証の対象となる製品、部品にはCCC認証書の取得とマークの表示が必要ですが例外となる場合があります。

(1) CCC認証の対象外となる場合
① 個人が携帯して入国する物品
② 在中国大・公使館などの外交人員の自家用物品
③ 政府間の援助、慈善・災害援助物品など

(2) CCC認証の取得が免除される場合
　対象となる貨物が次のような場合には、申請することによりCCC認証を取得していない貨物を輸入することができます（ただし、CCCの認証を取得していることも推奨されています）。
① 科学研究、測定試験のために必要とする産品
② 工場生産ライン全体に必要とする設備、部品
③ 商業展示に使用されるのみで、販売しない産品
④ 一時輸入された後、必ず積み戻して出国される貨物（例えば、展示会出品貨物）
⑤ 完成機の全数を輸出するために一般貿易方式で輸入される部品類
⑥ 完成機の全数を輸出するために加工貿易方式で輸入される部品類

(3) CCC認証取得免除の方法
　申請には、中国強制産品認証服務在線（China Compulsory Certificate Service Online）を通じて行うことができます。日本語のWebサイトは、www.ccc-service.com/jp/index.aspですので、詳細は、このサイトで調べることが

よいと思いますが、申請する当事者は、中国側企業となります。

申請方法は対象となる業務により異なりますが、ここでは、一般貿易及び加工貿易方式により完成機を全数輸出することを目的とする場合の申請に必要な書類を簡単に説明すれば、次の通りですが、対象業務により一部は異なるので、ご注意ください。

① ３Ｃ認証取扱免除申請書（中国語で「免办３Ｃ认证申请书」）(**資料9－1**を参照)

② 輸入商品明細書（パッキングリスト）

③ 工商営業許可証

④ 申請事務取扱人紹介状（委託する場合は、委託書）

⑤ 輸入契約書、インボイス、B/Lのコピー

⑥ 完成機を輸出する契約

⑦ アウトプットした加工貿易手冊（加工貿易方式のみ）

⑧ 輸入許可証（一般貿易の該当貨物）

⑨ 産品符合性声明

⑩ その他

　中古品であっても、CCC認証の対象となります。中古品であるからといって、認証免除とはなりません。

3．CCC認証対象貨物の事前判断

CCC認証貨物を製造しているメーカーが中国へ輸出をしている場合には、それぞれ認証を取得していることと思います。しかし、既製品を購入して中国へ輸出する場合、日本国内の売り手が必ずしもCCC認証貨物であるかについて認識しているかどうかわからない場合もあるかと思います。

このような場合に、CCC認証貨物の対象かどうかを確認する方法があるか、という疑問もあるかと思うので、幾つかの方法を説明しておきます。

第2節　強制性産品認証制度

資料9－1　免于办理CCC认证申请书

致＿＿＿＿＿海关＿＿＿＿＿：

我公司＿＿＿＿＿＿＿＿＿＿＿＿＿＿＿＿公司，主要经营范围：

＿＿＿＿＿＿＿＿＿＿＿＿＿＿＿＿＿＿＿＿。（与申请企业营业执照经营范围内容相符。）

我公司因＿＿＿＿＿＿＿＿＿＿＿＿＿（进口理由），从＿＿＿＿＿＿＿＿＿进口（出口国或出口口岸）

＿＿＿＿＿＿＿＿＿＿＿＿＿＿＿＿＿＿＿＿。（申请产品名称）

1	申请免办CCC认证产品型号：＿＿＿＿＿＿＿＿＿＿＿＿＿＿＿＿＿＿＿＿	
	海关申报数量：	
	进口申报金额：	
2	该批货物到达口岸日期：	
3	运输方式为：空运 □、　　海运 □、　　陆运 □	
4	进口合同号：	

此次进口的产品主要功能以及主要技术参数为＿＿＿＿＿＿＿＿

（与产品技术资料一致）。进口用于＿＿＿＿＿＿＿＿＿＿＿＿＿＿＿

＿＿＿＿＿＿＿＿。（具体使用场合、使用期限、使用结束后的处理方式等）

此次进口产品决不在中国国内销售，一般消费者不可能接触到，符合国家认监委０５年３号公告精神，特此向贵局申请办理免办ＣＣＣ认证证明。

我单位郑重声明：对所提供的资料真实性、合法性负责，有必要愿意协助对资料真实性进行调查，并对以上产品在使用过程中可能造成的安全问题负责。

恳请予以接受我单位免办ＣＣＣ认证的申请。

此致

敬礼

公司（盖章）

申请日期：　　　年　　　月　　　日

（1）日本側で確認する方法

　CCC認証貨物のリストは、基本的にHSコードにより指定されていますが、ここで問題となるのは、そのHSコードの貨物の全てが必ずしもCCC認証の対象ではないことです。そこで、次の手順を参考に推定する方法があります。

① 中国のHSコードを判断します（日本側のHSコードから推定することも可能です）。

② 中国国家認証認可監督管理委員会が公表する「強制性産品認証目録産品与○○年編碼対応表」で、HSコードと対象品目を確認することができます。

第9章 輸出入商品の検査

現行のリストは2017年第20号の公告で公表されていますが、同委員会のウェッブサイトは、(www.cnca.gov.cn) から探すことは少し難しく、むしろ、Yahoo等で「強制性产品认证目录产品与2017年编码对应表」(簡体文字が必要です) という単語で検索すれば、サイトが表示されます。

③ さらに詳細な区分は、同じく中国国家認証認可監督管理委員会が公表する「強制性産品認証目録描述与界定表」(2014年修正版) が2014年第45号公告で公表されているので、②と同様の方法で見ることが可能です。(簡体文字では、「强制性产品认证目录描述与界定表」となります)

(2) CCC認証対象貨物の確認申請

日本側で、CCC認証の対象となるかどうかには、上記の方法により相当程度の推定は可能ですが、確定的には中国の判断を得る必要もあると思います。そのために、目録外であることの確認を中国側に申請してもらうことも一つの方法です。

その方法として、輸入商品の「CCC認証目録判断鑑定」を受けることができます。この判断鑑定により目録の範囲に入っていない場合には、「CCC認証目録外確認」の手続きを行い、輸入時に使用します。

① CCC認証鑑定判断申請書 (中国語で「CCC认证鉴定判断申请书」)
② 商品全体の写真、メーカープレートなどの写真 (カラー写真)
③ 技術資料 (使用説明、設計図など)
④ 営業許可証
⑤ その他

2018年7月、国家市場監督管理総局の認証認可監督管理委員会の公告よれば、簡易エンジンなどによる自転車の生産は禁止され、電動アシスト自転車 (中国語で「电动自行车」) に対して、CCC認証制度が施行されることとなりました。これに伴い8月1日からCCC認証の受付が開始されますが、2019年4月14日までは移行期間とされ、同日以後はCCC認証がなければ中国国内へ出荷ができなくなります。

第3節　中国版RoHS

　中国版RoHSは、中国の正式名称ではありません。RoHSは、本来、EUの《電気・電子機器に含まれる特定有害物質の使用制限に関する欧州議会及び理事会指令》であり、一般には、Restriction of Hazardous Substancesの頭文字から、RoHS指令などと呼ばれています。この指令は2006年7月に施行されたことから中国の輸出先のトップであるEUの制度に対応すると共に、中国国内にも同様の制度を導入することとし、2006年に《電子情報産品汚染コントロール管理方法》公布しました。

　その後、新版中国RoHS、すなわち《電気・電子産品有害物質使用制限管理方法》が、2016年7月1日に効力を発生しています。

1．改定後の変更内容

　今回の改定では、その適用範囲の対象を電子情報産品から電気・電子産品に拡大しましたが、このことは、中国が電気と電子産品の製造大国であるにもかかわらず、以前は、わずかに電子情報産品の汚染コントロールの規範であったために、電気冷蔵庫、洗濯機などの大量の電気・電子産品をカバーしていないことから、環境保護と人体の健康に対する配慮に欠ける点が多いとの認識に立ち、名称を《電気・電子産品有害物質使用制限管理方法》と修正しました。

　さらに使用を制限する有害物質の範囲を拡大し、従来の「鉛」、「水銀（中国語で、汞）」、「カドミウム（中国語で「镉」」、「六価クロム（中国語で「六价铬」」、「ポリ臭化ビフェニール（中国語で「多臭联苯」）」、「ポリ臭化ジフェニールエーテル（中国語で「多臭二苯醚」」の内、鉛、水銀、カドミウム、六価クロムを「鉛及びその化合物」、「水銀及びその化合物」、「カドミウム及びその化合物」、「六価クロム」を「六価クロム化合物」と修正しました。

2．適用範囲

　適用範囲は中国国内で生産及び販売され、あるいは輸入される電気・電子

製品が対象となります。基本的には電流あるいは電磁場を使用する、直流1500ワット、交流1000ワット以下の製品が対象ですが、主な品名を挙げれば、通信設備、放送テレビ設備、コンピュータ、家庭用電気製品、電子機器・メーター、工業用電気電子設備、電動工具、医療用電子設備及び機械、照明製品並びに教育・美術工芸・体育娯楽用品となっています。

適用除外となる製品は、発電・送電・変電設備（発電所・変電所など）、軍事用電気電子設備、一時輸出入貨物（展覧会の出品製品を含みます）、研究開発用のサンプルなどとなっています。

また、加工貿易（進料加工、来料加工）の場合は、製品の全量が国外へ輸出されることから、使用する原材料などには、この管理法は適用されませんが、輸出先の国の基準には合致しなければなりません。

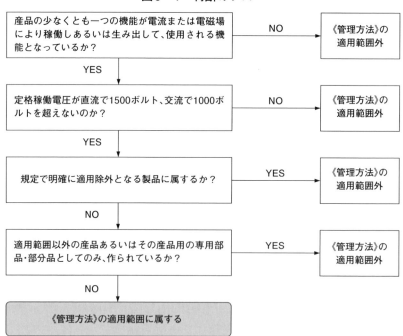

図9－1　判断のフロー

第3節　中国版RoHS

３．判断基準の根拠

この管理方法によれば、中国の事業標準あるいは国家標準により管理されなければならないとされています。この標準とは、下記の規定を指すものと考えられます（なお、これらの標準は、適宜修正が行われることはご承知ください）。

① GB/T 26125-2011：電気・電子産品の6種の使用制限物質（鉛、水銀、カドミウム、六価クロム、ポリ臭化ビフェニール、ポリ臭化ジフェニールエーテル）の測定

② GB/T 26572-2011：電気・電子産品中の使用制限物質の限度量要求

③ SJ/T 11364-2014：電気・電子産品への有害物質使用制限マーク要求

４．管理法に対する企業の対応

管理方法は、２段階方式を採っており、施行当初は第１段階として、その適用範囲内の産品に対しては、その中の有害物質情報を宣言することのみが要求されており、すなわち、SJ/T 11364-2014のマーク要求標準が適用されていました。第２段階は、「電気・電子産品有害物質使用制限水準到達管理目録」に記載された製品について、有害物質の制限量に対する要求でしたが、これまで公表されていませんでした。2018年3月に工業と情報化部の2018年第15号公告で「電気・電子産品有害物質限制使用到達目録（第１次）」が公表され、１年の猶予期間を置いて2019年３月12日から正式に適用されることとなりました。

対象製品は、冷蔵庫、エアコン、洗濯機、電気熱水器、プリンター、コピー機、ファックス、テレビ、防犯カメラ、パソコン、携帯電話、電話機の12種類で、適用される標準はGB/T 26572-2011になります。この標準では、カドミウムは0.01％以下、その他の有害物資は0.1％以下となっています。

第9章　輸出入商品の検査

Q：中国標準にはGBやGB/Tなどがあることは分かりましたが、どのように
区分されているものなのでしょうか？

A：中国の標準は次のようになっています。

1．国家標準（全国で統一して適用されます）

　① 強制標準：GBシリーズ

　② 推薦標準：GB/Tシリーズ

2．事業標準（事業形態ごとに定められます

　① 強制標準：HJ、JBなど

　② 推薦標準：SJ/T、JB/Tなど

その他、地方による標準もあると聞いています。

第4節　輸入する中古電気・機械製品に対する検査

　中古の電気・機械製品（以下では、機電産品と総称します）の輸入は、改革開放の初期からプラント用設備を中心としてスタートしていましたが、本格化していったのは社会主義市場経済が導入された90年代からと見ています。当時、中国としては海外から最新の機械を導入することが本来の目標であったと思いますが、外貨事情などもあり、中古の機電産品の輸入を積極的に進めた時代であったと思います。他方で、当時はわが国でも産業の空洞化が進行しており、中国への中古機電産品の輸出が急速に伸びて行ったと見られます。その後は、多少の変動はあったものの、中古機電産品の輸入は伸びており、2017年では5万件、35億ドルの市場と、中国の産業発展プロセスのなかで、補完的な機能を果たしているとの分析があります。一方で、輸入される種類の増加、当局の規制強化、中国側輸入者の中古機電産品の輸入制度への理解不足などから、せっかく日本から輸出しても、積戻され、あるいは滅却されるような事案も少なくなく、日中双方の経済損失となる事例もあります。

１．対象となる商品

　中古機電産品に対する規定としては、《輸入中古機電産品検査監督管理方法》（国家質検総局令第187号）があり、その第2条で次の通りに定義されています。
① 　既に使用（使用前の測定試験、調整テストの設備を除く）されているが、依然として基本的な機能と一定の使用価値がある場合
② 　使用されていないが、ただし、品質保証期間（メンテナンス保証期間ではない）を過ぎている場合
③ 　使用されていないが、ただし、保管期間が長すぎて、部品に明らかな損耗が生み出されている場合
④ 　新旧の部品が混在している場合
⑤ 　リメイクされている場合

２．重点中古機電産品の貿易管理

　中古機電産品も一般の機電産品と同様に主として、自動輸入許可証管理貨物に属します。しかし、一部の中古機電産品の場合、《重点中古機電産品輸入管理方法》により、中古機電産品に対する検査などに先立ち、輸入許可証の取得が必要な品目があり、商務部がHSコードを指定しています（対象貨物が新品であれば、自動輸入許可証の範囲に入ります）。

（1）対象品目
　2019年の対象品目としては、全てHSコードにより指定されていますが、主として下記の品目が対象となる可能性があります。(2019年1月1日より一部修正されています)

① 　化学工業設備：HS 8419の内、2品目（気体液化装置など）

② 　金属冶金設備：HS 8454309000、1品目（鋳造機）

③ 　工事用機械；HS 8426~28の内、9品目（タワークレーン、キャタピラ式クレーン、作業用トラック、リフト・ホイストなど）

④ 　クレーン式輸送設備：HS 8426~27の内、6品目（ガントリークレーン、門型クレーン、ストラドルキャリアー、ロープウエー・チェアリフトなど）

⑤ 　製紙設備：HS 8439の内、3品目（パルプ製造、紙類製造機械）

⑥ 　電力・電気設備：HS 8501~2、8515の内、15品目（各種交流発電機、各種ディーゼル発電機、金属用抵抗溶接機器、アーク溶接機器など）

⑦ 　食品加工及び包装設備：HS 8419・21・22・34・38の内、6品目（飲料の加熱・食品の調理加熱用機器、飲料のろ過用機器、乳製品加工機器など）

⑧ 　農業用機械：HS8432~3の内、9品目（植付機、コンバイン、綿花摘み取り機など）

⑨ 　印刷機械：HS 8440、8443の内、8品目（製本用機械、オフセット印刷機、凸版印刷機、フレキソ印刷機など）

⑩ 　紡織機械：HS 8453100000、1品目（原皮・皮革の処理・加工用機器）

⑪ 　船舶類：HS 8901、8903の内、7品目（高速客船、フェリーボート、クルーザー、プレジャーボートなど）

⑫　ケイ素シリンダー：HS 8443999010、1品目（コピー機用のもの）

⑬　エックス線管：HS 902230000、1品目

（2）申請に必要な書類

①　機電産品輸入申請表

②　申請者の営業許可証

③　製造年限を証明する資料

④　申請する機械の説明

⑤　その他、必要とする書類（例えば、事業許可証など）

（3）輸入許可証の申請と受領

　上記の申請資料を、所在地の輸入機電産品輸出入弁公室へ申請し、承認印を受けた後、申請書類を商務主管部門へ提出して輸入許可証を受け取ることになります。

　輸入許可証の商品名称には、「旧」の字句が記載され、有効期間は１年で、その年の12月31日までですが、特別な事情があれば、翌年の３月31日までの延長が認められる場合もあります。

　重点中古機電産品であっても、旧国家質検総局による「輸入中古機電産品検査監督措置明細書」（中国語で「进口旧机电产品检验监管措置清单」）に規定されている場合は、前もって機械がいま置かれている国で船積み前検査が義務付けられるので、検査検疫部門へ申請し、検査を受ける必要があります。

３．中古機電産品の事前申請と判定

　輸入中古機電製品は従来、「届出」（中国語で「备案」）、「船積み前検査」、「到着検査」、「後続監督管理」の４段階管理が行われていましたが、2015年１月５日から、この内、「届出」が取消されて、３段階の管理に簡素化されました。

第9章　輸出入商品の検査

(1) 中古機電産品の大分類

　この時に、旧質検総局は検査監督管理の対象となる「検査監督管理を実施する輸入中古機電産品目録」と、検査対象となる中古機電産品をさらに区分する「輸入中古機電産品検査監督管理措置明細書(2014年版)」を下記の通り公表しました。

① 　輸入禁止品(管理措置明細書の表1に規定)
② 　船積み前検査を必要とする産品(人身の健康安全、衛生、環境保護に関わるもの)(管理措置明細書の表2に規定)
③ 　「目録外」の中古機電産品については、「中古機電産品輸入声明」を提出すれば輸入が可能

(2) 検査監督管理の対象貨物

イ．検査監督管理を実施する輸入中古機電産品目録の貨物

　対象となる貨物については、**資料9－2**を参照してください。

　輸入者判断で該当・非該当の区分をすることも可能ですが、「中古機電産品

資料9－2　検査監督管理を実施する輸入中古機電産品目録の貨物

産品の類別	関係するHSコード
1．金属制品	7309、7310、7311、7321、7322、7611、7612(除76121、7612901)、7613、7615109010
2．機械設備	84章(除8401, 84061, 8407101, 8407102, 8407210, 8407290, 84091, 8409911, 8412101090, 8412800010, 8412800020, 8412901020, 8412901090, 8428909020, 8479891, 8479901, 8483101, 84871)
3．電気及び電子産品	85章(除8526101, 8526109001, 8526109011, 8526109091, 8526919010, 8548100000)
4．輸送手段	86章；87章(除8710)
5．器械、計器類	9006-9008、9010-9013、9015(除9015800010, 9015800020, 9015900010)、9018-9031、9032(除9032899002, 9032900001)、9033
6．医療用備品、照明器具	9402、9405
7．その他(電球のバルブ、電子楽器、ゲーム機、健康器具、回転木馬など)	7011；9207；95043、95045、9504901、95049021、95049029、9506911、9506919、950699、9508

200

品質安全管理情報サービスプラットフォーム」を通じて、判断を求めること
が望ましいと考えます。具体的な方法は、この後の（３）で説明します。

ロ．輸入禁止品（管理措置明細書の表１）

　輸入禁止品であるため、許可なく輸入しようとした場合には税関は積戻し
を命じ、処罰することとなります。2019年に対象となる品目は次の通りです。

① 　ブラウン管のシェル及び部品（HS701120）

② 　LPG用鋼鉄容器（HS7311）、家庭用カセットコンロ（HS7321）などの４品
　　目

③ 　LPGガスアルミシリンダー（非小売用）（HS7613009000）

④ 　蒸気発生ボイラー（HS8402）、家庭用熱水ボイラー（HS8403）、その他の
　　補助機器（HS8404）などの12品目

⑤ 　炉用バーナー（HS8416）、工業用炉（HS8417）の14品目

⑥ 　録音機・再生機（HS8519）、ビデオ録画・再生機（HS8521）などの７品目

⑦ 　カラーモニター、プロジェクター（HS8528）の14品目

⑧ 　熱電子管、光電管（HS8540）の５品目

⑨ 　車両及びその部品（HS87類の全品目。すなわち、中古自動車などは輸入
　　禁止）

⑩ 　医療用機器（HS9018の全品種）

⑪ 　X線、 a 線等を使用する機器（HS9022：CT、レントゲン）、（HS9027：物
　　理・化学分析用機器）などの８品目

ハ．船積み前事前検査を実施する輸入中古機電産品

　「輸入中古機電産品検査監督管理措置明細書」の表２には、人身の健康、安
全、衛生、環境保護に関わる中古機電設備と産品については、船積み前の事
前検査が要求されます。

　対象となる品目は15品目あり、個々の品目の内訳は、次の通りですが、設
備のほかに運転制御あるいは測定システムなども含まれます。

① 　化学工業生産設備：樹脂生産設備、化学肥料装置、精留塔、熱交換装置、
　　反応器など

② 　エネルギー、動力設備：蒸気タービンなどの発電機セット、変圧設備、

第9章　輸出入商品の検査

コンプレッサーなど

③　電子工業専用設備：半導体製造設備、IC用設備、フラットパネル用設備
　など

④　冶金工業設備：圧延加工設備、耐火材料設備、炭素製品設備、コークス
　化設備など

⑤　通信設備：光通信・モバイル通信、衛星通信などの設備

⑥　建材生産設備：セメント・ガラス・人造繊維などの生産設備

⑦　大規模工事施工機械：起重機、フォークリフト、エレベータ、ブルドー
　ザ、トンネルシールドなど

⑧　金属切削工作機械：マシニングセンター、旋盤、ボーリングマシンなど
　の各種金属加工機械

⑨　金属非切削工作機械：レーザー、超音波、放電、鍛造などの各種金属加
　工処理工作機械

⑩　紡績生産機械：各種化学繊維製造機械

⑪　食品加工機械：乳製品・飲料・酒造・製糖などの生産設備、肉類の加工
　設備など

⑫　農業・牧畜・林業加工機械：コンバイン、トラクター、脱穀機、飼料粉
　砕機、木材加工設備など

⑬　印刷機械：製版設備、印刷設備、装丁設備

⑭　パルプ、製紙及び紙製品用機械類：パルプ設備、製紙設備、紙切断機な
　ど

⑮　電気産品：電気抵抗加熱機、アーク溶接機、粒子加速器メッキ・電解設
　備など

（3）具体的な手順

　規定によれば、企業が自主的に輸入したい中古機電産品を区分して、例え
ば船積み前検査の申告をすることは可能と考えられますが、中古機電産品に
はさまざまなチェックポイントがあるので、以下の通りのステップが望まし
いとされています。

①　「中古機電産品品質安全管理情報サービスプラットフォーム」で企業登録

第4節　輸入する中古電気・機械製品に対する検査

を行います。

② 　輸入する中古機電産品の情報をインプットします。項目としては、荷受人（名称、住所）、産品名称、HSコード、数量、金額、用途、入国場所、貨物の所在地、貨物到着場所、製造年などです。

③ 　インプットされた内容を、システムが自動判断し、「要船積み前検査」と判断されれば、CCICへ申請して検査を受ける必要があります。

④ 　「船積み事前検査不要」と判断されれば、日本から輸出され、入国地の税関検査検疫部門へ検査の申告を行うことになります。この時、荷受人は「企業自我声明」（**資料9－3**を参照）を提出する必要があります。

資料9－3　旧机电产品进口声明

致＿＿＿＿＿＿海关出入境检验检疫部门：

我单位本次以＿＿＿＿＿＿＿＿＿＿＿的贸易方式报检进口的货物（发票

号：＿＿＿＿＿＿＿＿，提/运单号：＿＿＿＿＿＿＿＿＿）

情况如下：

H.S.编码	货物名称及规格	数量	金额	用途

以上货物未列入《进口旧机电产品检验监管措施清单》。我单位承诺上述货物将按照上述贸易方式进口，对货物使用过程中的质量安全问题承担责任。

我单位愿意接受检验检疫机构的监督检查，并承担相应的法律责任。

经营/收货单位名称（公章）：

经营/收货单位联系人：

联系电话：

日　期：

第9章 輸出入商品の検査

⑤ 自動輸入許可証などの申請は、輸入が可能となった時点、あるいは、その可能性があると判断できる時点で申請することとなります。

☞ 中古機電産品であってもCCC認証の対象となりますが、中古の場合には、日本国内などで使用されていたことからCCC認証を事前に取得していることはほとんどないと思われるので、輸出は難しいと考えます。

4. 船積み前の事前検査

船積み前に検査を行うことが指定された場合には次の手順で行います。

① 中国側の輸入者が、前述の4.（3）の手順で「中古機電産品品質安全管理情報サービスプラットフォーム」（中国語で「进口旧机电产品质量安全管理信息服务平台」）を通じて、輸入しようとする中古機電産品の明細をインプットした後、システムが自動的に判断しますが、船積み前事前検査に該当すれば、システムが具体的な国外（現在、対象機電産品が所在している国）の検査機構への連絡方式を通知します。日本の検査機構は、CCICジャパン株式会社になります。

② 申請の当事者は中国側ですが、実際の検査には基本的に日本側の代理人が対応することとなります。代理人としては、輸入者（あるいは、通関業者など）が引き受けることが一般的です。

③ 船積み前検査の具体的な手続きは、CCICジャパン社と打ち合わせることとなるので、本書では説明を省略しますが、同社のウエッブサイト（http://www.ccicjapan.com）で詳しく説明してあります。必要な資料は、検査申請書、輸入機電産品リスト、対象機電産品の説明などです。

④ 船積み前検査により、検査不合格あるいは、不備があれば修理後に再検査の場合もありますが、合格すれば「中古機電産品船積み前検査証書」及び検査報告書が発給されるので、中国輸入時の検査検疫に使用します。

☞ 日本側の検査受ける立場で留意が必要な点は、中国仕様にすること（電圧など）、警告プレートなどの整備、事前の清掃整備を十分に行うこと、稼働状態にあることなどです。

第4節　輸入する中古電気・機械製品に対する検査

５．輸入地検査（口岸検査）

（1）検査の申告

　事前船積み検査の有無を問わず、輸入中古機電産品が口岸に到着する時、荷受人（あるいは代理人）は、下記の資料を税関の検査検疫部門へ提出して検査申告手続きをしなければなりません。検査申告の手順は本章の第１節１．でも具体的に説明していますが、次のような書類が必要です。

① 　検査申告書
② 　売買契約、インボイス、パッキングリスト、B/Lなど
③ 　船積み前検査を実施する必要があった場合は、検査機構が発行した船積み前検査証書及び添付された検査報告を提出する必要があります。

（2）検査される項目

　基本的にインボイス、パッキングリストなどにより、本体の外観検査が主体となるので、全て開箱検査となります。

６．目的地検査

　輸入中古機電産品を使用する場所の税関が検査を行います。検査される項目としては一致性の検査、安全、衛生、環境保護などで、規定によれば主として次の通りです。

① 　一致性の検査
＊産品の品名、規格、型号、数量、産地などの実際の状況が検査申告資料及び船積み前検査結果と符合しているかどうか。

② 　安全項目の検査
＊産品外面上の欠陥、安全ラベルと警告標識の検査
＊産品の静止状態下での電気安全と機械安全
＊産品が運転状態の下の電気安全と機械安全及び設備の運転の信頼性と安定性の検査

③ 　衛生、環境保護項目の検査
＊産品の衛生状況、食品安全項目に関わる食品加工機械及び家庭用電器が関

第9章　輸出入商品の検査

連する強制標準に符合しているかどうかの検査
＊産品が運転状態下にあって騒音、粉じんの含有量、熱放射及び排出物が標準に符合しているかどうかの検査測定
＊産品が中国のエネルギー効率に関する限定標準に符合しているかどうかの検査

　目的地検査で不合格となり、修理なども不可能である場合には、積戻しが命令されます。

（写真は、機械設備の工場への搬入作業です。このように大型機械を2階以上に搬入する場合は、特に神経を使います。）

第10章

動植物検疫制度

第10章　動植物検疫制度

　中国における動植物検疫制度も、基本的にわが国の制度と大きな違いはありません。検疫（Quarantineとも言います）制度は、輸出入される動植物及び、それらを原料とした食品、飼料などばかりでなく、例えば、岩石、土なども対象となりますが、その目的は、人、動物、植物などに対して被害をもたらす伝染病、病虫害などを水際で止めることにあり、そのために、わが国では人、食品については厚生労働省が、動植物については農林水産省が動物検疫所、植物防疫所を設置して、検疫を実施しています。

　中国でも基本的な構造は同じですが、以前はわが国のように通関と検疫は所轄が分れており、検疫は国家質量監督検験検疫総局の管轄となっていましたが、2018年3月から中国税関総署の管轄となっています。輸出入される動植物などに適用される法律は、《中国入出国動植物検疫法》（国家主席令第53号）、同実施条例（国務院令第206号）が基本となります。本章では中国への入国（輸入）を中心に説明を進めていきたいと思います。

１．入国する植物検疫の適用範囲

　入国（輸入）する植物及びその製品の検疫に対象となる品種は、次の通りです。

（1）植物類の範囲

　たばこ類、穀物類（中国語で「粮谷類」）、豆類、飼料類、イモ類（中国語で「薯類」）などを含む各種植物類及びその産品、ならびに特別許可審査を受ける必要がある場合として、植物病原体（菌種、有毒種を含む）、害虫その他の有害生物、植物伝染病が流行している国家と地区に関係する植物、植物産品とその他の検疫物、土壌が含まれます。

（2）輸入許可条件

①　中国へ輸出しようとする国あるいは地区で植物に対する伝染病が発生していないこと
②　中国の動植物検疫に関する法律、法規、規則などの規定に符合していること

③　中国と輸出国（地区）との間の検疫に関する二国間協定に符合していること

④　入国する果物、たばこ、食糧、飼料及び飼料添加剤は、輸出する国家（地区）とその生産企業が検査検疫に関する許可リストに記載されていること

⑤　中国の申請企業が貿易契約の締結前に申請し、許可証を取得していることなど。

（3）中国の関係法律

関係する法律、法規は次の通りです。

《中国入出国動植物検疫法》、同実施条例、《入国する植物と植物産品リスク分析管理規定》、《入国果物検疫監督管理方法》、《入国動植物検疫決裁審査管理方法》など。

（4）申請方法

①　申請先：申請人が所在する税関に対して、税関行政決裁審査ネット取扱プラットフォームを通じて、電子申請方式で申請します。

②　申請人の条件：直接、国外と貿易契約などを締結できる法人資格を保有する組織となります。（すなわち、対外貿易経営者）

③　申請に必要書類：基本的にPDF化などにより申請しますが、必要な書類は、企業営業許可証、対外貿易経営者の資格証明のほか、その他の輸入しようとする貨物により異なる資料の提出が求められます。

④　正式に受理されれば、20日程度で決定が行われます。

（5）日本から輸出できる植物類

中国に対して、現在、わが国から輸出ができる植物類には制限があり、日本側の衛生検査及び中国の輸入許可などが必要とされますが、2018年現在で農林水産省に資料によれば、次の種類に限定されています。

①　果物類：梨、リンゴ

②　種苗類：蘭、ツツジ、トマト、キャベツ、キュウリ、人参

③　切り花類：バラ、百合、カーネーション、菊

第10章　動植物検疫制度

④　その他：精米（玄米は不可）、製茶

　ただし、311の規制対象となっている10都県産は除きます。

（6）日本側の企業登録

　中国に入国（輸入）しようとする動植物産品に対しては、その産品により違いがありますが、輸出国の生産、加工、保管企業も登録登記を必要とする場合があります。わが国の場合には、例えば、精米については農林水産省のホームページで、次のように記載されています。

①　トラップ調査による害虫が発生してないことの確認

②　所轄の植物防疫所へ申請

③　日本側の防疫官による実地審査

④　中国側のデータ審査及び検査官による現地視察

⑤　問題がなければ中国側の認可を経て、精米工場へ指定通知が発給されます。

　精米の中国向け輸出については、指定精米工場で精米が行われた後、輸出する前に登録された、燻蒸倉庫で燻蒸を実施し、植物検疫証明書の発給を受けるなどの手続きも必要です。現在は、精米工場が1社から3社に、燻蒸倉庫は北海道から九州までの11カ所が指定されています。

２．入国する動物検疫の適用範囲

　入国（輸入）する動物及びその製品で検疫の対象となる品種は、次の通りです。

（1）動物類の範囲

①　生きている動物類：動物（爬虫類、蚕、蜂類も含む）、受精卵、動物遺伝物質など

②　食用とする動物産品：肉類及びその製品、動物水産品、卵類及びその製品、乳製品など

③　非食用の動物製品：皮革、毛皮、魚粉、骨粉、油脂、血液、動物成分を
　含む有機肥料など

(2) 輸入許可条件

①　輸入しようとする国あるいは地区で動物に対する伝染病が発生していな
　いこと

②　中国の動植物検疫に関する法律、法規、規則などの規定に符合している
　こと

③　中国と輸出国(地区)との間の検疫に関する二国間協定に符合しているこ
　と

④　輸出する国家(地区)と生産企業が検査検疫に関する許可リストに入って
　いること

⑤　中国の申請企業が貿易契約の締結前に検疫を申請し、許可証を取得して
　いること

⑥　その他

(3) 中国の関係法律

　関係する法律、法規は次の通りです。

　《中国入出国動植物検疫法》、同実施条例、《中国動物検疫法》、《入国動植物
検疫決裁審査管理方法》など。

(4) 申請方法

①　申請先：申請人が所在する税関に対して、税関行政決裁審査ネット取扱
　プラットフォームを通じて、電子申請方式で申請します。

②　申請人の条件：直接、国外と貿易契約などを締結できる法人資格を保有
　する対外貿易経営者です。

③　申請に必要書類：基本的にPDF化などにより申請しますが、必要な書類
　は企業営業許可証、対外貿易経営者の資格証明、その他、輸入しようとす
　る貨物により異なる資料の提出が求められます。

④　正式に受理されれば、20日程度で決定が行われます。

第10章　動植物検疫制度

(5) 日本から輸出できる動物類

　わが国から中国へ輸出できる動物及びその製品については、例えば、BSE、口蹄疫、鳥インフルエンザなどにより、中国側の輸入規制は厳しいものがあります。現在の輸入禁止対象は、牛、牛肉、豚、豚肉、家禽（鶏など）、その肉類及び卵類及びそれらの加工食品のほか家畜、家禽類由来の肥料も含まれます。

(6) 日本側の企業登録

　中国に入国（輸入）しようとする動物産品に対しては、その産品により違いがありますが、輸出国の生産、加工、保管企業の登録登記を必要とする場合があることは、植物の場合と同様ですので、例えば、水産食品の場合は厚生労働省のホームページから、《中国向け輸出水産食品の取扱要領》などをご参照ください。

　　　例えば、水産食品で事前登録が求められる対象は加工施設（包装のみを行う施設を含みます）、保管施設となっています。

３．出国する動植物検疫の適用範囲

　中国から出国（輸出）される動植物についても検疫は行われますが中国の法定検査で指定されている品目の他に、輸入国（地区）による検疫も行われます。

(1) 輸出許可条件

　検疫対象の範囲は基本的に入国する動植物の範囲と同じで、したがって、適用される法律、法規は同様であり、許可条件も、ほぼ同様ですが、要求される条件は下記の通りです。
① 　中国政府と輸入する国（地区）政府が締結した二国間あるいは、多国間の検査検疫協議、議定書、メモランダムなどの規定による要求
② 　中国の法律、法規と税関総署の検査検疫部署（旧国家質検総局）が規定する検査検疫要求

212

③　輸入する国家（地区）による入国動植物産品の検査検疫要求
④　貿易契約などによる検査検疫要求

（2）申請方法

申請は、電子方式で行います。

①　税関行政決裁審査ネット取扱プラットフォームにより、貿易契約などの必要書類も電子化し、《出国貨物検査申告書》（中国語で「出境货物报关单」）を作成して申請します。

②　必要となる証明書類

イ．植物の「燻蒸・消毒証書」が要求される場合は、燻蒸処理機関の結果記録、例えば、木材の原木の場合にはメチルブロマイドによる薬剤燻蒸、あるいは熱処理が行われた記録などです。

ロ．動物では、「隔離検疫」が要求される場合には、60日前までに事前検査申告を行い、検疫が実施される7日前に正式な検査申告を行います。その他の検疫要求の場合は実施する30日前に事前申告、検疫要求がなければ5日前に事前申告することが求められます。

③　申請許可

申請が受理され、それぞれで必要とする検査検疫が行われて安全が確認されれば、「出国貨物通関書」がEDIで発給され、輸出通関に使用されます。

（3）日本に輸入できない品目

わが国に輸入することができない品目については次の通りです。

①　植物の場合：大豆、ジャガイモ、松材、穀物、わら、飼料用乾草、土壌などですが、動物検疫所によれば、わらと飼料用乾草については、条件を満たしたもので、中国の政府機関が発行した証明書を添付してあれば、輸入が可能とされています。

②　動物の場合：牛などの偶蹄類、豚、鶏などについては、ハム、ソーセージ、卵を含め、輸入禁止となっています。

中国では、2018年6月から、75品目の輸入動植物に対して輸入検疫を取り消しました。主な品目としては、おがくず、トウモロコシ・豆類・穀類のかす、ゼラチン、犬及び猫の食用缶詰、蜜蝋、羽毛スクラップ、各種動物の毛のスクラップなどです。

　わが国でも検疫条件は、随時、修正されることがあるので、農林水産省、厚生労働省、動物検疫所・植物防疫所の情報にはご留意ください。

4．木質梱包に対するISPM#15

　木材梱包に対する検疫要求は、中国では過去に針葉樹の木製梱包用材については熱処理を施した「消毒証明書」、広葉樹の部材を使用した場合には「非針葉樹声明」を、木材を使用していなければ「非木材声明」の提出が必要でしたが、木材梱包に対するグローバルスタンダードとしての「ISPM　#15」の導入に伴い、一切の木材梱包に燻蒸とマーキングが要求されています（本来は、従来の書類提出は要求されません）。

(1) 燻蒸とマーキングが要求される木質梱包

　関係する法律は、《入国貨物木質包装検疫監督管理弁法》（旧国家質検総局令第84号）があり、その第5条では、「入国貨物に木質包装が使用されている場合、貨物主或いはその代理人は、検査検疫機構へ検査を申告しなければならない」と規定されています。

　対象となる木質梱包とは、貨物を積載、包装、下敷、支え、あるいは補強する木材で、例えば木箱、クレート、パレット、下敷き（ダンネージ）、倒壊防止用の木材（ショアリング、ラッシング）などです。ただし、人工合成あるいは加熱、加圧など高度に加工した包装材料、例えばベニヤ板、かんな屑板、ファイバーボードなどは対象外であり、加熱処理されたワイン及び蒸留酒の木樽、有害生物を取り除く加工・処理がおこなわれたワインや葉巻などの贈答用木箱及び厚さ6mm以下の木質材料も除外されます。ISPM#15のマーキングは図の通りです。

　左枠内は「IPPC」（国際植物保護公

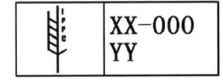

約の略称)であり、右枠内には、上部は燻蒸が行われた国の略号(日本であれば「JP」)と生産企業番号、下部には燻蒸方法(熱燻蒸であれば「HT」)となります。燻蒸処理方法には、メチルブロマイド〈略号はMB〉による薬品燻蒸、マイクロ波を利用した誘電加熱処理(略号はDH)による方法もありますが、メチルブロマイドは有毒物質であり、現在の木材燻蒸は、熱燻蒸が主流であると思います。

(2) 倒壊防止用の木材

コンテナに積み込む場合、貨物そのものはカートン詰めであっても、あるいは機械類の場合には、そのままの状態(通常、ビニール掛け、シュリンクパックなどが施されます)でコンテナ詰めすることは日常的に行われていますが、輸送中の振動、コンテナ船の動揺などにより荷崩れが発生することを防止するために、木材などを使用して倒壊防止対策を行います。

倒壊防止の事例

使用された木材などは現地で廃棄される性質の資材ですが、これらの木材なども燻蒸処理された資材を使用しなければなりません。

(3) 再利用について

ISPM#15の規定では、IPPCマークのある木質包装が、修理、再生などの改造が行われていなければ、検疫を受けて合格することを条件に再利用が可能で、この場合、改めてマーキングをする必要がありませんので、輸出国とは異なる表示の木質包装が混在して使用されることとなります。

修繕する場合は交換した部材が3分の1を超えないこと、及び使用した木材は、その国で燻蒸されマーキングされた木材を使用し、検疫を受ければ使用が可能ですが、再利用には問題が発生するリスクも多いと思うので注意が必要です。

第10章　動植物検疫制度

(4) その他の留意事項

その他に留意する必要のある事項として次のようなものが考えられます。

① 輸出する前にパレット、木箱などに雨濡れがあった場合には、十分に乾燥が必要です。輸送中のコンテナ内の気温変動は、予想以上に大きいために、「カビ」を発生させることがあるからです（すなわち、検疫不合格となります）。

② マーキングについては、例えばフォークリフトの爪が入る前後の二面に必要です。税関検査の時に外部から確認ができない場合には余分なトラブルを招く可能性があります。

Q：貨物は紙箱でコンテナ詰めして輸出した時に、倒壊防止用の木材を使用していないにもかかわらず、中国側の輸入者から「無木質声明」の提出を要求されましたが、何故ですか？

A：ISPM＃15の規定では、燻蒸証明などの文書の提出を特に求めていませんが、中国の検疫当局は、輸入者に検査申告を要求しています。その時に木材を使用していない場合には検査を省略するために、輸入者に対して「無木質声明」の提出を要求すると聞いています。しかし、輸入者としては使用、未使用を判断できないことから、日本側に要求するものと思われます。「声明」は、インボイスの余白に直接記載することも認められると聞いているので、中国側と相談されることが良いと思います。一切、木材を使用していない文案としては、旧荷主協会殿の例である、「本公司茲声明本批貨物的包装是未使用木質材料」が適切ではないかと思います。

そのほかの場合の文案も参考までに示しておきます。

＊木質梱包が燻蒸材を使用している場合

本公司茲声明本批貨物的包装是経ISPN＃15国際標準消毒処理
木質材料並加施専用標識。

＊木質梱包が合板、集成材などの場合

本公司茲声明本批貨物的包装採用的是加熱・加圧的深度加工
木質材料。

216

Q：到着時にコンテナを開けたところ、貨物にダメージが発生していため、クレームしたところ、輸出者は中国で輸出時に税関検査が行われたので、ラッシング（倒壊防止）を検査のために外したが、検査終了後に元のようにラッシングしないのは税関の責任と主張しましたが、本当にその責任は中国税関にありますか？

A：中国税関法では第23条で、税関の貨物検査に対しては、コンテナの移動と開閉、立会い、検査指示への対応、開箱及び再梱包、再ラッシングなどの責任は、輸出者あるいはその代理人（通関業者）が負うことと規定されています。したがって、輸出者あるいは通関業者は再度、ラッシングを行う責任があるわけです。このような場合、作業を中断して状態を画像化し、その上で、輸出者へクレームすることをおすすめします。

第10章　動植物検疫制度

第11章

食品類の貿易コントロール

第11章　食品類の貿易コントロール

　中国の食品分類は、その範囲が広く、スナック菓子、飲料、調味料、穀類、食用油などのほか、果物類、粉ミルク、栄養品、サプリメントなども含まれ、それぞれに国家標準が存在し、関係する法律としては、《食品安全法》、同実施条例、《輸出入食品安全管理方法》、《輸出入食品ラベル管理方法》、《食品添加剤新品種管理方法》、《食品関連産品新品種行政許可管理規定》、《輸入食品国外生産企業登録管理規定》など、多岐にわたっています。

　本章では、食品全体に対する輸出入管理の焦点を当てて説明することとしまが、実際に輸出する場合には中国側と十分な事前打ち合わせが重要です

第1節　食品の輸出入コントロールの概要

　関係する法律である《食品安全法》及び同実施条例並びに《輸出入食品安全管理方法》では、当然ですが商品の輸入に対する規定が中心となっています。また、検疫上の理由などにより、個々の品目別に異なる規定がありますが、先ずは包括的な説明をしていきます。

1．輸入検査

　輸入する食品類については、輸入者が税関の出入国検査検疫部門へ品名、ブランド、原産国、規格、数量あるいは重量、総金額、生産時期などを記載して検査の申告をする必要があります。申告に必要な書類は次の通りです。
① 　貿易契約、インボイス、パッキングリストなどの書類
② 　食品を輸入する資格を証明する文書など
③ 　法律法規、二国間協定などにより提出が要求される輸出国家の公的な検疫あるいは衛生証明書（書式、内容などについては規定がないので、中国側と打ち合わせが必要です）
④ 　初めて輸入される食品は、輸入食品ラベルの見本とその中国語の翻訳文を提供する必要があります。
書類審査に合格すれば入国貨物通関書が電子化により発給されるので、輸入

第1節　食品の輸出入コントロールの概要

通関が許可され貨物の引取りが可能となりますが、引取り後に事後検査が行われることもあります。この時に、輸入した食品が中国の国家標準あるいは人体の健康に重大な影響がある場合には、輸入停止とリコールが命令されます。

2．輸出国の生産者登録

　中国では《輸入食品国外生産企業登録管理規定》(旧質検総局令第145号）が施行され、特定に品目について「実施目録」の公告により、国外の生産企業は事前に登録(中国語で「注冊」)する必要があります。目録は**表11－1**の通りです。

表11－1　進口食品境外生産企業注冊実施目録

名称	定義	内容	
肉類	動物で人の食用となる部分	胴体、内臓、副産物及びそれらを原料とする製品、ただし、缶詰は含みません	
水産品	人の食用となる水生動植物産品及びその製品	くらげ、軟体類、甲殻類、棘皮類、魚類、両生類、爬虫類、水生哺乳動物等の水生動物産品及びその製品、藻類などの海洋植物産品及びその製品、ただし、生きている場合は除きます。	
乳製品	乳製品には生乳と乳製品が含まれます	消毒乳	低温殺菌乳、滅菌乳など
		発酵乳製品	発酵乳、発酵風味入
		粉ミルク	全脂粉ミルク、脱脂粉乳、栄養強化配合粉ミルクなど
		生クリーム	バターなど
		コンデンスミルク	加糖コンデンスミルク、無糖コンデンスミルク
		チーズ	チーズ、バードチーズ
		ホエイパウダー（乳清）	ホエイパウダー、脱塩したもの、濃縮蛋白のものなど
		乳製品由来の乳幼児用配合食品	乳製品由来の乳幼児用配合食品、乳製品由来成分が大きい乳幼児用配合食品
		その他の乳製品	乳糖、カゼイン及びその他の製品
ツバメの巣	白巣金糸燕などの唾液分泌物で形成されたもの	各種の食用のツバメの巣、ツバメの巣の缶詰、瓶詰など	

221

第11章　食品類の貿易コントロール

　ただし、日本からは、口蹄疫の問題により2010年から牛乳、乳製品は全面輸入禁止となっています。農水省によれば、熱処理した製品は許可になる要件は整っているものの、中国側との二国間協議が整っていないために、2018年10月現在では輸出ができない状況が続いています。

　また、わが国の「豚コレラ」発生に伴い2018年9月9日から、豚肉類及びその製品などの輸入も禁止されています。

　したがって、日本側として現在のところ登録が可能であるのは「水産品」となります。

　　一方で、粉ミルクについては郵送及び旅客の携帯品であれば、中国への持ち込みは可能となっています。

３．登録する条件と手順

　規定では「生産企業」となっていますが、登録の対象となる企業は、生産企業、加工企業、保管企業が含まれています。「登録管理規定」ではその第7条で「輸入食品の国外生産企業の登録申請は、その所在国家（地区）の主管当局或いはその他で規定する方式を通じて国家認監委に推薦され、（後略）」とあり、日本では厚生労働省医薬食品局食品安全部が窓口となっているので、詳細は同省のホームページなどをご参照ください。

４．一般的な食品の国外の輸出者あるいは代理者の届出

　食品の中国側輸入業者あるいは荷受人は輸入する前に国外の輸出業者あるいは代理業者を検査検疫機構へ届出（中国語で「備案」）しなければならないと規定されています。届出する時には「輸入食品国外輸出商あるいは代理商情報表」（中国語で「进口食品境外出口商或者代理商备案信息表」）が作成され、内容としては、企業の名称、所在する国（地区）、住所、連絡方式、経営する食品の種類及び中国国内の貿易パートナーに関する情報などとなっています。

222

第1節　食品の輸出入コントロールの概要

5．日本から食品などを輸出する時の問題点

　一番の問題は、3.11の影響で2010年4月の国家質検総局第44号公告により、食品、農産品及び飼料に対して厳しい規制が実施され、特に福島県、群馬県、栃木県、茨城県、宮城県、山形県、新潟県、長野県、山梨県、埼玉県、東京都、千葉県の12都県からは食品、食用農産品及び飼料の輸入が禁止されました。その後、山梨、山形が除外されて、現在では、10都県が対象となっており、その緩和については日中間で協議が行われていますが、まだ実現していません（新潟産米については、2018年11月28日より輸入可能となりました）。

　10都県を除く産地の場合には、産地を特定できる「対中華人民共和国輸出原産地証明書」が必要となります。商工会議所の発給する一般的な原産地証明書は、MADE IN JAPANを証明していますが、産地は記載されませんので使用できません。また、品目によっては「放射性物質検査証明」が要求される場合があるので、詳細は所管する農林水産省食料産業局輸出促進課へお問い合わせください。

6．食品のラベル

　食品を実際に輸入する時は、輸入商品検査手続きと輸入通関を行うことになりますが、それに先立ち、食品ラベルの審査が必要になります。

　輸入される食品は、基本的に輸入国の消費者のために、その国の言語で品名などを含む各種の商品情報、注意情報などを記載したラベルを貼り付け、あるいは印刷する必要があり、中国も例外ではありません。中国の食品に対するラベルについては、《輸出入事前包装食品ラベル検査監督管理規定》があり、その内容は、国家標準として「GB7718-2011」が定められています。

（1）ラベルの事前届け出

　基本的に輸入者は、所在地を主管する税関の検査検疫部門（旧質検局）へ輸入前にラベルの届出をする必要があります。申請に必要な書類は次の通りです。

① 　輸出入食品ラベル審査申請書（中国語で「进出口食品标签审核申请书」）
② 　ラベルのサンプル（複数部）

第11章　食品類の貿易コントロール

③　成分分析表

④　輸入される食品の生産国における生産あるいは販売許可証明

⑤　生産業者、販売業者の営業許可証

⑥　その他

　外国語が含まれる場合には、中国語の翻訳文を提出する必要があります。

(2) ラベルの審査

　申告が受理されれば、「輸出入食品ラベル審査受理決定書」が発給され、上部機関の審査を経て、「輸出入食品ラベル審査証書」が申請人へ発給されます。

(3) ラベルの内容

　ラベルの内容は、食品により多少の相違がありますが、例えば、ビールの場合は、概略、次の通りです。

①　名称・規格：例えば、ブランド名＋酵母型啤酒

②　内容量（中国語で「浄含量」）：例えば、350毫升（ml）

③　生産年月日（中国語で「生产日期」）

④　成分あるいは原料配合表（中国語で「配料表」）：例えば、原料与輔料：水、小麦麦芽、大麦麦芽、酵母、啤酒花（ホップ）

⑤　酒精度（アルコール度数）：例えば、5.5％ vol

⑥　生産者の名称、住所、連絡先

⑦　品質保証期限

⑧　貯蔵条件：例えば、「常温、阴凉干燥処保存」

⑨　原産国：国名あるいは地区名

⑩　中国総販売商（中国語で「中国总经销」）の名称、住所及び連絡先

⑪　飲用説明：例えば、「用冷水冲洗干浄啤酒酒杯」など

⑫　その他

　　ラベルの審査に合格した場合、輸出国であらかじめ貼り付け、あるいは印刷されることが多いですが、輸入後に、保税監管場所、保税区などで貼り付けることも可能です。

第2節　食品関連産品新品種の行政許可管理

　食品関連産品とは、食品などに使用する包装材料、容器と食品を生産する設備、器具に対して使用する洗浄剤、消毒剤あるいは添加剤を指します。

　具体的には、容器として使用する紙、木、金属、ほうろう、陶磁器、プラスチック、繊維類、ガラスなどの製品と、食品または食品添加剤に直接接触する塗料などを指します。

１．食品関連産品の新品種とは？

　食品関連の新品種とは、中国の国家標準（GB9685-2016など）に含まれていない食品の包装材料、容器及びその添加剤、または、それまでの使用範囲あるいは使用量を拡大する場合などを指します。食品関連産品の輸入の際には、輸出入商品検査法、食品安全法などの関連規定により、検査を受ける必要がありますが、新品種を輸入しようとする場合には、《食品関連産品新品種の行政許可管理規定》により、あらかじめ衛生部の審査を経る必要があります。

２．新品種の審査申告

　新品種を輸入しようとする場合は、申請者が衛生部衛生監督中心へ、オンラインで申請するので、資料は電子文書化することになります。

　各項目の詳細については、《衛生部の食品関連産品新品種申告と受理規定》が公表されています。

① 申請表
② 理化学特性
③ 技術の必要性、用途及び使用条件
④ 生産製造工程
⑤ 品質規格要求、検査方法及び検査報告
⑥ 毒理学安全評価資料
⑦ 転移量あるいは残留量、推測される日常の食事への暴露量及びその評価方法

第11章　食品類の貿易コントロール

⑧　輸出国において当該産品が生産あるいは販売が許可されていることの証明資料

⑨　生産企業の所在国の関係機構あるいは組織が発行する生産企業に対する審査あるいは認証の証明資料

⑩　その他

第3節　HACCPと中国

　HACCP（ハサップ）とは、厚生労働省によれば、「食品等事業者自らが食中毒菌汚染や異物混入等の危害要因（ハザード）を把握した上で、原材料の入荷から製品の出荷に至る全工程の中で、それらの危害要因を除去又は低減させるために特に重要な工程を管理し、製品の安全性を確保しようする衛生管理の手法です」と解説されており、HACCPは、「Hazard Analysis and Critical control Point」の略称です。わが国では制度化へ向けて、平成30年度の法制化を目指しているとのことです。

　中国では、2012年5月から国家認証認可監督管理委員会により、《HACCP体系認証実施規則》（中国語で「危害分析与関键控制点体系认证実施規則」）が制定され、認証の根拠として国家標準であるGB/T27341-2009が定められています。一般への浸透度はこれからのことと思いますが、中国当局は食品事故には神経を使っているので、今後は強化されていくものと思われます。

1．認証の目的

　認証の目的は、食品について原料購入→食品加工→消費に至るまでに出現するリスク分析と評価を行い、予防措置、重要なコントロール措置、データの記録と保存などのシステムの構築にあります。

　食品の生産から消費までに発生しうるリスクとは、生物的、化学的、物理的な条件により引き起こされる健康へのマイナスの影響です。例えば、物理的には金属くず、プラスチックくずの混入、化学的には殺虫剤などの薬剤の

影響、生物的には病原菌、例えば、サルモネラ菌、O157などが該当します。

２．認証の申請

（１）申請者の資格
HACCPを申請する資格は次の通りです。
① 国家工商行政管理部門に登録して法人格を有していること
② 関係する法律法規の行政許可文書を取得していること
③ 既にGMP（適正製造基準）とHACCPによる品質管理体系を構築し、オペレーションされていること
④ 申請前にHACCP体系が少なくとも３カ月以上、有効にオペレーションされていること

（２）申請の過程
情報交換→申請→現場チェック→契約締結→第一段階審査（文書審査を含む）→第二段階審査→認証決定→証書発給

（２）申請に必要な書類
申請に必要な書類は次の通りです。
① HACCP認証申請書
② 社会統一信用コード証書、営業許可証、生産許可証、衛生許可証など
③ HACCP手帳とマニュアル
④ 組織機構図と職責
⑤ 工場配置図、製造する産品明細、製造工程、リスク分析書、生産ライン図、食品添加剤使用状況説明（添加剤の名称、使用量など）など
⑥ 生産、加工の過程で守るべき法律、法規、標準などの明細書
⑦ 生産、加工の主要設備明細書、検査設備明細書
⑧ 製品が安全要求に符合している証拠など
⑨ その他

３．認証の有効期間

認証の取得には、数段階の審査評価が必要で取得までは相当の期間を必要としますが、認証を取得すれば、その有効期間は３年となります。

４．現行の認証範囲

中国では、現在のところ第一次認証範囲が公表されており、その内容としては、次の通りです、

① コード「Ｃ」：加工１として腐敗しやすい動物産品、例えば、肉加工製品、卵加工製品、水産加工品、急速冷凍品など

② コード「Ｄ」：加工２として腐敗しやすい植物産品、例えば、果物・野菜加工品、豆類加工品、ところてん(中国語で「涼粉」)など

③ コード「Ｅ」：加工３として常温下で保存期間が長い産品、例えば、穀物の加工、缶詰加工、飲料水・飲料の製造、酒類の製造、食用油脂の製造、製糖、塩加工、製茶、調味料・発酵製品の製造、栄養・健康食品の製造など

④ コード「Ｇ」：飲食業

第12章

化粧品類の貿易コントロール

第12章　化粧品類の貿易コントロール

　中国における日本の化粧品の人気は、依然として高いものがあります。筆者が駐在中に現地で聞いた話では、欧米の化粧品よりも日本の化粧品の方が人気があるのは、欧米人とは肌の質が違う、日本製の方が肌に良いという話をよく聞きました。ついでですが、中国では色白を保つことも大切とされ、日焼け止めは必需品だそうです。

１．化粧品の区分について

　中国では、輸入化粧品を普通化粧品（非特殊用途化粧品）及び特殊用途化粧品に区分しています。個々の品目がどちらに属するかは、下記の通りです。
① 　普通化粧品（非特殊用途化粧品）
　普通化粧品の分類：ヘアケア類、手指（足指）のネイルケア類、スキンケア類、香水・オーデコロン類、メーク用品（中国語で「彩妆品」）
② 　特殊用途化粧品
　育毛類、日焼け止め類、ヘルスケア類、毛染め類、カバーマーク類、脱毛防止類、消臭類、シャンプー類

２．化粧品に関する法律・法規

　化粧品に対する法律、法規としては、《輸出入商品検査法》及び実施条例、《化粧品衛生監督条例》、《国務院の食品等の産品に関する安全監督管理を強化する特別規定》、《輸出入化粧品検査検疫監督管理弁法》などがあります。
　基本となる《化粧品衛生監督条例》第４章の「輸入化粧品審査許可」では、輸入化粧品の衛生審査許可の手順を定めています。

３．輸入化粧品の衛生審査許可の手順

　化粧品の輸入に関しては、変更もよく行われるので、中国側と事前に十分な打ち合わせが必要と考えます。

（1）ユーザー登録
　中国に初めて化粧品の輸入を申請する場合には、国外のメーカーが直接申請することは認められないので、中国国内のユーザーに依頼することになり

230

ます。ここで言う「ユーザー」(中国語で「用戸」)とは、外国のメーカーが中国国内企業に対して製品の輸入と販売などの権利を授権し、法により製品の品質安全に対して責任を負うべき中国国内の責任者などです。

　登録は、現在の国家市場監督管理総局(旧国家食品薬品監督管理総局)のウエッブサイトから申請し、その内容は国外のメーカー情報及び中国側企業の情報などです。

(2) 輸入化粧品の事前検査

イ．検査の申請

　輸入しようとする化粧品に対して検査測定が必要です。測定機関は北京の中国疾病予防控制中心環境と健康関係産品安全所、上海市疾病予防控制中心、広東省疾病予防控制中心その他で、申請に必要な書類は、次の通りです。

① 「化粧品行政許可検験申請表」

② 製品の配合

③ 製品の中国語の説明書

④ 資料はPDFなどの電子文書により、直接、送信する

⑤ サンプル(国外で市販されている包装のまま)

ロ．検査の項目

　製品により異なる部分はありますが、検査測定項目は一般に微生物検査、PH値測定、急性経口毒性などの毒性試験、人体への安全及び効能試験などを行う必要があります。

① 微生物検査項目：コロニー総数、大腸菌群、緑膿菌、黄色ブドウ状球菌、カビ菌と酵母菌など

② 衛生化学検査項目：水銀、ヒ素、鉛などの有無

③ 毒理学試験項目：急性皮膚刺激性試験、急性目刺激性試験、複数回皮膚刺激性試験など

④ 人体安全性検査項目：人体試用試験安全性評価試験

ハ．所要日数

　検査に必要な日数は、製品により異なりますが1カ月から2カ月と聞いています。

第12章　化粧品類の貿易コントロール

(3) 輸入化粧品の届出

　検査測定に合格した後、国家市場監督管理局(旧国家食品薬品監督管理局)の受理センターへ以下の資料により申告しますが、非特殊用途化粧品と特殊用途化粧品では、若干異なります。

① 「輸入非特殊用途化粧品行政許可申請表」または、「輸入特殊用途化粧品行政許可申請表」

② 製品の中国語名称の命名根拠

③ 製品の配合

④ 製品に要求される品質安全コントロール

⑤ 製品のオリジナル包装(製品ラベル、説明書を含みます)、中国マーケット用に設計された包装は、その包装設計書が必要

⑥ 事前検査測定報告書及び検査機関が封印したサンプルと未開封の市販用サンプルも提出

⑦ 製品の中に安全性へのリスク物質が存在する可能性がある場合は、安全性の評価資料を提出

⑧ 製品の生産国で生産、販売されていることを証明する文書で、日本では、「日本化粧品工業連合会殿」が対応しています

⑨ 使用されている原料の由来が狂牛病汚染地区のハイリスク物質の使用禁止などに符合する証明文書などとなっていますが、育毛、ヘルスケア類に製品は効能成分及び使用根拠の科学文献などの資料も要求されます。

(4) 届出完了までの期間

　輸入する非特殊用途化粧品では一般に4〜5カ月前後、特殊用途化粧品の場合は、6カ月前後といわれていますが、育毛、ヘルスケアなどでは、9〜10カ月と聞いています。

４. 化粧品のラベル

　輸出入化粧品のラベルについても食品と同様に輸入国の消費者のために、その国の言語で品名などを含む各種の商品情報、注意情報などを記載したラベルを貼り付け、あるいは印刷する必要があります。

なお、かつては化粧品に対してCIQラベルを貼り付けることが要求されていましたが、2012年に廃止となっています。

（1）ラベルの事前届け出
　食品と同様の手順で行われ、基本的に輸入者は、輸入前にラベルの届出（中国語で「备案」）する必要があります。申請に必要な書類は次の通りです。
①　輸出入化粧品ラベル審査申請書（中国語で「进出口化妆品标签审核申请書」）
②　ラベルのサンプル（複数部）
③　成分表
④　特殊な効用効果を具有する産品は有効な実験室の証明資料
⑤　輸入化粧品の場合、生産国における生産あるいは販売を許可する証明
⑥　生産業者、販売業者の営業許可証
⑦　その他
外国語が含まれる場合には、中国語の翻訳文を提出する必要があります。

（2）ラベルの審査
　食品と同様に申告が受理されれば、「輸出入化粧品ラベル審査受理決定書」が発給され、上部機関の審査を経て、「輸出入化粧品ラベル審証書」が申請人へ発給されます。

（3）ラベルの内容
　ラベルの内容は、製品により多少の相違がありますが、以下のような内容が含まれます。
①　名称・規格：例えば、ブランド名
②　内容量（中国語で「净含量」）：例えば、350毫升（ml）
③　生産年月日（中国語で「生产日期」）
④　成分
⑤　品質保証期限
⑥　保存条件：例えば、「请勿放置干阳光照射」、「开瓶后12个月内使用」など

第12章　化粧品類の貿易コントロール

⑦　原産国：国名あるいは地区名

⑧　生産者の名称、住所、連絡先

⑨　中国総販売商（中国語で「中国総经销」）の名称、住所及び連絡先

⑪　批准文書番号：例えば、国妆备进字○○○○

⑫　生産ロット番号（中国語で「生产批号」）

⑫　その他

※　ラベルの審査に合格した場合、輸出国であらかじめ貼り付け、あるいは印刷されることが多いと思いますが、輸入後に、保税監管場所、保税区などで貼り付けることも可能です。

> **中国語さまざま―重と重―**
>
> 　「重」（chong）は、重複する、重なる、の意味になります。重慶は、「めでたいことが重なる」の意味になるのでしょう。「重」（zhong）は、文字通り、重い、重要の意味になります。そういえば、日本語でも、重なる、重いとなっています。

第13章

中国の保税制度

第13章　中国の保税制度

　「保税」という用語は、我々も一般的に使用していますが、法的には定義がなく、強いて言うならば、「関税等の徴収を留保した状態」が相当すると考えられます。わが国の《関税法》では第2条の定義の項でも「保税」の定義はなく、保税としての用語は、第29条のなかで、「保税地域は、指定保税地域、保税蔵置場、保税工場、保税展示場及び総合保税地域の5種とする」で規定されています。この保税地域は、外国貨物を税関の監督下にある特定の地域に集約して当該貨物の管理を行うこと及び税関の通関検査などを効率的に実施するためとされています。

第1節　中国の保税制度としての税関監管制度の概要

　中国の保税制度についても、わが国と同様に明確な定義は見当たりませんが、中国税関法第23条では「輸入貨物は入国の時から税関手続が終了するまで、輸出貨物は税関に申告してから出国が終了するまで、さらに国境通過、中継輸送、通し運送貨物は入国から出国まで、税関の監督管理を受けなければならない」と規定し、広く「税関監督管理貨物」(中国語で「海关监管货物」)としてカバーしています。したがって、本書では「税関監管」の用語を中心に説明していくこととします。また、中国税関法第100条で、「保税貨物とは、税関が許可して納税手続未済で入国を許可し、国内で保管、加工、組立てした後に、積み戻しされる貨物を指す」と規定されているので、いわゆる「保税」の概念は、輸入保税と見ることができます。その面から加工貿易業務は、ソフト面の保税制度といえますが、既に本書第2章第2節で説明しているので、本章では、ハードとしての施設と利用方法を中心にすることとします。

第2節　中国の税関監管施設の種類

1．わが国の保税地域制度

　税関ホームページによれば、「保税地域制度とは、特定の場所や施設で外国貨物についての蔵置、加工・製造又は展示等ができる制度です。この特定の場所や施設を保税地域といいます。保税地域には、財務大臣が指定する指定保税地域（港湾施設等）と、税関長が許可する保税蔵置場（民間の倉庫等）などがあります」と解説されています。具体的には、次の通りです。

① 　指定保税地域：一般的には、埠頭、コンテナヤード（CY）あるいはオフドックCYなどが該当し、外国貨物の積卸し、運搬、一時蔵置を行う地域です。

② 　保税蔵置場：一般的には港湾地区、内陸部で民間企業に認可した施設で、外国貨物の積卸し、運搬、長期蔵置を目的とします。

③ 　保税工場：外国貨物を原料とする加工・製造し輸出することを目的としています。

④ 　保税展示場：外国貨物の展示・使用を目的とします。

⑤ 　総合保税地域：外国貨物の積卸し、運搬、長期蔵置、加工・製造、展示を目的とします。

2．中国の税関監管施設の種類

　日本と比較すると保税施設の名称は数多くありますが、機能面から見ると外国から到着した貨物を関税、増値税などを納付しないで蔵置できる「輸入保税」と輸出通関済み貨物を保管する「輸出監管」及び加工貿易を行う「保税加工貿易」に区分することができます。一方で、構造面から見ると基本的には建物（建造物）単位で指定される施設とエリア（区域）として指定される施設に区分ができますが、現行の税関監管施設を分類して個別に区分すれば概略、次の通りです。

第13章　中国の保税制度

（1）税関特殊監管区域

税関特殊監管区域は、国務院の批准により優遇政策を享受できる国家級開発区域であって区外とは隔離管理される区域です。

表13－1　税関特殊監管区域

施設の名称	構造	輸出通関済み	輸入保税	保税加工
保税区	区域	可能	可能	可能
輸出加工区	区域	可能（国内原料）	可能	可能
保税物流園区	区域	可能	可能	不可
総合保税区	広域	可能	可能	一部で可能
保税港区	広域	可能	可能	一部で可能
跨境工業園区	二国間	可能	可能	可能

（2）保税監管場所

保税監管場所は、税関が批准する場所です。

表13－2　保税監管場所

施設の名称	構造	輸出通関済み	輸入保税	保税加工
保税倉庫	建物	不可	可能	不可
輸出監管倉庫	建物	可能	不可	不可
保税物流中心	区域	可能	可能	不可

（3）税関監管場所

基本的には、輸出入貨物の積卸場所及び通関用の場所となります。

① 一般型埠頭：コンテナーヤードなど
② 専用型埠頭：石炭埠頭、鉱石埠頭など
③ 陸路の国境口岸監管場所、空港荷捌き倉庫、鉄道荷捌き倉庫など

（4）自由貿易試験区

最近話題の自由貿易試験区は、その管轄区域内に保税区、保税物流園区、総合保税区などを包括していますが、そのほかにも金融区域、ハイテク区域などの区域を含んでおり、その狙いは、外国投資の誘致を中心とした区域ということができます。したがって、通関面ではあくまでも一般的な通関が必要な区域と、本来の税関監管区域に区分されることとなります。

238

（5）保税工場

　加工貿易企業のための制度で、輸出契約がなくてもあらかじめ原材料など
を輸入できるなどの優遇が受けられます。

（6）わが国との比較

　以上の区分を筆者の私見ですが、わが国の分類に当てはめると次の通りと
考えます。

表13－3　わが国との比較

わが国の分類	中国の分類
指定保税地域	税関監管場所
保税蔵置場	保税倉庫、輸出監管倉庫、保税物流園区、保税物流中心
保税工場	保税工場
保税展示場	施設としてはあるが、税関規則では区分されていません
総合保税地域	保税区、総合保税区、保税港区
わが国には無い施設	跨境工業園区、輸出加工区

3．基本的な性格から見た税関監管施設

　中国の税関監管施設には、前述のように多くの名称を持った施設が存在し
ていますが、基本的に「国内の国外」と位置付けられています。したがって、
原則として施設外の国内からの貨物の施設内搬入は、「輸出」となり、施設内
から施設外の国内への搬出は、「輸入」と位置付けられるので、それぞれ、通
関申告を必要とします。

　一方で、施設から国外への発送は「移出」、国外からの搬入は「移入」と位置
付けられ、通常の輸出入通関申告ではなく、「届出管理」により行われ、これ
を「備案」と言います。

　ただし、施設内の企業が自家用のために輸入する機械、設備、事務用品な
どについては、免税で輸入することは可能ですが通常の輸入通関申告をする
ことになります。

第13章　中国の保税制度

第3節　各税関監管施設

　本節では、各税関監管施設について個別にその種類、取扱可能貨物などについて説明することとし、実際にどのように物流などに利用するか、については、第5節で説明することとします。

1．保税倉庫

　保税倉庫は、国外から到着した貨物を関税、増値税などを未納のまま保管ができる施設と位置付けられ、関係する規定は、《中国税関の保税倉庫及び保管貨物に対する管理規定》(税関総署令第105号) です。

　保税倉庫は、倉庫経営者などの申請により、建物あるいはその一部の区画を指定して所在地税関 (本関) が決裁し、税関総署に届出られます。

(1) 保税倉庫の種類
　保税倉庫の種類を区分すれば次の通りです。
① 　自家用型保税倉庫
　その企業の保税貨物のみを保管します。
② 　公共型保税倉庫
　倉庫業者などが経営し、一般に保税保管サービスを提供する倉庫です。
③ 　専用型保税倉庫
　液体危険品保税倉庫、資材備蓄保税倉庫 (加工貿易用) などです。

(2) 保税倉庫に保管することができる貨物
　下記の貨物を保税倉庫に保管することができます。
① 　加工貿易輸入貨物
② 　中継貿易貨物
③ 　国際航行船舶、航空機へ供給するオイル、物資と修理保守用の部品
④ 　外国商人の一時保管貨物 (非居住者保管貨物)
⑤ 　事情があり、税関手続きが完了していない一般貿易貨物、例えば、貿易

240

第3節　各税関監管施設

形式が決定していない貨物、加工貿易手冊が未だ設立されていない貨物(通常の一般貿易貨物は保管することができません)

⑥　その他

(3) 保税倉庫の入出庫通関

保税倉庫に入庫し、あるいは出庫の時には通関手続きが必要です。

① 　国外到着貨物を入庫する時の通関申告

国外から到着した貨物を保税倉庫に入庫して保管する時には、「輸入許可証」の提出は免除され、荷受人(倉庫業者など)あるいは代理人は、「輸入通関申告書」により通関しますが、その時に「保税貨物」と注記し、荷受人欄(中国語で「収貨単位欄」)に、この貨物を保管する倉庫会社名を記載して税関に登録します。

② 　国内、国外へ向けて出庫する時の通関申告

通常の一般貿易あるいは加工貿易による通常の輸入通関申告を行うので、輸入許可証を必要とする場合もあります。

外国へ積み戻す場合には、輸出通関申告書を作成することとなりますが、輸出許可証の提出は免除されます。この時の発送人欄(中国語で「発貨単位欄」)は、保管している倉庫会社名となります。

(4) その他の留意事項

その他、注意する事項は次の通りです。

① 　保管期間は1年ですが、正当な理由があれば税関の同意により延長できますが、その期間は最長でも1年を超えないとされています。

② 　保税倉庫に保管した貨物に対しては、マーク刷り、仕分けなどの簡単な加工は許可を得て行うことはできますが、実質性加工(HSが変更されるなど)を行うことはできません。

2．輸出監管倉庫

輸出監管倉庫(中国語で「出口監管倉庫」)とは、輸出通関手続きを完了した貨物を保管することができる倉庫で、税関によるコンピュータネットワーク

管理が実施されなければなりません。関係する規定は、《中国税関の輸出監管倉庫及び保管貨物に対する管理方法》で輸出監管倉庫も保税倉庫と同様に建物あるいはその一部の区画が指定されます。

（1）輸出監管倉庫の種類
　輸出監管倉庫には次のような種類があります。

①　輸出配送型倉庫
　実際に国外へ向けて送り出すことを目的とする貨物を保管する倉庫です。したがって、特別の事情がない限り、実際に国外へ送り出す必要があります。
　輸出増値税については、全量が海外へ向けて送り出されなければ、税関から税務局へ還付用のデータが送信されません。
　ただし、一定の条件をクリアすれば、「倉（蔵）入れ、即、税還付」（中国語で「入倉即予退税」）の資格を取得して、貨物の入庫手続きが完了した時点で輸出増値税の還付手続きが可能になる特認制度もあります。

②　国内結転型倉庫
　「結転」とは、加工貿易による再加工保税転売システムで、本書の第2章第5節で説明していますが、問題点もあるため、このタイプの輸出監管倉庫を経由して、その問題を回避することを目的としており、国外へ向けて送り出すことを目的としていません。利用方法については第14章で説明しますが、配送型と比較すると経営許可は厳しくなっています。
　輸出増値税については、入庫する時の輸出通関申告が完了すれば、税関から税務局へ還付用のデータが送信されます。

（2）輸出監管倉庫に保管することができる貨物
　下記の貨物が保税倉庫に保管することができます。
① 　一般貿易の輸出貨物
② 　加工貿易の輸出貨物
③ 　その他の税関監管区域、場所から転入される輸出貨物
④ 　その他

第3節　各税関監管施設

（3）輸出監管倉庫の入出庫通関

輸出監管倉庫に入庫し、あるいは出庫の時には税関手続きが必要です。

①　入庫（輸出）時の通関申告

国内から輸出監管倉庫への入庫は、輸出になるので、輸出通関申告書により通常の申告を行うこととなります。申告に際しては、輸出監管倉庫の作成した「出口監管倉庫貨物入倉清単」などを添付し、備考欄に搬入する輸出監管倉庫会社名などを記載します。

②　輸出配送型と国内結転型による輸出増値税還付手続き用データの取扱いの違い

繰り返しになりますが、ここで問題となることは、輸出配送型と国内結転型では輸出増値税の還付手続き用データの取扱いが異なることです。

国内結転型の場合には、輸出通関が完了すれば、「輸出増値税還付」に関するデータが税関から税務局へ送信されるので、中国側の輸出者は輸出に関係する手続きをすべて行うことが可能になります。

しかし、輸出配送型の場合は、輸出通関が完了してもデータが送信されず、その貨物が全て外国へ向けて送り出されたことが確認されて初めてデータが送信されることとなります（特認された輸出監管倉庫は除きます）。

③　実際に輸出する時の通関申告

実際に輸出する場合には、改めて輸出通関申告書を作成し「出口監管倉庫貨物出倉清単」を添付して申告し、発送人は、輸出監管倉庫会社名となります。

④　輸出せずに国内へ引き取る時の通関申告

保管貨物を実際に輸出せずに、ふたたび国内で使用する場合、例えば、加工貿易貨物の「結転」などでも、通常の輸入通関申告書を作成することになるので、荷受人欄には実際の荷受人の名称などを記載します。

（4）その他の留意事項

その他、注意する事項は次の通りです。

① 　保管期間は6カ月ですが、正当な理由があれば税関の同意により延長は可能で、その期間は最長でも6カ月を超えないとされています。

② 　輸出監管倉庫に保管した貨物に対しては、品質検査、包装替え、マーク

243

第13章　中国の保税制度

刷り、ラベル貼り、仕分けなどの簡単な加工は許可を得て行うことはできます。

> Q：当社では、輸出監管倉庫の資格を取得しましたが、倉（蔵）入れすれば
> 直ちに輸出増値税の還付手続きを行える資格を取得できなくて困っていま
> す。これは難しいのでしょうか？
> A：《倉入れ、即、税還付の暫定管理方法》によれば、その条件として、次の
> ように規定しています。経営する企業の経営状況が正常で、密輸あるいは
> 重大な規定違反がなく、前年度の貨物の実際の出国率が99％を下回らな
> いこと、貨物に対して全てがコンピュータ管理されていることなどとなっ
> ていますが、どれくらいの期間で取得できるかについては規定がなく、所
> 轄税関の心証による部分が多いように思います。なお、再加工保税転売に
> 使用する貨物は蔵置できません。

3. 保税区

保税区は、国務院が批准し税関が監督管理する特定区域であり、中国の経済開放に伴い経済特区、経済技術開発区、国家ハイテク技術開発区に続き設置された経済性区域で、1990年6月に上海外高橋保税区が第一号として設立されました。その後、深圳沙頭角・福田・塩田、大連、天津、寧波、厦門、広州、珠海、汕頭、福州、青島、海口、海南洋浦の15か所に開設されましたが、2006年末になり、理由は明確ではありませんが、国務院から新たな保税区を承認しない方針が打ち出され、保税港区のような「区港連動」形式に方針が転換されたのか、以後、保税区は新設されていません。関係する規定は、《保税区税関監管方法》（税関総署令第65号）です。

（1）保税区の機能

保税区は、大きく次のような機能を持っています。

① 保税加工機能
② 保税保管機能
③ 国際貿易に関する機能

244

第3節　各税関監管施設

1990年の外高橋保税区の設立が許可されて以後、次々と各地に保税区が設立され、当時、外国企業でも100％独資あるいは出資比率に制約のある業種についても進出が許可されたことから、一躍脚光を浴びた時期もありました。しかし、次項で述べるようなさまざまな理由から、保税加工機能は「輸出加工区」へ、保税保管機能は「保税物流園区」へ機能が移転し、保税区は「自由貿易試験区」に衣替えされつつあります。

（2）保税区の複雑性

保税区は、税関監管区域ですが特に税制面から見ると他の区域とは異なる側面があり、そのために物流、加工貿易などへの利便性が劣る結果を招いています。

① 区内の加工企業の場合、加工製造に使用する原材料などを非保税区から仕入れる場合、保税方式ではなく国内増値税を支払って購入し、非保税区の加工企業と同様に製品を輸出する時に増値税の還付手続きを行うことになります。

② 非保税区企業が保税区へ輸出して外国企業（非居住者）名義で区内の倉庫企業が保管管理する場合は、輸出通関が完了しても「輸出増値税還付」に関するデータはその時点では税関から税務局へ送信されません。その貨物が全量国外へ向けて送り出されたことを税関が確認した後にデータが送信されます。したがって、貨物が保税区に保管されている期間は、中国側企業は税の還付手続きができないことになります。

（3）保税区の通関

保税区の貨物通関については、「一線免税」、「二線徴税」、「区内転移に便宜」の方法がとられています。ここでいう「一線」とは、保税区と国外との間であり、「二線」とは、保税区と国内の非保税区との間を指し、「区内転移」とは、保税区内の異なる企業との間の貨物の移転を指します。

保税区は、税関特殊監区域と同様に「二線管理」を実施しており、具体的には、「一線管理」では届出（備案）制度で行われ、「二線管理」は、通関申告制度で行われます。すなわち、

第13章　中国の保税制度

① **保税区と区外との通関**

保税区外と区内との間は「二線管理」となりますが搬出入の通関は次のように行われます。

区外から区内への搬入では、輸出通関申告を行うことになりますが、この時に、「輸出増値税還付」の問題があることは既に説明した通りです。また、輸出許可証管理、検査検疫制度の適用を受けることになります。

区内から区外への搬出は、一般貿易として関税、増値税などを納付し、あるいは加工貿易として関税、増値税などの納付が猶予されて、輸入通関申告を行うことになります。この時、輸入許可管理（加工貿易は除く）、検査検疫制度の適用を受けます。

② **保税区と国外との通関**

保税区と国外との間は「一線管理」として、貨物の出入りは税関へ出入国届出（中国語で「出入境備案」）として「中国税関進／出境貨物備案清単」により申告することとなります。この時、輸出入許可管理、検査検疫制度は適用されません。

③ **保税区内の貨物の移転**

貨物の「区内転移」は、増値税の適用は受けず、当事者双方が所有権の移転について税関へ届出すればよいとされています。

(4) その他の留意事項

その他、注意する事項は次の通りです。

① 保税区内の貨物には保管期限を設けられていません。

② 保税区内企業の「区内転移」は、増値税、消費税が課税されません。

4. 輸出加工区

輸出加工区（中国語で「出口加工区」）は、加工貿易貨物の製造、輸出に特化した区域で、経済技術開発区をベースに設立されており、第一号は2000年の上海昆山輸出加工区です。その後、上海地区から全国に展開され、江蘇省を初めに北部は大連、西部は成都、烏魯木斉、西安など、南部では深圳、南寧など60か所以上になっていると思われます。

輸出加工区は、当初、加工貿易企業のみの進出に限定されていましたが、2009年に区内企業のための物流企業、検査測定あるいは研究開発企業の進出も認められるようになりました。関係する法律は、《中国税関の輸出加工区監管に対する暫定方法》（国務院令第389号）になります。

上海嘉定輸出加工区ゲート

（1）輸出加工区の機能

① 国外、国内からを問わず、区内に搬入された原材料などの貨物は、かならず「実質性加工」が行われなければなりません。
② 区内の貨物は、基本的に国外へ向けて送り出されなければなりません。例えば、加工貿易の製造の過程で発生した不良品、余剰原材料、裁ち屑なども同様です。
③ 区内の企業は税関によりコンピュータネットワークを通じて、EDI管理が行われます。

（2）輸出加工区の通関

輸出加工区も保税区と同様に、「一線免税」、「二線徴税」、「区内転移に便宜」の方法がとられています。すなわち、国内の輸出者が輸出増値税手続きを行うことができることを除き、保税区の場合と同様に次の通りになります。

① 加工区外と区内との間の通関

輸出加工区区外と区内との間は「二線管理」として、区内への搬入は輸出通関申告を行うことになり、同時に輸出許可証管理、検査検疫制度が適用されます。一方、保税区の場合とは異なり、輸出通関が完了すれば税関から「輸出増値税還付」のデータが税務局へ送信されるので、区外の輸出者は税の還付手続きを行うことができます。なお、輸出加工区から区外への搬出（即ち、輸入通関）は特殊な場合を除き、できません。

第13章　中国の保税制度

② 　加工区内と国外との間の通関

　輸出加工区と国外との間は「一線管理」として、貨物の出入りは税関へ「中国税関進／出境貨物備案清単」により届出をすることとなります。国外から搬入の場合、関税、増値税は免税となり、輸出入許可管理、検査制度も適用されませんが、検疫の対象となる貨物もあります。

③ 　輸出加工区内の貨物の移転

　貨物の「区内転移」は、増値税の適用は受けず当事者双方が所有権の移転について税関へ届出ればよいとされています。

(3) 輸出加工区から保税転売される加工貿易貨物

　輸出加工区で加工製造される貨物は、最終製品とは限りませんが加工貿易の本来の性質から見れば、海外へ向けて送り出されなければなりません。中間製品の場合は、中国国内で再加工するニーズも多く、そのために、本書第2章第5節で説明した「結転制度」があります。

　輸出加工区の中間製品も同様のニーズがあるので、その仕組みとして、《中国税関の輸出加工区貨物出区深加工結転管理弁法》が公布されています。

① 　保税転売先としては、他の輸出加工区ばかりでなく、保税区などの税関特殊監管区域及び加工区外にある加工貿易企業も含まれます。

② 　手続き方法は、一般の加工貿易貨物の保税転売と同様であり、事後に、形式的に転出側が輸出通関申告、転入側が輸入通関申告をしなければならないことも同様です。

③ 　したがって、貨物価格の同一性、輸出増値税の処理については、同様の問題が存在します。

5．保税物流園区

　保税物流園区は国務院により批准された、国際物流に特化した区域と位置付けられます。第一号は2003年の上海外高橋保税物流園区であり、その後は、天津、寧波、青島、大連、深圳塩田港などに設立されました。

　関係する規定は、《中国税関の保税物流園区に対する管理方法》(税関総署令第190号) になります。注意して頂きたいことは、よく地方には「○○物流園

第3節 各税関監管施設

区」という名前を付けたエリアもありますが、多くの場合、地方政府などが
設立した単なる物流基地（つまり、ロジスティックパーク）であって、保税機
能は有していませんので、「保税」の文言がある物流園区が正規の「保税物流園
区」ということになります。

（1）保税物流園区の性格

　保税物流園区は港湾地区に設立され、基本的に「区・港連動」の保税区域と
して倉庫保管、国際物流に特化した区域です。その主な保税業務範囲は次の
通りです。

① 「非居住者」（つまり日本など国外所在の企業）のために輸出通関済みの貨
　物あるいは輸入貨物を関税などの納付をせずに保管することができます
② 中継貿易貨物
② 国際購買、分割販売
③ 検査測定、保守業務
④ 商品展示
⑤ 等級分類、アソート、包装分け、組合せ包装、マーク刷り、ラベル貼り、
　ラップ包装、パレッタイズなどの簡単な加工
　ただし、加工製造あるいは機械などを再生するような業務はできません。

（2）保税物流園区企業の提供できるサービス

　保税物流園区の企業は、物流サービスの提供者として総合的な物流サービ
スを提供するとともに、物流の仲介業者としての立場で貿易代理業務を行う
ことができます。つまり、保税物流園区としての枠組みの中で「対外貿易経
営者」として対外貿易権を取得することが可能とされています（2005年7月の
商資字〔2005〕76号通知による）。この基礎の上に、保税物流園区企業が提供
可能なサービスは次の通りとなります。

① 保税倉庫及び輸出監管倉庫機能として総合物流業務
② 分割輸出あるいはコンソリデーション業務
③ 加工貿易の保税転売機能
④ 国際中継貿易業務

249

第13章　中国の保税制度

これらのサービスの具体的な内容については、次の章で一括して説明します。

（3）保税物流園区の通関

保税物流園区も、「一線免税」、「二線徴税」、「区内転移には便宜」の方法がとられています。

①　保税物流園区内と区外（国内）との間の通関

物流園区区外と区内との間は「二線管理」として、区内への搬入は輸出通関申告を行うことになり、輸出許可証管理、検査検疫制度が適用されます。「輸出増値税還付」の問題については、輸出加工区と同様に輸出通関が完了すれば税関からデータが税務局へ送信されるので、区外の輸出者は増値税の還付手続きを行うことができます。

区外（国内）への搬出は輸入通関申告を行う必要があります。この時、一般貿易であれば、関税、増値税などの納付、輸入許可証の取得、輸入検査検疫などが必要であり、加工貿易の輸入では関税、増値税などの納付は猶予されますが、検査検疫手続きは必要な場合があります。

②　保税物流園区内と国外との間の通関

保税物流園区と国外との間は「一線管理」として、貨物の出入りは税関へ「中国税関進／出境貨物備案清単」により出入国の届出をすることとなります。この時、関税、増値税は徴収されず、輸出入許可管理、検査制度も適用されませんが、国外からの搬入の場合は、検疫の対象となる貨物があります。

③　保税物流園区内の貨物の移転

貨物の「区内転移」は増値税の適用は受けず、当事者双方が所有権の移転について、税関へ届出ればよいとされています。

（4）保税物流園区の留意事項

その他、注意する事項は次の通りです。

①　保税物流園区に保管される貨物に対しては、その期限は定められていません。ただし、園区所在企業は、毎月、貨物の出入り、在庫数量などの状況を報告する必要があるので、長期在庫については、国内外への搬出など

第3節　各税関監管施設

何らかの処置が要求されるものと考えられます。

② 保税物流園区のインフラ建設用の設備、物資あるいは、園区内の企業が輸入する機械設備、倉庫管理設備などについては、通常の輸入通関を行うこととなりますが、免税手続きを行うことができます。

　また、国内から調達した場合は輸出通関申告を行い、その輸出者は輸出増値税の還付手続きも可能となります。

③ 園区外で既に一般貿易として輸入された納税済み貨物を園区内へ輸出することは問題ありませんが、輸入時に納付した関税、増値税などの還付はできません。

６．保税物流中心

　保税物流中心は、保税物流園区とは異なり、国務院ではなく税関総署の批准で設立されますが、基本的な機能に大きな違いはありません。

　保税物流中心には２つのタイプがあり、一つは「Ａ型」、もう一つは「Ｂ型」と呼ばれていますが、Ａ型とは、中国国内企業が自社のために経営するタイプであり、Ｂ型は、中国国内企業が開発し、複数の物流企業を誘致する公共型の性質を有しており、一般的な保税物流中心はこのＢ型を指すので、説明はＢ型で行います。関係する規定は、《中国税関の保税物流中心（Ｂ型）に対する暫定管理方法》（税関総署令第130号）になります。

（1）保税物流中心（Ｂ型）の性格

　保税物流中心の性格は、基本的な部分で保税物流園区と同様であると見ることができますが、違いは園区が港湾地区に設立されているのに対して、内陸部に設立されています。

　第一号は2004年に蘇州工業園区に設置され、それ以後、各地に多数設立されていますが、現在は、後で述べる「総合保税区」に包括されている場合が多いと考えられます。その主な業務範囲は次の通りです。

① 非居住者のための輸出通関済貨物、輸入通関未済貨物の保管

② 中継貿易貨物の保管

③ 国際航行船舶と航空機へ供給する物資、修理用部品

251

第13章　中国の保税制度

④　税関手続きを完了することのできない一般貿易輸入貨物

⑤　保税物流園区と同様の簡単な加工業務

(2) 保税物流中心の通関

　保税物流中心も、保税物流園区と同様に「一線免税」、「二線徴税」、「区内転移には便宜」の方法がとられています。

①　保税物流中心内と区外との間の通関

　物流園区と同様に「二線管理」として、区内への搬入は輸出通関申告、区外への搬出は輸入通関申告を行う必要があります。具体的な内容は、保税物流園区と同様ですので、省略します。

②　保税物流中心内と国外との間の通関

　物流園区と同様に「一線管理」として、貨物の出入りは税関へ「中国税関進／出境貨物備案清単」により、出入国届出をすることとなります。

③　保税物流中心内の貨物の移転

　貨物の「中心内転移」は、増値税の適用は受けず、当事者双方が所有権の移転について税関へ届出すればよいとされています。

(3) 保税物流中心の留意事項

　その他、注意する事項は次の通りです。

①　保税物流中心の貨物の保存期限は2年とされています。正当な理由があれば税関の同意を得て延期することはできますが、延長期間は1年以内となります。

②　中心から国内へ搬出される国際航行船舶と航空機へ供給する物資は関税、増値税は免税扱いとなります。

7．保税港区

　保税港区は国務院が批准して港湾地区に設立された対外港湾機能と税関特殊監管区域を一体化した区域で、港湾機能、物流機能、加工貿易機能を有しています。保税港区は新たに建設された区域ではなく、既存の港湾地区、輸出加工区機能、保税物流園区機能を統合して管理する区域であり、規定とし

第3節　各税関監管施設

ては、《中国税関の保税港区管理暫定方法》(税関総署令第164号)があります。
ただし、各々の機能は、それぞれ独立して運営されています。

　保税港区は、2005年の上海洋山保税港区を第一号として、天津東疆保税港
区が続き、内陸部では重慶両路寸灘保税港区などがあり、大連、寧波、厦門、
青島などの地区に約20の保税港区が稼働しています。

(1) 保税港区の性格

　保税港区の性格を図で示せば次のようになります。

(2) 保税港区の機能

図13-1　保税港区

| 国　内 | ⟷ | 保税加工
(輸出加工区) | 保税保管
(保税物流園区) | ⟷ | 国　内 |
| 国　外 | ⟵⟶ | 税関監管場所
(CY) | | ⟵⟶ | 国　外 |

　保税港区は区域に応じて次のような業務を行うことができます。

① 　輸出通関済み貨物、保税輸入貨物の保管及び簡単な加工
② 　国際購買、分割販売
③ 　対外貿易、中継貿易
④ 　加工貿易、研究開発
⑤ 　商品展示
⑥ 　港湾作業

(3) 保税港区の通関

　保税港区は、保税物流及び保税加工区域とコンテナなどが陸揚げまたは船
積みされる埠頭(CY)との間の管理は一体化されていますが、通関としては、
保税物流園区、保税物流中心と同様に「一線免税」、「二線徴税」、「区内転移に
は便宜」管理で行われるので、保税港区内と国内区外との間の通関は、区内
への搬入では輸出通関申告、国内区外への搬出は輸入通関申告を行う必要が

253

第13章　中国の保税制度

あります。したがって、保税港区内と国外の間の貨物の出入りは税関へ「中国税関進／出境貨物備案清単」により、出入国の届出をすることとなります。

　保税港区内の貨物の移転も同様に増値税の適用は受けず、当事者双方が所有権の移転については税関へ届出すればよいとされています。

（4）保税港区の留意事項

　保税港区に保管される貨物に対しては、保管期限は定められていません。ただし、2年を超えた場合は、取扱い企業が、その内容を毎年、税関へ届け出る必要があります。（税関から、何らかの処置が求められます）

8．総合保税区

　総合保税区は、国務院の批准により設立されますが保税港区の内陸版と見ることができます。したがって、具体的な機能、通関方法などについては、「保税港区」の説明を参考にして頂きますが、仕組みとしては輸出加工、保税物流園区の機能のほかに内陸部の港湾（ＣＹ）機能として「口岸作業区」と呼ばれる区域を有しています。この口岸作業区とは、物流業務用語の「オフドックＣＹ」にあたり、内陸部にありますが港のＣＹ（オンドックＣＹ）と同様の機能を持っています。

　なお、2018年現在は、「総合保税区」に関する規定は公布されていませんが、中国当局は各種の税関特殊監管区域について2020年を目標に、機能・政策・管理を整合し、名称を「総合保税区」に統一し、最終的に「総合保税区管理条例」を制定して一元管理すると聞いています。

（1）保税港区との相違点

　総合保税区は内陸部にあるので、本来は輸入の場合、陸揚げ港からコンテナを引き取り、貨物を引き取った後、空コンテナを返却しなければなりません。また、輸出の場合は、船積み港から空のコンテナを引き取り、貨物を詰めた後、また、港まで運送する必要があるので、それなりのコンテナ運送料（ドレージ料と言います）が掛かります。

　総合保税区の場合は、近接している口岸作業区でコンテナの受け渡しを行

254

うことができるので、コンテナ運送料は軽減されます。たとえば、蘇州工業園区総合保税区の場合、輸入では、一般にB/Lの表示は「TOKYO CY〜SHANGHAI CY」ですが、総合保税区で受渡しすれば、コンテナの陸揚げ港は、「太倉港」ですがB/L上では「TOKYO CY〜SU ZHOU CY」となります。ただし、船会社から見れば内陸部の太倉港までの海上運賃及び総合保税区までの運送賃を負担しなければなりませんので、上海港までの海上運賃と比較すると高くなることが一般的と考えられ、双方の仕組みのコンテナ運送賃との比較、コンテナ受渡しの利便性などを考慮する必要があります。

(2) 総合保税区の国内分布

　総合保税区は、2018年現在で40か所前後あると思われますが、中国全土で広範囲に分布しています。2006年に設立された「蘇州工業園総合保税区」を第一号に、現在の分布では、上海浦東机場総合保税区、広州白雲机場総合保税区などのように飛行場地区に設立されたもの、広西凭祥総合保税区、黒竜江綏芬河総合保税区のように国境地区に設立されたものなどのほか、瀋陽、南京、成都、重慶、西安などの都市部を中心に多岐にわたっています。

(3) 総合保税区の性格

　総合保税区の性格を図で示せば次のようになります。

図13−2　総合保税区

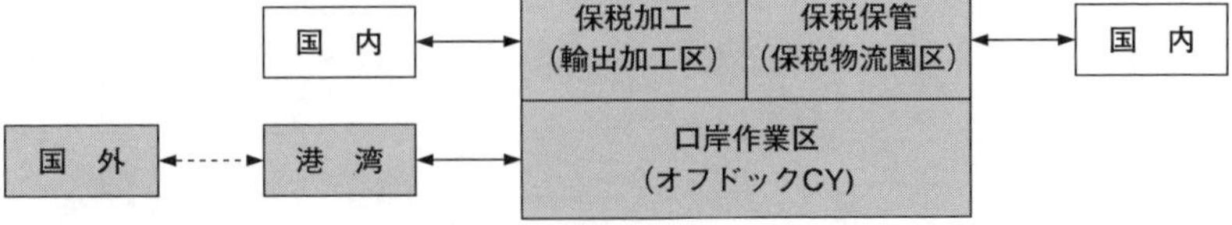

9．その他の税関特殊監管区域

　その他の税関特殊監管区域としては、次のような施設がありますが、通関面では、これまでの税関特殊監管区域と大きな違いはありません。

第13章　中国の保税制度

① 珠澳跨境工業園区珠海園区

珠澳跨境工業園区珠海園区は2003年に国務院の批准により設立された税関特殊監管区域であり、珠海園区と澳門（マカオ）園区の2つの区から成っています。双方の区部は幅15メートルの水路で区分されていますが専用通路でつながっています。

双方の園区は、主として商品の展示販売を目的とし、2012年には5千平米の「インポートタウン」（中国語で「进口街」）が完成し、食品、化粧品、健康食品などを主力貨物としています。

園区の中国国内、園区と外国（マカオ以外）の通関方法は保税物流園区などの仕組みと変わっていません。

② 中哈国際辺境合作中心

中国とカザフスタン国境のウルグス（中国語で「霍尔果斯」）に設立された経済貿易区域です。機能としては輸出加工、保税物流、倉庫業などを中心としています。

中国語さまざま―行と行―

「行」（hang）は、列や業種の意味になります。「銀行」は、「ying hang」と言います。「行」（xing）は、行く、旅の意味になります。「旅行」は、「lu xing」となります。

第4節　新たな挑戦としての自由貿易試験区

第4節　新たな挑戦としての自由貿易試験区

　自由貿易試験区は、2013年9月に中国（上海）自由貿易試験区を第一号として、上海外高橋保税区、外高橋保税物流園区、洋山保税港区及び上海浦東飛行場総合保税区の4か所を包括して設立されました。その後、非税関監管区域である、陸家嘴金融区、金橋開発区、張江ハイテク技術区、世界博覧会地区（上海万博跡地）も自由貿易試験区に組み込まれています。しかし、それぞれの区域は個々に独立して存在しており、その意味では、バーチャルエリアということができます。その後、天津、重慶、福建、広東、四川など、2018年7月までに12か所の自由貿易試験区が設立されていますが、いずれも、税関監管区域をコアとした広域の区域で構成されています。

1．自由貿易試験区の目的

　自由貿易試験区は、主に次の3つの目的が掲げられています。
① 　サービス業の拡大開放と投資管理体制の改革
② 　貿易のレベルアップと転換を推進し、新たな監督管理サービスの方式を創造する
③ 　金融領域の開放を深める
　中心は、外国投資の促進であり、国務院は、外国企業の中国国内参入を制約する基準として、《自由貿易試験区外商投資准入特別管理措置（ネガティブリスト）》を発表していますが、2013年に190項目あった対象業種も2014年に139項目、2015年122項目、2017年95項目と制限が緩和され、2018年7月施行の2018年版では制限項目は28となっています。
　外資の投資が禁止される項目としては、漢方薬、たばこ類の卸売・小売、郵便事業、インターネットサービス、法律事務所、測量、新聞、テレビ事業などです。
　なお、これまで開放されてきた主な業種は次の通りです。
① 　**外資の投資領域の拡大**
　銀行、健康医療保険、ゲーム機販売、医療機構、投資信用調査会社、弁護

257

第13章　中国の保税制度

士事務所、旅行会社、マンパワー会社など

② 　金融サービス領域の開放

　利息のマーケット化、人民元の国際取引の促進など

③ 　貿易発展の促進

　例えば、アジア太平洋本部の開設など

２．自由貿易試験区のエリア区分

　上海自由貿易試験区の例では、各エリアのコアとなる業務は次の通りです。

① 　総合保税区エリア

　外高橋保税区、外高橋保税物流園区、洋山保税港区、浦東飛行場総合保税区で構成され、国際貿易、国際海上運送、ハイエンド製品の製造、国際物流サービス、国際ハブ航空、国際観光サービスなどを促進します。

② 　陸家嘴金融エリア

　国際金融センターの中核、国際貿易センターの集積地区としての機能を促進し、投資に便宜を図り、貿易を自由化し、商業の市場化、法治化の環境を整備します。

③ 　世界博覧会エリア（上海万博跡地）

　海上運送金融、文化・体育・観光業、ハイエンドサービスの集積地区としての機能を促進します。

④ 　金橋開発エリア

　重要な先進製造業をコアとする機能区、生産性サービス業の集積地区、新興産業の先行地区と生態環境模範地区としての機能を促進します。

⑤ 　張江ハイテク技術区

　ニュータイプの国家戦略のコア基地として、国家の科学センターに重点を置き、新技術・新産業・新業態・新モデルの「四新」の経済と科学技術のための公共サービスプラットフォーム、科学技術金融、人材の集積地区と環境向上などに重点を置く区域となっています。

第4節 新たな挑戦としての自由貿易試験区

3．自由貿易試験区の通関

　自由貿易試験区の通関は、非税関監管区域も税関監管区域の通関方法も自由貿易試験区外の通関方法と変わりがありません。

　以前には、通関用書類のペーパーレス化、一か所の税関特殊監管区域に登録すれば、他の場所でも通関業務が可能であり、所在地が離れている税関特殊監管区域相互の貨物移動について保税監管専用車の使用が免除されるなどの優遇措置がありましたが、2017年の全国税関通関一体化により、基本的に保税輸送制度がなくなり非自由貿易試験区も同様の措置が可能となっているので、その意味でも他地区との相違は、なくなっています。

(写真は、洋山保税港区へ至る海上大橋で、ここも、上海自由貿易試験区のエリアに入ります。全長は、約32キロあり、上海の南端から、洋山島に建設された大水深港を結び、35か月で完成しました。)

第13章　中国の保税制度

第14章

保税制度の利用方法

第14章　保税制度の利用方法

　日本在住の企業各位として中国の保税制度（税関監管制度）をどのように日常の貿易取引に利用できるかについては、関心の高い点であると思います。また、中国へ進出した物流企業としても業務のコアとなる部分でもあります。日本在住の企業は、中国においては「非居住者」の立場となるので、中国で在庫を保有することは、「非居住者在庫」と位置付けられます。

第1節　前提となる事項

　中国の保税制度の利用については、非居住者として在庫を保有することが基軸となりますが、幾つかの前もって知っておく必要のある情報があります。

1. 恒久的施設（P.E.）に対する課税問題

　「恒久的施設」（中国語で「永久的设施」）とは、P.E.（Permanent Establishment）と呼ばれ、事業を行う一定の施設であり、例えば事業所、事務所、工場などが該当し、所在国の課税対象となります。

　中国の保税施設に在庫を持つことは、しばしば、この恒久施設に該当するのではないかとの質問を受けます。ただし、非居住者がその外国国内に恒久施設を有するかどうかの判定は、形式的に行うのではなく、機能的な側面を重視して判定することが国際的なルールとなっており、日中租税条約によれば、恒久的施設に含まない条件についてその第5条の4－①・②では、次のように規定されています。

① 　企業に属する物品または商品の保管、展示または引渡しのためのみに施設を使用すること

② 　企業に属する物品または商品の在庫を保管、展示または引渡しのためのみに保有すること

　この点から見て、単なる製品の倉庫保管は恒久的施設には該当しないという原則は、中国において、若干、不透明な側面はあるものの、同様であると解釈されています。

262

第1節　前提となる事項

　ただし、業務管理のために自社職員（ローカルスタッフを含みます）を常駐させて、受注、商品の受・発送、在庫管理などの直接的な管理を行う場合は、該当する可能性が高いので注意が必要となります。

　　　中国では、2010年から駐在員事務所（常駐代表機構）への課税を経費から収入を逆算して企業所得税などを課税することが正式に施行されています。本来、駐在員事務所は非課税が原則であるはずですが、そのためには、業務が純粋に連絡業務、市場調査などに限定している必要があり、顧客との受注打ち合わせなどの業務は認めないという姿勢です（ただし、認定されれば、非課税が認められますが……）。

2．中国税関から見た非居住者の位置付け

　中国税関法第35条では、「輸入貨物は、荷受人により貨物の入国地の税関で税関手続が行われ、輸出貨物は、発送人により出国地の税関で税関手続が行われなければならない。受・発送人の申請により、税関が同意すれば、輸入貨物の荷受人は税関が設置された指定運送先、輸出貨物の発送人は税関が設置された発送先で税関手続を行うことができる」とあり、さらに第54条では「輸入貨物の荷受人、輸出貨物の発送人、出入国物品の所有者は関税の納税義務人である」と規定されています。

　また、中国対外貿易法では、その第8条で「本法に言う所の対外貿易経営者とは、法により工商登記及び業務を行う、その他の手続きを行い、本法と関連法律、行政法規の規定に基づき対外貿易の経営活動に従事する法人、その他の組織或いは個人を指す」とあり、さらに第9条で「貨物の輸出入或いは技術の輸出入に従事する対外貿易経営者は、国務院の対外貿易主管部門或いはその委託された機関へ登記届出しなければならない」と規定されています。すなわち、輸出入貨物の受・発送人は、対外貿易経営者でなければならない、ということになります。

　以上の点から、非居住者は、対外貿易経営者としての資格を保有することができず、したがって、直接、中国国内と外国との間の輸出入貨物の受・発送人となることができないことになります。

３．わが国の非居住者在庫の取扱い

　わが国も非居住者名義の保税在庫により非居住者を輸出申告者・輸入申告（納税）者として認めていますが、他法令関係で必ずしも明確ではない点もあると聞いています。また、ジェトロの「貿易・投資相談Q＆A」によれば「外国企業が、このような形での取引を複数回にわたり行うと、税務署から日本国内で在庫の管理、入出庫等を担当する企業が、恒久的施設（Permanent Establishment：PE）と判定され、課税されるリスクがあります」と問題が提起されています。

　一方で、「外国企業が日本の顧客への保税転売を目的とした契約の場合、日本の顧客が関税および消費税の納税義務者となります。外国企業は日本での輸入通関、関税および消費税の納税は不要です」と説明されていますので、いわゆる保税地域で日本側へ名義を変更することが可能です。

第2節　非居住者在庫の活用

　中国で非居住者在庫を利用して行うことができる業務には幾つかの方法があります。いずれの場合であっても、最も重要なことは、業務の運営を委託する物流企業の選択にありますが、一般的に中国に進出している日系の物流企業は、これから説明する仕組みについては十分な知識を有していると思います。また、非居住者による在庫保有は、よくVMI（Vendor Managed Inventory）とも言われ、中国語では「供応商管理庫存」となりますが、筆者の私見では「供応商管理」の文言は、国外の荷主が直接、管理しているかのような印象を与え、P.Eに該当するのではないかとの疑念を招くことが懸念されるので、あえて、「非居住者在庫」ということとします。

１．貨物を非居住者の所有権の下に保税のまま保管する方法

　わが国から輸出した貨物を、保税のままで保管する場所としては、保税倉庫、保税区及び保税物流園区・中心が対象となりますが、使い勝手が良い保管場所としては「保税物流園区」（保税物流中心も含みます）と思うので、ここでは保税物流園区を中心に説明することとします。

　なお、税関は他の税関監管エリアと同様に「電子帳簿管理」により貨物の管理などを行うこととなります。

（１）輸入保税貨物を非居住者保管する目的

　通常の中国への輸出は、買手から注文が入り、契約が成立した後に貨物を輸出することになりますが、海運の場合、荷揃えから中国の目的港などに到着する場合、最短で10日くらいは必要かと思います。一方で、貨物が売れ筋であって受注が継続的に見込まれるような場合には、あらかじめ中国国内に保税在庫を置くことにより、保管コストは必要ですが、次のようなメリットが考えられます。

① 既に貨物が中国（保税物流園区など）に在庫しているので、日本側から貿易書類を送れば中国側は書類を入手次第直ちに輸入通関を行うことができ

第14章　保税制度の利用方法

るので、受注から受け渡しまでの日数を短縮できます。

②　中国側のオーダーが小口である場合に、あらかじめ、まとめて運送することにより単位当りの海上運賃を引き下げることが可能です。

③　中国側の一般貿易にも加工貿易にも対応できます。

④　貨物の再分類業務として搬入済みの商品に対し、分類、ピッキングを行い、再梱包などの作業が可能です。あるいは複数品種を組み合わせて、新たなセットとしてカートン単位とすることができます。

（２）非居住者保管の業務フロー

実際の業務フローは次の通りです。

〈1〉**保税物流園区の物流業者と業務委託契約を締結する必要があります。主な内容としては、次の通りと考えます。**

①　貨物の保管条件：管理方法など

②　貨物の受渡条件：中国側企業へ引き渡す時は、日本側の発行した「荷渡指図書」によること、などの条件

③　諸経費条件：保管料、荷役料、通関料などの料金設定、支払い時期、支払場所（日本本社か、中国送金か）など

④　報告事項：入出庫、在庫、貨物の状態、事故の有無など

↓

〈2〉**日本側の総括輸出用インボイスを作成して、輸出します。**

SHIPPER：日本側企業名

CONSIGNEE：中国側物流企業名（ON BEHALF OF 日本側輸出者名）及び住所、電話番号、担当者名など

↓

〈3〉**貨物が中国に到着した時には、貨物を取扱う物流企業が移入手続きとして、「中国税関進境貨物備案清単」により届出（備案）を行います。**

↓

〈4〉**中国側企業と個別の売買契約を締結します。**

日本側から、中国側バイヤーへ個別にインボイス、パッキングリスト、

「荷渡指図書」、その他の貿易書類を送付します（L/Cの場合は、銀行経由）。

〈5〉中国側が輸入通関を行います。

↓

〈6〉輸入通関が完了すれば、「荷渡指図書」の提出により、**物流業者が荷渡し**
　をすることとなります。

(3) 留意する必要のある事項

　その他、注意する事項は次の通りです。

① 　わが国の輸出申告書の「仕向人住所氏名」には、通常、貿易取引の相手方
　を記載しますが、この仕組みの場合には、輸出申告の時点では、まだ相手
　方は決まっていません。しかし、わが国の税関Q＆Aによれば、平成22年
　6月30日財関第752号により『「実際に貨物を受け取る者」が判明しており、
　仕入書に荷受人等として記載されている者等の外国における「取引上の当
　事者」と異なる者である場合には、「実際に貨物を受け取る者」の住所・名称
　を輸出申告書の「仕向人住所氏名」欄に記載すべきこととして明確化したも
　の』とあり、中国の物流企業名を仕向人とすることができます。

② 　L/C決済の場合、一般にB/Lが要求されますが、この仕組みでは、B/Lを
　使用することができません。したがって、何らかの書類をノミネートする
　必要がありますが、一つの方法としては、荷渡指図書を利用し、「Delivery
　Order issued by ○○ Company is Acceptable」などが考えられます。

　　「Delivery Order」は、L/C決済でなくても日本側から物流企業へ引取人
　への荷渡しを指図し、あるいは引取人が物流企業へ引取る権利を示す重要
　な書類でもあります。

③ 　中国の税関としては、中国側が輸入通関する時の単価は、海外から搬入
　された時の単価よりも高いことを要求しています。

2．バイヤーズ・コンソリデーション

　バイヤーズ・コンソリデーション、すなわちBuyer's Consolidationは、文
字通り日本側の買い手のための仕組みです。中国側が輸出通関を行った貨物
を直接国外へ向けて送り出さずに、一時的に、中国国内の税関監管場所で保

第14章　保税制度の利用方法

管し、例えば複数の貨物を組み合わせて、日本側の指図により改めて国外へ送り出す仕組みです。

　中国企業が輸出通関した貨物を保管する場所としては、輸出監管倉庫、保税区及び保税物流園区・中心の機能が対象となりますが、ここでは「保税物流園区・中心」を例として説明します。

(1) バイヤーズ・コンソリデーションの目的

　バイヤーズ・コンソリデーションの利用を検討する場合には、例えば、個々の貨物の生産時期が近いことが、ある程度の前提になりますが、次のような理由が考えられます。

①　小口貨物の集約

　複数のLCL単位の貨物をFCL単位に集約することにより単位当りの運賃コストを引き下げることができます。

②　同一企業内の複数部門が個別に買い付けした貨物の集約

　①と同じように運賃コストの引き下げが期待できますが、実際には、個々の部門の納期などの制約を受けてマッチングが難しいことも考えられます。

③　輸入後の2次配送費の節減

　例えば、複数種類あるいは一種類のまとまった貨物を東京港で陸揚げした後に、改めて九州、関西などへトラック輸送を行うことが多くある場合に、あらかじめ中国において販売店 (販売先の都市) ごとに再編成して直接、送り出す方式です。

④　売れ筋を見極めてから送り出す

　あらかじめ製造された商品を一時保管し、その後に売れ筋に合わせて、貨物を統合あるいは分割する方式で、日本以外の第三国への輸送も可能となります。

(2) バイヤーズ・コンソリデーションの重要なポイント

　中国側は輸出通関が完了することにより、税関から輸出増値税還付用データの税務局への送信、外為決済用通関証明書の入手などの輸出関係手続きを行います。それに伴い所有権は日本側に移転することとなりますが、ここで

268

の一番のポイントは、日本向けのインボイスの作成になります。

　中国からあらためて移出する場合には、中国側のインボイスは使用することができません。そのためには、次のように行います。

① 複数のシッパーの貨物を組合せる場合であっても、所有権が移転しているので、業務を委託した物流企業の作成した統括インボイス（カバリング・インボイスと言います）により、中国からの移出、日本側の輸入手続きを行うこととなります。

　　したがって、中国の輸出者が複数であっても日本における輸入通関は一申告とすることができます。

② カバリング・インボイスの作成方法

　シッパー名：委託先の物流業者名（ON BEHALF OF 日本側輸入企業名）

　コンサイニー名：日本側輸入企業名

③ 取引条件：上記の事情から見て、「FOB＋積出地」となります。

④ 貨物代金の設定：日本輸入時の単価は、物流園区搬入時の単価と同じでなければならない（商品単価などの把握のために、搬入時のインボイスのコピーを添付することが望ましい）。

⑤ 同一インボイスの貨物であれば、内容物を組み替えることは可能と聞いています（例えば、赤色50枚入り、黒色50枚入りを、赤色25枚＋黒色25枚入りに組み替える）。異なるインボイスの貨物相互の組み換えも、中国側の法理論上は可能ですが、決済価格が相異しているなどの問題も考えられるので、輸出申告する税関と事前に協議が必要かと思います。

(3) 実際の業務フロー

〈1〉**保税物流園区の物流業者と業務委託契約を締結する必要があります。主な内容としては、次の通りと考えます。**

① 貨物の保管条件：管理方法など

② 貨物の荷受条件：中国側企業からの荷受け方法

③ 諸経費条件：保管料、荷役料、通関料などの料金設定、支払い時期、支払場所（日本本社か中国送金か）など

④ 報告事項：入出庫、在庫、貨物の状態、事故の有無など

第14章　保税制度の利用方法

↓

〈2〉**中国企業名による輸出通関申告及び搬入**

　SHIPPER：中国側輸出企業名

　CONSIGNEE：物流企業名（ON BEHALF OF日本側企業名）及び住所、電

　　話番号、担当者名など

↓

〈3〉**物流企業による保管管理**

↓

〈4〉**物流企業にカバリング・インボイスの作成を指示**

　　具体的な数量、仕向け先を決定する必要があります。

　SHIPPER：物流企業名（ON BEHALF OF日本側企業名）

　CONSIGNEE：日本側企業名及び住所、電話番号、担当者名など

↓

〈5〉**貨物を中国から移出する時には、貨物を取扱う物流企業が移出手続きと**
して、「中国税関出境貨物備案清単」により届出（備案）を行います。

↓

〈6〉**コンテナなどによる輸送**

↓

〈7〉**日本における輸入通関**

(4) 留意する必要のある事項

　その他、注意する事項は次の通りです。

①　中国における保管関係費用などは、わが国の輸入申告時に課税価格に加
算すべきではないか、との疑問があるかと思います。これについては、関
税定率法基本通達：4－2－(5)で「輸入貨物が、その輸入取引に係る取引
条件に従って売り手から買い手に引き渡されるまでの間に輸出国で保管さ
れる場合、当該保管に要する費用で買手が負担するものは現実支払価格に
含まれるものとする。なお、輸入貨物が、その取引に係る取引条件に従っ
て売手から買手に引き渡された後に、本邦への輸出に先立ち、買手が自己
の為に当該輸入取引貨物を輸出国において保管する場合、買手が負担する

270

当該保管に要する費用は現実支払価格に含まれない。ただし、(以下略)」とあり、バイヤーズ・コンソリデーションの場合、既に売り手から買い手に引き渡されているので、現実支払価格に含まれず、評価申告をする必要がないこととなります。

② L/C決済の場合、中国側にはB/Lを渡すことができませんので、やはり何らかの書類をノミネートする必要がありますが、例えば、物流企業の発行する「FCR (Forwarder's Cargo Receipt)」あるいは「Warehouse Receipt」などをノミネートすることが考えられます。

Q1：バイヤーズコンソリで、現地のフォワーダーと契約ではどのような内容を決めるべきでしょうか？

A1：貨物の受渡しに必要な要素と言うことになりますが、入・出庫報告書、在庫報告、各種の保管・荷捌き費用、貨物の取扱いで注意すべき事項、出荷指図書（輸出先、数量、出荷時期など）の方法（書面によることが理想ですが、電子化の指図もルールを定めれば問題ないと思います）。

Q2：中国からの輸入品についてGSP（特恵関税制度）の適用を受けるためには、原産地証明（FORM-A）が必要となりますが、バイヤーズ・コンソリデーションの場合、中国の売り手のFORM-Aは使用できますか？

A2：基本的に中国輸出企業のFORM-Aの使用はできません。しかし保税物流園区に所在する物流企業は、対外貿易経営権を取得することが可能です。したがって、その物流企業の名義でFORM-Aの取得が可能と聞いているので、確認していただきたいと思います。

　ただし、我が国の税関ホームページでは、「先進国並みの経済発展を遂げた国についてはその対象外とする「全面特恵適用除外措置（いわゆる全面卒業）」及び「部分特恵適用除外措置（いわゆる部分卒業）」の制度がある」とされており、中国はこの要件に当てはまるとし、平成30年度から逐次、特恵関税の適用範囲が縮小されることとなっています。

3．加工貿易貨物の結転システムに代わる保税転売

　加工貿易は、製造加工後の貨物を全量輸出することを条件に、輸入した原

材料などの輸入関税、増値税などの徴収を猶予して加工製造に使用すること
ができる仕組みですが、加工貿易の製造品が最終製品ではなく中間製品の場
合は、本来は国外へ輸出しなければなりませんが、さらに中国国内で加工を
行うニーズもまた、高いものがあります。

　この解決の一つの方法として、「結転」という仕組みがあり、本書の第2章
第5節で説明していますが、増値税の問題、価格一致性の問題などの矛盾も
抱えており、利用できない、あるいは利用しにくい側面があることも説明し
た通りです。その解決方法として、保税物流園区・中心を利用することが考
えられます。なお、輸出監管倉庫で「国内結転型倉庫」の認定を受けている場
合には、利用することができますが、立地などの点から、使い勝手はあまり
よくありません。

（1）加工貿易貨物の保税転売を行う目的

① 「結転」システムでは、増値税の処理方法について税関と税務局との間で
　見解が相違する地域があるために、利用が難しいという問題がありました
　が、保税物流園区・中心を経由すれば、通常の輸出申告、輸入申告となる
　ために増値税の扱いも解決されます。

② 「結転」システムでは、転出側と転入側で貨物データの一致が要求されま
　すが、特に貨物の価格については買付と売却では、通常、価格差があるこ
　とが普通です。このために、結転システムが普及している広東省エリアで
　も、「香港一日游」として、香港との間で実際に輸出入する方法もよく行わ
　れています。しかし、保税物流園区・中心を経由すれば、通常の輸出申告、
　輸入申告となるために、この問題も解決されます。

（2）実際の業務フロー

〈1〉保税物流園区の物流業者と業務委託契約を締結する必要があります。主
　な内容としては、次の通りと考えます。

　① 貨物の保管条件：管理方法など

　② 貨物の受渡条件：搬入時には、貨物受領書、搬出時には荷渡指図書な
　　どにより受渡しを行うことなど

③ 諸経費条件：保管料、荷役料、通関料などの料金設定、支払い時期、支払場所（日本本社か中国送金か）など
④ 報告事項：入出庫、在庫、貨物の状態、事故の有無など

　　　　↓

〈2〉中国側の第一次加工企業が輸出通関を行い、搬入します（輸出増値税還付用のデータが税関から税務局へ送信され、外為決済用の通関証明も発行されます）。

　　　　↓

〈3〉日本側は中国側の2次加工企業へ通関用のインボイス、パッキングリストなどの貿易書類及び引取用の荷渡指図書を送付します（L/Cの場合は、銀行経由）。

　　　　↓

〈4〉中国側の2次加工企業が輸入通関を行います。

　　　　↓

〈5〉輸入通関が完了すれば、輸入者が「荷渡指図書」を提出することにより、物流業者が荷渡しすることとなります。

念のため、業務フローを図示しておきます。

図14－4　業務フロー

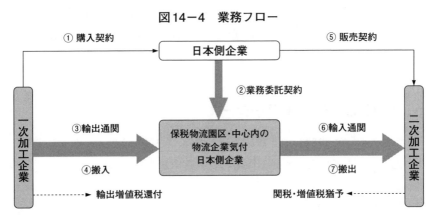

(3) 留意する必要のある事項

基本的に、保税在庫あるいは、バイヤーズ・コンソリデーションと同様で

第14章　保税制度の利用方法

すが、そのほかには次のような事項が考えられます。

① 搬出時の貨物価格は、搬入時の貨物価格より高いことが要求されます。

② L/C決済のB/Lに代わる書類は、保税在庫及びバイヤーズ・コンソリデーションの場合と同様になります。

③ 第一次加工品を日本国内で別の企業へ売却することも可能です。この場合、物流企業へ荷渡指図書などにより貨物所有権の移転を明確にし、買い受けた企業も新たに物流企業と業務委託契約を結び、税関へ所有権の移転を届出てもらう必要があります。

4．パーツセンターとしての利用方法

　中国から買い付けた各種のパーツ類を保税物流園区へいったん保管し、ニーズに合わせて複数種類のパーツをピッキングし、再度、カートン詰めして、日本へ輸出する方法です。例えば、複数の中国側の売り手から合わせて約2000種類の電子部品を保税物流園区へ輸出させ、生産ライン用の仕様書に合わせてピッキング作業を行い、輸出用の新しい箱に15個〜30個の所定のパーツを組み合わせて再梱包した後、コンテナなどにより日本側へ輸出するやり方が考えられます。

　ただし、この方法を行うためには、倉庫内の専用設備（例えば、棚、ピッキング用の器具など）及びピッキング作業員、梱包作業員などの労働力、さらにパーツの単品管理などの在庫管理システムも整備する必要があるので、可能性については物流企業と十分に打ち合わせを行うことは、欠くことができません。

5．NVOCCとフォワーダー

　本章でこれまで説明してきたシステムでは、NVOCCとフォワーダーの果たす役割は、大きいと思うので概略の説明をすることとします。

(1) NVOCCについて

　NVOCCは「NON VESSEL OPERATING COMMON CARRIER」の略称であり、日本語では、「非船舶運航一般輸送人」、中国語では、「无船公共承运人」

と言います。

① 性質

それ自身では船舶を保有（運航）しませんが、実際の船会社と同様に運送を引き受け、B/L（一般に、HOUSE B/Lと言います）などを発行する業者です。

② 業務区分

NVOCCは、荷主に対しては、運送人となりますが、実際に船舶を運航する船会社に対しては、荷主の立場となるので、船会社はNVOCCに対してMASTER B/Lを発行します。

③ 特徴

NVOCCは多くの場合、フォワーダーとして内陸輸送～輸出通関～海上輸送～輸入通関～内陸輸送のような「一貫輸送」をセールスポイントとしており、バイヤーズ・コンソリデーションあるいは仲介貿易のB/Lの切替えなどにも柔軟な対応が可能です。

(2) フォワーダー

わが国では、通関業者、港湾物流を行う海貨業者をよく「乙仲」などと呼ぶことがありますが、現代では、一般的にフォワーダーとして、その業務範囲が広く解釈されており、NVOCCもフォワーダーに入ると見ることができます。

その他に、国際複合一貫輸送業者、インテグレーターと呼ばれるUPS、DHL、FedExなどのように、自ら航空機を保有して一貫輸送を引き受ける業者なども含まれます。欧米では、メーカーなどが物流面はフォワーダーに全面的に任せる仕組みが昔から構築されており、フォワーダーの地位は相対的に確立されてきていると筆者は見ております。フォワーダーは、中国では「貨運代理」と呼ばれていますが、日系、中国系、大規模、小規模の事業形態が入り乱れ、料金を含め、その競争は激しいものがあると感じていいます。その実力は、日系には一定の安心感がありますが、中国系の場合には、日系と比較すると相対的に料金は低めであり、中国国内の事情には当然ながら詳しく、行政へのさまざまな対応を含め、一定の実力を有していますが、一方で、その業務実態をよく見極める必要があると思います。

第14章　保税制度の利用方法

Q：なぜ、「乙仲」と言うのでしょうか？

A：「乙仲」は、法的には存在しない言葉ですが戦前の法律で定期船の貨物の取次ぎに介在する「乙種仲立業」の略称です。「乙仲」に対する業種として、「甲仲」と呼ばれる不定期船の貨物の取次ぎに介在する「甲種仲立業」もありました。余談ですが、神戸市中央区には、「乙仲通り」と言う道路が実際に存在しています。

（写真は、中国の某国際貨運代理会社（中国版乙仲）の事務カウンターです。）

第15章

原産地と原産地証明書

第15章　原産地と原産地証明書

　グローバルでは、原産地規則協定はWTO協定の付属書に属しており、MADE IN CHINAとしての原産地の認定は、わが国あるいはその他の国の原産地認定方法と大きな差はありません。わが国の税関ホームページよれば、『原産地規則には、大別すると「特恵原産地規則」と「非特恵原産地規則」があります。「特恵原産地規則」には、経済連携協定（EPA）に基づく特恵税率を適用するための規則と、開発途上国を対象とした一般特恵関税（GSP）を適用するための規則があります。一方、特定の国に特恵待遇を与える措置（例えばWTO協定税率の適用や貿易統計の作成）以外に用いられる原産地規則は、「非特恵原産地規則」と呼ばれます』とありますが、中国においても基本的に、この範囲を超えるものではありません。

　なお、原産地に関しては、以前は国家質量監督検験検疫総局の管轄でしたが、2018年4月から税関総署の管轄となっています。

１．中国を原産地とすることの認定

　原産地に関する中国の法律は、《中国輸出入貨物原産地条例》（国務院令第416号）になります。原産地の認定については、同条例の第3条で「完全に一つの国家（地区）に於いて獲得された貨物は、当該国（地区）を以って原産地とする；二つ以上の国家（地区）が生産に関わった貨物は、実質性の改変を完了した国家（地区）を以って原産地とする」と規定されています。

　「完全に一つの国家（地区）に於いて獲得された貨物」とは、その国で生まれた動物あるいは、その国の船籍を持つ船舶が公海上で捕獲した海洋漁労物などが該当します。

　「二つ以上の国家（地区）が生産に関わった貨物」の原産地の認定については、「実質性の改変を完了した」とありますが、この意味するところは、条例の第6条で、「本条例第3条に規定する実質性改変を確定する標準は、税則の税表分類の改変を以って基本標準とする」とあり、すなわち、加工などによりHSコードが変更されることを指しています。

　ただし、貨物によってはHSコードが変更されない場合もありますが、この場合は価格の百分比あるいは製造、加工工程により基本標準の補充とすることができます。筆者の聞いているところでは、価格の百分比については30%

以上の付加価値の増加、加工工程などについては、3以上の工程を経ることとされています。ここで言う製造、加工工程とは、製造、加工後に貨物の基本的な特徴を与える主要工程を指しています。

2．原産地証明書の種類

原産地証明書は、その種類と発行機関により一般に次の3種類に分けられます。

① 一般原産地証明書（CERTIFICATE OF ORIGIN）

いわゆる原産地証明書として、輸入国の最恵国税率の適用を受けるなどのため、「MADE IN CHINA」を証明するもので多くは契約、信用状などにより要求されます。発行部署は中国税関（以前は商検局）及び中国国際貿易促進委員会（国貿促と言います）となります。

② 一般特恵税率制度原産地証明書（中国語で「普遍优遇制原产地证」）

いわゆるGSP（Generalized System Preference）または、FORM-Aと言われる原産地証明書で、輸入国の最恵国税率から、さらに関税の減免税を受けるための公式な証拠です。発行部署は中国税関のみであり、国貿促は発行することができません。

わが国の特恵関税制度の適用については、わが国の税関ホームページで『我が国の特恵関税制度においては平成29年4月1日時点で、140か国・地域が制度の対象となっており、先進国並みの経済発展を遂げた国についてはその対象外とする「全面特恵適用除外措置（いわゆる全面卒業）」及び「部分特恵適用除外措置（いわゆる部分卒業）」の制度を設けています』と解説されています。

③ 区域性優遇原産地証書

中国は多くの国あるいは区域とFTAを締結していますが、その適用を受けるための原産地証明書です。そのために「自由貿易区優遇原産地証書」とも言われています。発行部署は中国税関のみであり、国貿促は発行することができません。

中国がFTAを締結している国及び区域は、ニュージーランド、韓国、アセアン、チリ、ペルーなどがあり、それぞれ専用の原産地証明書が必要となっています。

第15章　原産地と原産地証明書

　FTAについて中国は、現在、RCEP（区域全面経済パートナーシップ）を、日中韓、湾岸諸国などと交渉を進めています。

> **Q：中国からの輸入品についてFORM-Aによる特恵税率の適用が廃止されるのでしょうか？**
>
> A：特恵税率の適用は、開発途上国の経済成長を促進することを目的としています。しかし、従来の開発途上国も成長し、この目的に合わない場合もあることから、わが国は適用除外措置の見直しを行いました。
>
> 　中国は、ご承知の通り「世界の工場」として揺るぎない地位を築き、世界銀行の国民総所得でも高中所得国の範囲内にあることから、平成31年度からブラジル、マレーシアなどとともに「全面卒業」の見込みで、平成30年からすでに一部商品については適用除外となっています。

④　香港、マカオ、台湾との間の原産地証明書

　香港・マカオとは、一国二制度の下に協定ではなく「処置」とも言えるCEPA（中国語で「内地与香港（澳门）关于建立更紧密经贸关系的安排」）により、多くの貨物について関税率をゼロとするなど優遇措置が構築されており、その適用には相互に電子的な情報を共有した特定の原産地証明書が必要となっており、現在は完全に電子化され管理されています。また、台湾とは、CEPAと同様の仕組みであるECFA（中国語で「海峡两岸经济合作框架协议」）があり、それぞれ電子的に情報を共有した特定の原産地証明書が利用されています。

> **Q：日本製品を台湾で積み替えて中国へ輸出すれば、ECFAの関税優遇を受けることができるという情報を以前、見たことがありますが本当でしょうか？**
>
> A：ただ単に日本製品を積み替えるだけ、あるいは、例えばパレッタイズしただけでは、ECFAの原産地は適用されません。部品であれば組み立てて製品とするなど、原産地規則に適合していなければなりません。

280

3．原産地証明書の取得方法

　わが国では原産地証明書の発給は各地の商工会議所が行っていますが、申請には企業登録が必要です。実際の申請方法は各地の商工会議所のホームページに記載されていますが、中国でも企業登録が必要です。

（1）申請企業の条件
　原産地証明書の発給を申請する資格を有する企業は次の通りです。
① 　輸出入権を有する中国企業
② 　外国独資企業、中外合弁企業、中外合作企業
③ 　国外企業、商社の常駐中国代表機構
④ 　国際経済、文化交流などの活動による出展品、サンプルなどに関係する組織
⑤ 　その他

（2）企業の新規届出
　初めて原産地証明書の受領を申請しようとする企業は、所在地の税関の検査検疫部門で申請人としての届出登記(中国語で「備案」)を行わなければなりません。その手順は次の通りです。
① 　原産地総合サービスプラットフォーム(中国語で「原产地综合服务平台」)を通じてオンラインでシステムに従い、統一社会信用コードなどの企業の基本情報を登録します。
② 　提出を要求される資料を電子文書化してアップロードします。資料としては、営業許可証、輸出入経営権の証明、その他の税関が要求する資料となります。
③ 　電子文書に問題が無ければ、審査は完了となります（一般に２日程度と言われています）。
④ 　システムを通じて申告担当者の情報を登録します。
⑤ 　システムの要求に従い申告予定の商品情報の届出を行います。

第15章　原産地と原産地証明書

（3）中国国際貿易促進委員会への企業届出

　国貿促に対しても同様に企業登録を行う必要があります。

① 　マニュアル登録ではアドレスhttp://www.co.ocpit.orgから、「申請原産地証書企業注冊登記表」をダウンロードして記載し、営業許可証、輸出入経営権の証明を添付して申請します。申請が受理されれば、国貿促から9桁の登録番号が発給されます。

② 　オンライン登録でもアドレスhttp://www.co.ocpit.orgから申請することができます。

４．中国へ輸出する貨物に対するわが国の原産地証明書

　わが国と中国は、WTOに加盟しており、関税制度として相互に最恵国待遇を実施しています。この税率の適用については一般的に原産地証明書の提出は要求されていませんが、中国へ輸出する時にさまざまな理由により日本の原産地証明書の提出を要求される場合があります。

（1）不当廉売関税による影響

　中国は、わが国をはじめ多くの国の貨物に対して不当廉売関税（中国語で「反傾銷税」）の課税を発動していますが、逆に中国に対しても、特にEUなどにより、さまざまな不当廉売関税が発動されていることも事実です。

　不当廉売関税は、対象貨物の輸出国及び輸出者などを指定して発動されますが、貨物によっては原産国が対象国か非対象国かの区別が難しい貨物もあることから、中国税関は輸入通関の時に非対象国貨物であることを原産地証明書の添付によって区別する事例があります。その典型的な事例として、ボルト・ナット類があります。

　中国は、EUが中国産の靴類に対して不当廉売関税を発動したことから、EU産の鉄鋼製のねじ、ボルト・ナット類（HS73.18）に対して2010年6月29日、商務部2010年第40号公告で5年間の不当廉売関税の課税を発動しました。加えて2016年6月29日からさらに5年間の延長を決定しています。これに伴い、わが国から輸出される対象貨物に対してEU製品でないことを証明する資料としてわが国の原産地証明書の提出が要求されています（必ずしも提出

282

が100%要求されていないようですが、提出できない場合にはEU製品ではないか、との疑念から不当廉売関税の対象となるリスクは懸念されます)。

対象となっている中国側のHSコードは次の通りです。

HS73181200 (その他の木ねじ)、7318400 (セルタッピングスクリュー)、7318500 (その他のねじ及びボルト)、73182100・73182200 (ワッシャー)

(2) 報復関税による影響が懸念される

2018年、米中間の貿易摩擦が激化しており、いずれ収束するとは思いますが双方の報復関税発動の応酬がエスカレートしています。このことにより2018年11月の時点では日本産の対象貨物について原産地証明書の提出は要求されていないと思われますが、長期化した場合には提出を求められる可能性を否定できません。ただし、貨物は広範囲に及ぶため、そのような状況になった場合には大きな影響が出ることは十分に予想されます。

(3) 311による影響

2011年3月11日に発生した東日本大震災により、福島原発の深刻な放射能災害が引き起こされました。これを受けて中国は同年4月8日、旧国家質検総局2011年第44号公告により、

①　福島県、群馬県、栃木県、茨城県、宮城県、山形県、新潟県、長野県、山梨県、埼玉県、東京都、千葉県の12都県から食品、食用農産品及び飼料の輸入を禁止する。

②　日本のその他の地区で生産された食品、食用農産品及び飼料の輸入は、検査申告時に日本政府が発行した放射性物質検査測定合格の証明、原産地証明を提供しなければならない。各地の検査検疫機構は、輸入される食品、食用農産品及び飼料に対して放射性物質の検査測定を行う必要があり、合格後に初めて輸入することができる。

などの決定を行いましたが、同年6月に2011年411号文書により山梨県、山形県は対象外となり、また、野菜類、乳製品、水産物、茶葉などを除き放射性物質検査測定合格証明の提出は免除されています。

第15章　原産地と原産地証明書

　原産地証明書については、商工会議所が発給する原産地証明書はMADE IN JAPANであることを証明していますが、具体的な産地名は記載されていません。そのために、農林水産省は中国と協議を行い、書式などを決定して各府県に発行を委任しているので、詳細は農林水産省、水産庁のホームページをご覧ください。

　2018年11月の税関総署公告2018年第175号で、新潟県産の米の輸入が、11月28日から認められることが決定されました。ただし、事前審査を含め、厳しい輸入検査基準があるので、概略は第10章１.（6）を参照して下さい。

第16章

知的財産権に対する税関の保護

第16章　知的財産権に対する税関の保護

　知的財産権とは、わが国の《知的財産基本法》によれば、その第２条の２で
「知的財産権とは、特許権、実用新案権、育成者権、意匠権、著作権、商標権
その他の知的財産に関して法令により定められた権利又は法律上保護される
利益に係る権利をいう」と規定されていますが、個別の知的財産権について
は、特許法、実用新案法、種苗法、意匠法、著作権法、商標法などが制定さ
れています。

　中国の知的財産法(中国語で「知识产权法」)も基本的に特許法(中国語で「专
利法」)、著作権法、商標法、植物新品種保護条例、地理標示産品保護規定、
集成電路布図設計保護条例などにより構成されています。

１．知的財産権の登録

　知的財産権に対して税関の保護を受けるためには、先ず、それぞれを管轄
する行政管理部門へ登録(中国語で「注册」)する必要があります。主な知的財
産権の基本法及び管轄する行政機関は次の通りです。

① 　専利法：特許権、実用特許などで管轄は国家知識産権局です。発明特許
　　権の権利期限は20年、実用新案特許権の権利期限は10年となっています。

② 　商標法：商標権、有名ブランド、地理標示産品などで管轄は現在、工商
　　行政治理総局商標局から、国家知識産権局商標局となっています。商標の
　　登録申請は、商標一件ごとに商標局へ「商標注册申請書」、商標図形サンプ
　　ルなどにより申請します。

③ 　著作権法：著作権などで管轄は国家新聞出版広電総局(国家版権局)です。
　　著作権に含まれる主な権利は、文学作品、音楽、美術、映画、地図、設計
　　図、コンピュータソフトなどで、文学作品などの保護期間は、作者の死後
　　50年となっています。

２．税関による知的財産権の保護

　知的財産権に対する税関保護の基本法は、《知的財産権税関保護条例》(中国
語で「知识产权海关保护条例」) です。その第２条では、「本条例に言う知的財
産権の税関保護とは、税関が輸出入貨物に関係し、同時に中国の法律、行政
法規の保護を受ける商標専用権、著作権と著作権に関わる権利、特許権に対

して保護を実施する」と規定されています。

（1）税関に保護の申請を行うことのできる知的財産権

① 国家知識産権局商標局が登録を許可した商標

② 世界知的所有権機関（WIPO）に登録され、中国にまで及ぶ国際登録商標

③ 国家知識産権局（旧中国専利局）が特許権を授与した発明、外観設計、実用新案特許

④ 《文学的及び美術的著作物の保護に関するベルヌ条約》のメンバー国あるいはWTOメンバーの公民もしくは組織が保有する著作権と著作権に関わる権利

⑤ オリンピックマーク専用権、世界万国博覧会マーク専用権

（2）知的財産権の税関保護の申請人

　知的財産権を有する権利人のみが知的財産権の税関保護の届出（中国語で「備案」）の申請をすることができます。ここで言う「知的財産権の権利人」とは、中国の《商標法》、《特許法》と《著作権法》などに規定する、商標登録人、特許権保有人、著作権者と著作権に関係する権利人（法人を含みます）を指します。

（3）知的財産権の税関保護申請の提出手順

　《中国税関の知的財産権税関保護条例実施方法》（税関総署令第114号）によれば、知的財産権の税関保護申請は、次のような手順で行います。

① 申請人は届出（備案）の申請を提出する前に、先ず中国税関総署のホームページから「知的財産権税関保護登録記録申請システム」にアクセスし、システムユーザー（知的財産権の権利人名）の届出を行い、システム口座とパスワードの取得します。

② 改めてインプットした届出データにより、知的財産権別に、例えば商標権であれば、「商標権税関保護備案申請書」をプリントし、商標登録書、営業許可証などを添付して申請します。届出先は、所在地の税関ではなく、北京の「税関総署政策法規司知的財産権保護処」とされています。

287

第16章　知的財産権に対する税関の保護

（4）税関の保護措置

《中国知的財産権税関保護条例》の規定により、知的財産権の権利人が税関へ請求する保護措置には、「職権による保護」と「申請による保護」の2種類のやり方を選択することができます

イ．税関の職権による保護

税関の職権による保護とは、主として権利を侵害する事実が明らかなコピー品と海賊版案件の捜査に発動されます。

そのために、知的財産権の権利人が事前にその知的財産権を税関総署に届出している前提の下に、輸出入貨物が知的財産権の権利を侵害する疑いがある場合、税関が主導的にその通関を中止し知的財産権の権利人の申請を根拠に、貨物の差押えと調査処理を行う権利を有していることを指します。

具体的には、税関総署が、その輸出入者あるいはメーカーが、届出された合法的な使用者に属するかどうかを調査し、あるいは、その貨物の受・発送人に知的財産権に関係する証明文書を提供するように要求します。

輸出入者あるいはメーカーが税関総署に届出された合法的な使用者に属していないか、あるいは、受・発送人が貨物の知的財産権に関係する証明文書を提供することができず、または、税関が税関総署に登録記録された知的財産権を侵害する疑いがあると判断した場合、税関は貨物の通関を中止し、知的財産権の権利人へ通知します。

権利人は、税関へ貨物の差押えを申請し、税関による調査を経て貨物が関係する知的財産権を侵害したと認定された場合は、税関が貨物を没収し並びに当該貨物の受・発送人には罰金を科し、犯罪を構成する疑いがあれば、税関により公安機関へ移送されることとなります

ロ．権利人の申請による保護

権利人の申請による保護とは、税関が知的財産権を受動的に保護するやり方であり、知的財産権の権利人がその権利を侵犯する疑いがある貨物を発見した場合に、その貨物の輸出入時にその出入国地の税関へ申請を提出し、税関が関係する貨物を差押えて、例えば権利人が人民法院へ権利侵害の訴訟を提起することなどを支援するものです。

① 申請による保護には以下の特徴があります。

まず、知的財産権の権利人は貨物が出入国する場所の税関へ差押えを申請しますが、事前にその知的財産権を税関総署へ登録記録する必要はありません。

しかし、申請には税関へ権利を侵害する疑いのある貨物価額に相当する担保を提供しなければなりません。

申請を受理した税関は、権利を侵害する疑いがある貨物を差押え、その決定を知的財産権の権利人と輸出入貨物の受・発送人へ通知することになります。

② 権利人の申請による保護の手順

知的財産権の権利人は、その権利を侵害する疑いのある貨物を発見した後、直接、その貨物の輸出入が行われる口岸税関へ担保を提供して差押えを申請し、同時に税関へ差押えを請求した貨物が間もなく輸出入されること、税関へ差押えを請求した貨物に対して、その商標権を侵害しており、許可されていない商標ラベルなどの貼付が実施されている事実を証明する証拠も提供しなければなりません。

税関により差押えられた貨物については、税関が貨物の権利侵害状況について調査を行う責任は負わないので、知的財産権の権利人は税関の差押え通知を受け取った後、《中国商標法》、《中国著作権法》、《中国特許法》あるいはその他の関係法律の規定に基づき、直ちに人民法院へ権利を侵害する行為あるいは、財産の保全措置などの司法差押えをとるように申請することになります。

ただし、20業務日以内に人民法院の差押通知書を受取っていない場合、税関は貨物の差押えを解除することになります。

3．知的財産権に対するその他の留意事項

中国は偽物天国などと言われており、確かに中国税関当局の取り締まり強化にもかかわらず、模倣品、海賊版は後を絶ちませんが、知的財産権について、筆者の私見をいくつか述べてみたいと思います。

① 当局を除き、一般的に知的財産権に対する認識が希薄であると思います。

例えば、良い商品だからそれを真似することがどうして悪いことなのか、あるいは売れるから作る、といった考え方です。

② 一方で、商標は容易に狙われやすい対象となります。つまり、外国の売れ筋商品、売れそうな商品、有名人の冠商品などについて、中国でも企業ばかりでなく個人のレベルでも、いち早く商標登録を行う事例は少なくありません。これを「抜け駆け商標登録」と言うそうですが、その狙いは明らかで、中国市場で販売しようとした時に、ブランドの使用料あるいはその買取りなどを要求することにあります。

したがって、新しいブランドは、中国当局へ必ず登録する必要があると筆者は考えます。

③ また、コピー商品は、中国の零細な企業あるいは個人事業者を支える収入源となっているのではないかとも思います。

④ しかし、わが国を含め、コピー商品に対して残念ながら一定の需要があることも事実と思うので、双方の国（税関）が密接な協力をする必要は従来と同様に重要な要素であると思います。

海賊版のCD：恋と言う字が「戀」と言う字を使っていたり、唄のタイトルが「おしルのブルース」などとなっています。本当のタイトルは、「セシルのブルース」とのことでした。

第**17**章

中国の外国為替管理制度

第17章　中国の外国為替管理制度

　中国における外為管理制度は、わが国のように原則自由ではなく、さまざまな規制が存在しています。中国は、人民元のハードカレンシー（国際決済通貨）化を目標としていると思いますが、過去のアジア通貨危機などの事例もあり、中国政府としても一挙に国際化することにはリスクも多く、段階的に、しかし着実に国際化の方向へ進んでいると考えられます。

　外為管理に対する基本法は、《中国外匯管理条例》(国務院令第522号)になりますが、筆者は、外国為替業務には専門外ですので、本章ではこれまでに知り得た情報などを中心に説明することとしますが、個々の詳細については、やはり、お取引のある銀行の中国室などへお問い合わせをお願いしておきます。

１．中国の外国為替制度

　中国の外国為替制度は、基本的にわが国の仕組みと大きな違いはなく次のように区分されます。

①　経常項目

　経常項目は、国際収支で「経常的」に発生する取引項目で、通常の輸出入による「貿易収支」ならびに、わが国で言う貿易外収支としてのサービス貿易（中国語で「服务贸易」）である国際輸送、保険、旅行などの収支としての「労務収支」のほかに、一方通行である無償援助、国際組織収支などが含まれます。

　貿易収支は、商品の輸出入貿易の収支が中心であり、米中間で論議を呼んでいる国際収支バランス数値の基本となります。

②　資本項目

　資本項目は、国際収支で長・短期の資本の往来であって、直接投資、証券投資、借款、貸付金などが含まれます。

　なお、短期資本とは、償還が一年以内の資本往来を指します。

２．企業に対する外為管理局の基本的な管理

　《貨物貿易外匯管理の手引き》、同実施細則などの規定によれば、貨物貿易を行おうとする企業に対して、外為管理局は次のような管理を行います。

①　外為管理局は、《貿易外貨収支企業名簿》への登記管理を要求しており、この名簿は金融機構へ公表され、この名簿にない企業は、直接、貿易外貨

取引を行うことができません。すなわち、対外貿易経営者は、この名簿に
登録する必要があるわけです。

② 外為管理局は、企業を検査し、Ａ、Ｂ、Ｃの３種類に分類します。検査
結果が正常であれば、Ａ類企業に分類され、手続きに際してはさまざまな
便宜を図ります。

　検査期間中に当局が定める総量検査の指標を超過した場合、あるいは、
前受金、前払金などの差額が25％以上であるような場合には、Ｂ類企業に
分類し、書類の審査、外為決済などについては、慎重に審査することにな
ります。

　外為関係などの規定に重大な違反があった企業は、Ｃ類に分類し、慎重
に審査することは当然として、一件ごとの事前審査などが必要になります。

３．経常項目における外為決済

　中国外為管理条例の第５条では、「経常性の国際支払と移転に対しては制限
を設けない」と規定されていますが、一方で、その第12条で、「経常項目の外
為収支は、取引関係書類の真実性及びその外貨収支の一致性に対して合理的
に審査が行われる」とも規定され、外為決済については「モノ、カネ、書類の
一致」が基本となっています。すなわち、貨物が実際に輸出入されたか、そ
の貿易書類は正しいかなどをベースとして、実際に正当な貨物の取引があり、
正しい金額で決済が行われたか、ということについて、実務上では、外為銀
行が厳格に審査することが要求されています。

（1）経常項目による外貨の受領

　貿易に関する経常項目による外貨の受領は、主として輸出貨物の代金、来
料加工による加工賃などが対象となります。一方で、貿易外の受取りには、
運輸関係、別途支払される商標権、特許権などの知的財産権に関する代金の
受領などが含まれます。

① 輸出貨物代金の受取りには、「モノ、カネ、書類の一致」の原則から、輸
出通関申告が行われ、実際に貨物が国外などへ向けて送り出されたことを
税関が確認し、システムを通じて輸出貨物の通関申告書データが外為管理

局へ送信される仕組みとなっています。

② 2008年8月から稼働している審査システムでは、輸出による受取外貨は金額や決済方式に関わらず、一度、「輸出外貨受取確認検査待ち口座」(中国語で「出口収汇待核査账戸」)へ入金しなければなりません。

③ 入金後に《輸出代金決済ネットワーク審査方法》に基づき、「輸出代金受取説明書」(中国語で「出口収汇説明書」)などによりシステムの中で輸出事実確認審査を受けた後に、経常項目外貨預金口座へ入金して、使用が可能となります。

(2) 前受金

中国側の前受金は、すなわち日本側から見えれば「前払金」となります。前受金(中国語で「預収貨款」)は、中国から商品を輸入しようとする時に、さまざまな理由から中国側が前払いを要求することがあります。

① 前受金による貿易取引に関する契約はシステムを通じて登記する必要があり、この時、輸出予定時期も登記します。

② 前受金には一定の限度額があり、初期は前年度の輸出代金総額の5％、2期目以降は10％とされています。

③ 企業は、前受金に対応する貨物が実際に通関申告されて輸出された後、ネットワークを通じて、場合によっては相応する金額を減額し、経常項目外貨預金口座へ振り替えられて、使用が可能となります。

④ 輸出予定日を30日超えても輸出が行われない場合、企業は、その理由を外為管理局へ説明しなければならず、あるいは、相手先へ返金の手続きをしなければならいこととなっているので、日本側の前払金が焦げ付くリスクは少ないと見ています。

(3) 輸入貨物代金の対外支払い

輸入者は、外貨支払いあるいはL/Cを開設する前に、関係資料により外為指定銀行でL/C開設手続き、あるいは外貨購入手続きを行うことになります(前払いなどの特殊な条件の場合は、輸入代金支払届出表などの手続きが必要となります)。

銀行で必要とする書類は、決済条件によって次のようになります。

① L/C開設時：輸入契約書、輸入外貨支払照合抹消書（中国語で「進口付汇核销单」）、L/C開設申請書など

　L/C決済時：インボイス、パッキングリストなどのL/C条件に合致する書類など

② D/P、D/A決済：輸入契約書、輸入外貨支払照合抹消書、輸入決済通知書、取立条件に合致する書類など

③ T/T決済時：輸入契約書、輸入外貨支払照合抹消書、インボイス、輸入貨物通関申告書など

事後の事務処理として、輸入者は関係貨物の通関申告後、一カ月以内に外為管理局で輸入照合抹消の書類を送付して審査手続きを行うことになります（前払精算方式の輸入外貨は除外します）。

　審査手続きに必要な書類としては、「輸入外貨支払照合抹書」、「輸入外貨支払記録表」、「輸入貨物通関申告書の正本」、「外貨決済伝票及び取立通知書」などとなっています。

４．相殺決済は可能か？

　一般的に、中国との間では相殺決済をすることはできないと言われているようですが、銀行関係の情報では、過去にはそのような規定があったとされています。しかし現在は、実際に相殺を禁止する規定はないと言われていますが明確ではなく、「可能である」という場合も、「駄目と言われた」との両方の説があります。

　その理由としては、中国の外為管理制度では、前述の通り、貿易取引では外貨の流出入を管理するために、その取引の真実性（モノ、カネ、書類が相互に一致すること）が求められています。そのために、貨物の輸出入通関データと貿易決済代金の照合が必要ですが、「相殺」の場合には、貨物の輸出入金額と実際の外貨収支との間に差異が発生することから、外為管理局の審査時に問題となる可能性があり、例えば、外為管理局の企業ランク付けに影響するようなリスクがあると言われているので、現地での、十分な相談が求められます。

第17章　中国の外国為替管理制度

第18章

その他の留意するべき制度

第18章　その他の留意するべき制度

　中国において貿易あるいは税関業務に関する制度や仕組みは、まだ数多くありますが、その中で幾つかの事項について説明を加えることとします。

１．中国における税関の事後調査

　わが国の税関によれば、「事後調査とは、輸出者または輸入者の事業所等に税関職員が訪問して、税関に申告された内容を、保管されている帳簿や書類等により確認を行う制度です」と説明されています。その調査の目的は、輸入貨物の通関後における税関による税務調査であり、輸出された貨物は、その手続きが関税法や関係諸法令の規定に従って正しく行われたのかどうかを確認し、企業における適正な輸出管理体制と通関処理体制の構築を促して、適正な輸出通関の実現を目的としています。事後調査の法律的根拠としては、輸入については、関税法第105条（税関職員の権限）第１項第６号の規定に基づく「質問検査権」により、また、輸出事後調査については、同第４号の２に基づく「質問検査権」により実施されます。

　中国税関の事後調査も基本的にわが国と大きな違いはないと考えられます。関係する規則としては、国務院令第670号の《中国税関査察条例》（中国語で「中国海関稽査条例」）、《中国税関査察条例実施方法》（中国税関総署令第230号）がありますが、基本となる中国税関法では、その第６条にある「税関は以下の権力を行使することができる」として、質問調査権が規定され、査察条例の第45条で、「輸出入貨物の引渡し許可の日から３年以内あるいは保税貨物、減免税輸入貨物の税関監督管理期限内およびその後の３年以内は、税関が輸出入貨物に対して直接、関連する企業、組織の会計帳簿、会計証票、通関証票およびその他の関連資料と関連する輸出入貨物の査察を実施することができる」と定めています。

（1）税関が査察を実施する目的

　中国税関が査察を実施する目的は、一つには税関業務に関わる企業、組織に対して所定の期間内に、会計帳簿、証明書類およびその他の資料に対して査察を行い、その輸出入活動が真実であるか、合法であるかなど、税関法の規定に違反する行為の有無を検査する税関業務制度の一種であり、輸出入許

可証および諸税の課税、徴税、免税、その他の管理規則などの審査も含まれます。

　別の面では税関査察を実施することにより、違法行為の発生を防止し、企業が自ら法を順守する意識を向上させ、法に従う企業、組織には最大限の通関上の便宜を図り、同時に脱税と密輸などの違法行為を取締まる税関の職能行為の一種であり、必要に応じて、課税徴税の管理、各種の審査許可と一部の貨物に対しては事後継続管理などを行い、企業、組織に対する監督を補い、あるいは強化することでもあるとされています。

(2) 税関査察の対象となる企業

　査察条例の第3条で「税関は下記の輸出入貨物に直接関係する企業、組織に対して税関査察を実施する」として査察の対象を次のように規定しています。

①　対外貿易に従事する企業、組織（いわゆる輸出入権を有する企業、組織など）

②　対外加工貿易に従事する企業（輸出入権を有していないが、税関の認定を受けて加工貿易に従事する企業など）

③　保税業務を経営する企業（例えば、保税倉庫、輸出監管倉庫企業など）

④　減免税輸入貨物を使用し、あるいは経営に利用している企業、組織（障害者組織、自家用輸入設備を使用する税関監管区域企業など）

⑤　通関業務に従事する企業（いわゆる、通関企業）

⑥　税関総署が規定する輸出入貨物と直接、関係するその他の企業、組織

(3) 税関査察の対象となる業務範囲

　査察の対象となる業務は、実施条例第3条の規定によりその企業あるいは組織の会計帳簿、インボイス、報告表並びにその他の資料および関連する貨物、製品、商品、銀行口座あるいは、その他の財産などが含まれ、具体的な業務範囲は次の通りです。

①　輸出入通関申告

②　輸出入関税とその他の税、費用の納付

③　輸出入許可証の受領の有無と検査

第18章　その他の留意するべき制度

④　輸出入貨物に関する資料の作成と保管状況

⑤　保税貨物の輸入、使用、保管、加工、販売、輸送、展示並びに再輸出の状況

⑥　減免税輸入貨物の使用、管理

⑦　保税輸送貨物の輸送引受け、管理

⑧　一時輸出入貨物の使用、管理

⑨　その他の輸出入活動

（4）税関査察の行われる時期

　税関は下記の期限内に、査察対象者の会計帳簿、会計伝票、通関関係書類と輸出入貨物に対して査察を行います。

①　減免税で輸入された貨物は、税関の監督管理期限内

②　保税貨物は税関が規定する監督管理期限内、あるいは再輸出されてから３年以内、あるいは一般貿易の輸入として許可された日から３年以内

③　上記①、②以外の輸出入貨物については、税関手続きが完了してから３年以内

　　この意味から、査察に備えるためには最低でも３年間の書類を整理して保管しておかなければならないことになります。

（5）税関査察の具体的な実施

　実施条例の第３章によれば、概略、次のように規定されています。

①　税関査察は被査察人の登録場所の税関により実施されます。

②　税関は査察を実施する３日前に、被査察人へ「税関査察通知書」を発行しなければなりませんが、例えば、査察を受ける者に重大な法律違反の嫌疑がある場合は事前に査察の実施を通知しないこともあります。その場合には、査察の実施を開始する時に、「税関査察通知書」が発給されます。

③　税関は査察する時に、必ず「税関査察証」を提示します。

④　税関の査察は、被査察人の会計帳簿、会計証拠、通関申告書及びその他

の関係資料を調べ、あるいはコピーします。

⑤　税関査察職員が被査察人の生産経営場所、貨物の保管場所に立ち入り、輸出入活動と関係する生産経営状況と貨物を検査する時、被査察人の代表はその場に立会い、税関の要求に基づき場所を空け、貨物を搬送し、開梱し、再梱包をしなければなりません。

　　検査結果は、税関査察職員が「検査記録」を作成し、税関査察職員と被査察人の代表が署名押印する必要があります。

⑥　税関は、税関査察結論を検査官の査察報告書を受理した日から30日以内に「税関査察結論書」として作成し、査察を受けた者に送付します。

(6) 自発的な公表

　輸出入企業、組織が、税関監督管理規定に違反した行為を自発的に税関へ書面で報告し、同時に処分を受けた場合、税関は自発的に公表したものと認定することができます。

　自発的に公表した輸出入企業、組織については、税関の監督管理規定に違反している場合であっても、税関は行政処罰を軽減しあるいは軽減しなければならないとされています。もし違法行為が軽微で直ちに是正され、結果として危害を造成していない場合は、行政処罰をしないこととなっています。

　わが国で言えば、公正取引委員会の自主申告による課徴金減免制度に類似しています。

２．中国における事前教示制度

　わが国の税関ホームページによれば、「事前教示制度は、貨物の輸入をお考えの方やその他の関係者の方が、輸入の前に税関に対して、当該貨物の関税分類（税番）、原産地、関税評価及び減免税についての照会を行い、その回答を受けることができる制度です」と説明されています。

　中国では主としてHSコードの判定については、さまざまな捉え方があり、特に地域による適用の相違（ただし、地域によるHSコードの適用の相違は、わが国でもあり得ることです）、通関申告時のHSコードに対する税関の異なる判定などがよく聞かれる問題であると感じています。

第18章　その他の留意するべき制度

　そのために、中国にはわが国のような事前教示制度はないのかとの質問を受けることがよくありますが、中国税関にも事前教示制度は従来から存在していました。具体的には、2000年2月の税関総署令第80号で《中国税関輸出入商品事前税表分類暫定方法》を、2007年5月にこれを改正して《中国税関輸出入貨物商品分類管理規定》(税関総署令第158号) が公布されていました。

　しかし、2018年2月1日から、税関総署令第236号により、新たに《中国税関事前裁定管理暫定方法》が施行され、HSコードの裁定に加えて、課税価格、原産地に対しても事前裁定を行うことができる包括的な規定が公布されました。

(1) 事前裁定を申請できる対象

　現行の暫定方法第3条で、貨物を実際に輸出入する前に申請人は次の税関事務について、事前裁定を申請することができると規定されています。

① 輸出入貨物の商品税表分類 (つまり、HSコードの判定)
② 輸出入貨物の原産地あるいは原産資格
③ 輸入貨物の課税価格に関する要素、評価方法
④ 税関総署が規定する、その他の税関事務

　上記③の「課税価格に関する要素、評価方法」には、特許権使用費、コミッション、運送保険費、特殊関係及びその他の課税価格査定に関する要素が含まれます。

(2) 申請をすることのできる資格と裁定

　事前裁定の申請人は、実際の輸出入活動と関係し、さらに税関に登録登記した対外貿易経営者でなければなりません。

　事前裁定を申請する場合、「中国税関事前裁定申請書」(**資料18－1**を参照) 及び税関が要求する関係資料を提出しなければなりません。税関は内容を審査し「預裁定決定書」が発給しますが、ただし、遡及力はありません。

　制度の内容を一覧表にすれば**表18－1**の通りです。

302

资料18-1　中华人民共和国海关预裁定申请书

(商品归类)

编号：

申请人基本信息		
申请人		
企业代码		
统一社会信用代码		
通讯地址		
联系电话		
电子邮箱		
与货物关系	□收货人	□发货人
是否已就相同商品申请商品归类预裁定	□是	□否
是否就相同商品持有《海关预裁定决定书》	□是　　决定书编号：	□否
货物基本信息		
商品名称(中、英文)		
其他名称		
拟进出口日期		
拟进出口口岸		
拟进出口数量		
贸易方式		
商品描述(规格、型号、结构原理、性能指标、功能、用途、成份、加工方法、分析方法等)：		
随附材料清单(有关材料请附后)：		
结构式、CAS号、图片、条形码(GTIN)、二维码、出厂商品序列号等：		
申请人(章) 　　年　月　日	海关(章)： 签收人： 接受日期：　　年　月　日	

注：1、填写此申请表前应阅读《中华人民共和国海关预裁定管理暂行办法》；
　　2、需要保密的内容，应书面向海关申请；
　　3、应当提交的商品材料：
　　　(1)企业进出口计划，包括所涉及拟实际进出口货物的相关材料，如进出口合同或意向书等；
　　　(2)商品描述，包括商品名称、规格型号、原理、功能、用途等，不同类别的商品描述重点不同，如：材料类商品重点描述商品的外观(形状、形态)，商品的规格(特殊要求的技术参数、尺寸、成份含量)，商品的加工方法，商品的来源和最终用途等；产品类商品重点描述商品的型号、状态和结构(组成、组分)，商品功能、工作原理(各组分部分工作情况或加工方法)及用途等；化工产品还应提供分子式、CAS号、结构式或材料安全数据表(MSDS)；申请商品如有条形码(GTIN)的，应一同提供；
　　　(3)海关认为需要的其他材料。
上述材料如为外文，申请人应当同时提交符合海关要求的中文译本。

第18章　その他の留意するべき制度

表18－1　事前裁定制度

	現行の事前裁定制度	従来の事前教示制度
適用地区の範囲	全ての税関管区で適用されます	決定を作出した直属税関の範囲に限定されます
法律効力の継続性	有効期間は３年とし、申請人の輸出入及び「同じ事情」の同種の貨物にも適用されます	申請人が申請した貨物のみ（「一事一申請」）に限られます
裁定区分	税関総署	直属税関
法律効力	申請人のみでなく裁定内容が及ぶ、他の税関関係事務に従事する対外貿易経営者にも約束力を具有します	申請人のみに約束力を具有します

注：上記の「同じ事情」とは、次のようなことを指します。
帰類預裁定：同一商品であること
定税価格預裁定：事前裁定をする契約に基づいた輸入貨物
原産地預裁定：同一メーカーにより同一の材料を使用して生産された同一型号の
　　商品

3．インコタームズと中国貿易

　インコタームズ（Incoterms）とは、国際商業会議所（International Chamber of Commerce:ICC）が制定した貿易条件の定義で、中国語では《国際貿易述語解釈通則》と言います。その内容については多くの解説書も発行されているので、詳細についての説明は省略しますが、中国との貿易取引の時に幾つかの注意を必要とする事項があります。

　取引価格の設定は、貿易契約の重要な要素ですが、インコタームズでは、貨物のリスク移転と費用負担を示しているのみで、貨物の所有権の移転については規定していません。

（1）FCAに対する中国側の理解度

　わが国から輸出する時には、一般的に「FOB」（本船甲板渡し、中国語で「船上交货价」）あるいは「CIF」（運賃保険料込み、中国語で「成本加保険費加运费」）が使用されています。

　この内、FOBについては、本船に貨物が積み込まれた時にリスクも費用負

304

担も買い手に移転します。しかし、現代のコンテナ船の場合には、売り手は
コンテナ(あるいはCFS貨物)を船会社に引渡した時にリスクと費用負担が買
い手に移転する「FCA」(運送人渡し、中国語で「货交承运人」)を使用すべき
であることが推奨されています。

　FCAを使用した場合、船会社のヤードに搬入した時から、その貨物のリス
クと費用負担は買手に移転するので、中国側の買い手が保険を付保すること
となります。しかし、多くの中国側の買い手はその認識がないように思われ
るので、事前に十分協議しておくことが必要と考えます。ただし、個人的な
見解ですが、例えば阪神淡路大震災のような港湾に重大な損害が発生しない
限り、FOBであることによる問題が出る可能性は少ないとは思いますが……

(2) DDP、DDUあるいはEXWに潜む問題

　DDP(Delivered Duty Paid、中国語で「完税交货」)、DDU(Delivered Duty
Unpaid、中国語で「未完税交货」)、EXW(Ex-Works、中国語で「工厂交货」)
は、輸入と輸出の違いがありますが、いずれも中国の相手先が通常、負担す
る中国国内費用を日本側(すなわち非居住者)が負担する方式です。

　しかし、中国で上記の取引方式を採用しようとする場合には、次のような
幾つかの問題があります。

イ．非居住者名義で通関申告ができないという問題

　中国では「非居住者」の名義を以って中国の通関の当事者となることはでき
ません。その根拠として、以下のような理由が考えられます。

① 　対外貿易経営者の資格が必要であること

　　《中国対外貿易法》第9条:「貨物の輸出入あるいは技術の輸出入に従事
　する対外貿易経営者は、国務院の対外貿易主管部門あるいはその授権した
　機構へ登録登記を行わなければならない。(中略) 対外貿易経営者が本規定
　による登録登記を行わない場合は、税関は輸出入貨物の通関、検査許可手
　続を行わない」

② 　税関登録が必要であること

　　《中国税関の通関組織登録登記管理規定》第23条:「輸出入貨物の受・発
　送人は、規定に基づき所在地の税関で通関組織の登録登記手続きを行わな

305

第18章　その他の留意するべき制度

ければならない」

　　登録登記(中国語で「注册登記」)が完了すると税関から10桁の税関登録番号(中国語で「海关注册编码」)が発給され、通関を初めとする税関諸手続きに使用されます。

③　中国税関の輸出入貨物通関申告書作成規範の規定

　　「国内の受・発送人(中国語で「境内収発貨人」)」の欄には、税関に登録済みで、輸出入貿易契約を締結し執行する中国国内の法人、その他の組織の名称とコード(統一社会信用コードあるいは税関登録番号)を記載する必要がありますが、国外企業に対してはコードが指定されていません。

④　輸出入許可証の取得について

　　商務部の《貨物輸入許可証管理方法》、《貨物輸出許可証管理方法》ともにその第6条で対外貿易経営者が発給機関へ輸出入許可証の受領を申請することと規定されています。

以上のことから、基本的にDDP、DDUの場合でもEXWであっても、中国側の名義を使用することになります。

　そのために、中国側との間で輸出入許可証取得の問題、増値税のオリジナル領収書(誰が保存しあるいは仕入れ控除に使用できるか)の問題、あるいは税関がインボイスのDDP価格に対して課税した事例、または、EXWの場合には輸出増値税還付処理の問題など、さまざまな問題が発生する要因となる可能性が高いと思います。

　ただし、日本側がフォワーダーに委託して諸費用を日本側が負担して疑似DDP、DDU、EXWが行われている事例も耳にしますが現地の子会社との間の取引が中心と見ています。

ロ．通関申告価格との問題

　特に、DDPの場合の価格構成は、CIF＋関税＋増値税＋通関費用＋国内輸送費などとなります。一方で、輸入申告価格は、CIF相当価格となっているので、申告する時にはCIF以外の費用を控除することとなります。したがって、中国側に価格構成が分かる可能性が高く、割高であるとの問題を引き起こすことも考えられます。

ハ．中国側がインコタームズを理解しているか？

FOBとFCAでもそうですが、DDP、DDU、EXWの原則を理解しているか、には疑問があるので、筆者としては、FOB、CIFなどが、現状では問題が少ないと考えます。

4．改正SOLAS条約への対応

SOLAS条約（Safety Of Life At Sea）の略称で、「海上に於ける人命の安全の為の国際条約」（中国語で「国際海上人命安全公約」）の付属書第6章の改正により、2016年7月1日から荷送人は、国際海上輸送による輸出コンテナの「総重量」を確定して、船会社へ申告しなければならなくなりました。これは、わが国のみならず、中国も同様です。

国際海上コンテナの総重量は、20ftコンテナで24,000KG、40ftで30,480KG（道路交通法で実際に運送できないことがある）が一般的ですが、コンテナの総重量の誤申告（あるいは、故意の過少申告）に起因するとみられるコンテナの荷崩れなどの事故がしばしば発生しています。例えば2007年には2,400本を積載したコンテナ船がイギリス海峡で荒天に遭遇し、船体が断裂する事故が発生しましたが、残存していたコンテナ660本の内でさえ、137本に過積載があり、合計で312トンもオーバーしていたなどの事例も発生していたことから、総重量の確定方法が、2018年7月1日より発効した改正SOLAS条約で改めて義務付けられました。

（1）わが国の対応

国土交通省では、この改正条約を実施するため、船舶安全法関係省令の《特殊貨物船舶運送規則》及び《危険物船舶運送及び貯蔵規則》を一部改正するとともに、《特殊貨物を収納する海上コンテナの質量の確定方法等を定める告示》及び《危険物を収納する海上コンテナの質量の確定方法等を定める告示》を制定しました。

具体的には次の通りです。

① 荷送人（船社が発行する船荷証券（B/L）に荷送人として記載される者）は、次のいずれかの方法で確定したコンテナ重量情報を船長などへ提供し

第18章　その他の留意するべき制度

なければなりません。
　ⅰ）貨物の入ったコンテナの総重量を適切な計量器で計測する方法（例えばトラックスケールによる計測）
　ⅱ）適切な計量器で個々の貨物、梱包材などを計測し、それらと空のコンテナ重量（「TARE」と外側に表示されています）を足し合わせることにより、確定する方法の2種類があります。
②　コンテナ重量情報の確定のためには、国土交通大臣へ届出または登録が必要です。

海上コンテナ外観：右ドアにTARE WEIGHTの表示があります。

　ⅰ）荷送人自らがコンテナ重量確定を行う場合には、「届出荷送人」として、国土交通大臣へ届出をする必要があります。
　ⅱ）荷送人から委託を受けて事業としてコンテナ重量確定を行う場合には、「登録確定事業者」として国土交通大臣へ登録を行う必要があります。なお詳細は、国土交通省の《国際海上輸出コンテナの総重量の確定方法マニュアル》をご覧ください。

(2) 中国の対応

　中国の対応も日本と変わりはありません。2016年7月1日からB/L上の荷送人は、コンテナ総重量を「載貨集装箱重量験証認証書」(Verified Gross Mass、VGMと略称します)により、海運会社へ申告しなければなりません。海運会社は、そのデータをCYオペレーターへEDIで電送します。
　総重量の確定方法は、わが国とも共通で、方法1として実入りコンテナをトラックスケールなどで実測するやり方と方法2として貨物（パレット、倒壊防止用木材なども含む）を特定された計量器で個別に測定して、その合計とコンテナのTare Weightを積算するやり方があります。

① VGMについて

VGMの書式については、公定のフォーマットはなく、各船会社がそれぞれ設定していると考えられ、オンライン、Eメールなどの方式があります。VGMの提出がない場合には、船積みが拒否されます。フォーマットの一例は、**資料18－2**を参照してください。

② 荷送人は報告するコンテナの総重量の正確性について責任を負うことになりますがVGMの数値とCYオペレーター、海運会社がコンテナを受け取る時に総重量を測定した場合に誤差があった場合であっても±5％以内、あるいは1トンを超えなければ船積みは行われます。

資料18－2　托运人载集装箱重量验证声明

致：○○海运（上海）有限公司

船名／航次　　　：XXXXXX/123E
提单号　　　　　：XYZC-12345
启运港／交货港　：SHANGHAI／TOKYO
称重单位　　　　：KGS
集装箱号　　　　：ABCD2012345
集装箱的总重量　：14587（KGS）
托运人公司名称及联系方式；XYZ（上海）贸易有限公司
　　　　　　　　电话：

本托运人声明：该文件资料所含载货集装箱重量信息系按照《1974年国际海上人命安全公约》使用整体
　　　　　　　称重法（Method 1）、声明内容为："本托运人声明：该文件资料所含载货集装箱重量
　　　　　　　信息系按照《1974年国际海上人命安全公约》第Ⅵ／2.4.1条所述方法获得，称重点的称
　　　　　　　重设备已取得计量监督部门颁发发的计量鉴定证书,且获得重量的日期在证书的有效范
　　　　　　　围内。"

　　　　　　　　　　　　　　　托运人公司（公章）
　　　　　　　　　　　　　　　负责人员（签字）
　　　　　　　　　　　　　　　　　　　　　　年　　月　　日

第18章　その他の留意するべき制度

５．24時間ルールへの対応

　24時間ルールは、2001年に発生した米国同時多発テロを契機に、主として米国の主導の下に、国際貿易の安全確保及び円滑化の両立を推進するために国際的に取りまとめられた方策ということができます。

　その基本は、輸出しようとするコンテナ貨物の情報について、原則として該当するコンテナ貨物を積載する船舶が積出港を出港する24時間前に、詳細な情報を電子的に報告することを義務付けていますが、中国もその枠組みの中にあることから、24時間ルールに対応しています。

　中国の24時間ルールでも、国際航行船舶が入国する前、及び出港後の24時間以内に、通関電子データ電送基準によりその電子マニフェストを税関へ電送し、並びに相応する書面のマニフェストを接岸地の税関へ提出し、登録するもので、出入国する船舶の電子電送のマニフェストには、次のデータ項目を含んでいなければなりません。すなわち、船舶の名称、国籍、積出港、仕向港、B/L番号、荷受人あるいは発送人、貨物の名称、貨物の包装、貨物の体積、貨物の個数と重量、コンテナ番号、コンテナサイズなどです。

　わが国から中国向けに輸出する時に注意すべき事項には次のようなものがあります。

① 　Consignee欄には、荷受人の名称、住所、電話番号、責任者名などが要求されます。

　しかし、L/C決済の場合には、一般に「TO ORDER」と記載されます。

　この場合には、「Notify Party」欄に必ず通知人の名称、住所、電話番号、責任者名などを記載する必要があります。中国国内の実際の受・発送人、通知人が統一社会信用コードを有している場合には、その統一社会信用コードを記載しなければなりません。

② 　マニフェストデータに対する新たな要求

　これは、24時間ルールと直接関係するものではありませんが、税関総署2017年第56号で《水運、空運の出入国輸送手段、マニフェスト監督管理の調整に関する事項の公告》が公布され、猶予期間を経て2018年6月1日から適用が開始されました。

この公告によれば、その5の(3)で受・発送人、通知人(NOTIFY PARTY)は、「企業コードタイプ総括表」(中国語で「企业代码类型汇总表」)の国別で対応する企業コードタイプを記載しなければならなくなり、日本の場合は、米国証券取引委員会が発給するCIK(CENTRAL INDEX KEY)コード、あるいは取引主体識別コードであるLEI(LEGAL ENTITY IDENTIFIER)コードとされています。しかしどちらも取得していない企業については、「9999＋わが国の企業マイナンバー(13桁)」を記載することになります。

　中国側の受・発送人、通知人(NOTIFY PARTY)に統一社会信用コードがある場合、中国国内の実際の受・発送人、通知人には、統一社会信用コード(USCI：United Social Credit Identifier)を記載しなければならず、記載の書式は「USCI＋コード」となります。つまり、わが国から輸出する場合には、輸出者のコードと共に中国側から統一社会信用コードの情報を入手する必要があるわけです。

6. 香港の通関

　香港は中国の特別行政区であることから、香港との間では輸出入通関の必要がないのではないか、また、香港は従来からフリーポートであることから、そもそも香港側では輸出入通関も必要がないのではないか、とのご疑問を受けることがあります。

　例えば、広東省の現地法人との取引を香港経由で行おうとした時に、建値をCIF(香港)と希望したところ、中国側から、その条件では香港からのインボイスの作成者は誰になるのか、あるいは香港出し以降の通関申告、外貨送金で問題が発生するので止めてほしいとの要求があったことからCIF(東莞)としたが、どうしてか、という質問がありました。

　確かに香港(マカオも含みます)は中国の特別行政区ですが、現状の「一国二制度」の下では外国扱いとなり

ダブル・ライセンス車：左は香港ナンバー、右が広東ナンバー。

第18章　その他の留意するべき制度

ます。したがって、中国と香港との間の国境通過には、通常の輸出入通関が必要となります。さらに、香港でも貨物が入国あるいは出国してから14日以内に香港税関へ輸出入通関申告を行う必要があり、さらに、酒類、たばこ類、ガソリン、航空機燃料、メチルアルコールは課税対象となります。

　物流面から見ると、香港と中国大陸は、九龍半島で国境を接しており、羅湖、皇崗、沙頭角、福田、文錦渡などの口岸を経由して物流が行われています。このように、香港と広東省エリアは陸路で往来することが可能ですので、トラック、バス、乗用車には双方を往来することのできるライセンスがあります。これを「ダブル・ライセンス車」(中国語で「両地牌照跨境車辆」)と言います。ダブル・ライセンス車は、限定免許で台数が制限されているので料金も割高になります。

　また、2018年5月に、96カ月の歳月を経て「港珠澳大橋」(香港〜珠海〜マカオ大橋)の本体工事が完了し、2018年10月24日に、習近平国家主席も出席し、開通式が行われました。この橋は、全長が約55キロ、その内、トンネル部分が約7キロ、途中に4か所の人口島があり、一帯一路構想の拠点としてエリアの物流にも大きな変化が予想されます。

　ところで、港珠澳大橋が開通したので、三地区相互の陸上交通が可能になりました。そうなると、「トリプル・ラインセンス車」が誕生するのでしょうか?

附録

中国税関法

附録　中国税関法

中国主席令第35号
中華人民共和国税関法

2017年11月4日の第十二回全国人民代表大会常務委員会第三十次会議による改正の決定を根拠に、第五次改正を行った。

第一章　総　則

第一条　国家の主権と利益を維持し、税関の監督管理を強化し、対外経済貿易と科学技術、文化往来を促進し、社会主義の現代化建設を保障するために、特にこの法を制定する。

第二条　中国税関とは、国家が出入国の関所（以下、略称して出入国と言う）を監督管理する機関である。税関はこの法律とその他の関連する法律、行政法規に基づき、出入国する輸送手段、貨物、携帯物品、郵便物とその他の物品（以下、略称して出入国する輸送手段、貨物、物品と言う）を監督管理し、関税とその他の税、費用を徴収し、密輸を捜査し、並びに税関統計の編成とその他の税関業務を行う。

第三条　国務院は税関総署を設立し、全国の税関を統一して管理させる。

国は対外的に開放する口岸と税関監督管理業務の集中する地点に税関を設立する。税関に従属する組織は、行政区域による制限を受けない。

税関は法に拠り独立して職権を行使し、税関総署に対して責任を負う。

第四条　国家は、税関総署に密輸犯罪を専門に捜査する公安機構を設立し、専門の密輸捜査警察を配備し、その管轄する密輸犯罪案件の捜査、差押え、逮捕の執行、予審について責任を負わせる。

税関の密輸犯罪捜査公安機構が履行す

る捜査、差押え、逮捕の執行、予審は、《中国刑事訴訟法》の規定に基づき取扱われなければならない。

税関の密輸犯罪捜査公安機構は、国家の関連する規定を根拠に、分・支機構を設立することができる。各分・支機構は、その管轄する密輸犯罪案件を取扱い、法に従い管轄権を有する人民検察院へ移送し起訴しなければならない。

地方の各レベルの公安機関は、税関の密輸犯罪捜査公安機構が法による職責を履行することに対して協力しなければならない。

第五条　国家は、連係した密輸捜査、統一した処理、密輸捜査の総合管理体制を実行する。税関は密輸捜査業務を組織し、協調して、管理する責任を負う。関連する規定は国務院が別に制定する。

それぞれの行政法執行に関する部門が取り調べ押収した密輸案件に行政処罰を与えるべきである場合、税関に移送し法により処理される；犯罪の嫌疑がある場合は、税関の密輸犯罪捜査公安機構、地方公安機関へ移送し、案件により管轄を区分し法に定める手順により取扱う。

第六条　税関は以下の権力を行使することができる：

（一）出入国する輸送手段を検査し、輸出入される貨物、物品を審査検査する；
　　本法あるいはその他の関連する法律、行政法規に違反した場合は、差押えをすることができる。

（二）出入国する者の証明書類を審査する；本法あるいはその他の関連する法律、行政法規に違反する嫌疑のある者を尋問し、その違法行為を調査する。

（三）出入国する輸送手段、貨物、物品に関連する契約、インボイス、帳票、伝

票、記録、文書、業務通信文書、録音・録画製品とその他の資料を検査し複製すること；その内、本法あるいはその他の関連する法律、行政法規に違反した出入国輸送手段、貨物、物品と関係がある場合は、差押えをすることができる。

(四)税関の監督管理区域および税関付近の沿海周辺部として規定された地区については、密輸の嫌疑のある輸送手段と密輸貨物、物品が隠匿されている疑いがある場所を検査し、密輸の嫌疑のある者の身体検査を行う；

密輸の嫌疑がある輸送手段、貨物、物品と密輸の嫌疑のある者については、直属税関長あるいは授権された隷属税関長の許可を経て、拘留することができる；密輸の嫌疑のある者について、拘留時間は24時間を超えないものとし、特別な事情のある場合には48時間まで延長することができる。

税関の監督管理区域および税関付近の周辺沿海部として規定された地区以外で、税関が密輸案件を調査する時は、密輸の嫌疑がある輸送手段と、公民の居住場所以外で密輸貨物、物品隠匿の嫌疑のある場所については、直属の税関長あるいは授権された隷属税関長の許可を経て、検査を行うことができるものとし、関係する当事者は立会わなければならない；当事者が立会わない場合、証人がその場にいる状況下であれば、直接、検査を行うことができる；その内、証拠があり密輸嫌疑があると証明された輸送手段、貨物、物品については、差押えをすることができる。

税関の監督管理区域と税関の沿海周辺部として規定された地区の範囲については、税関総署と国務院公安部門により、関連する省レベルの人民政府と合議して確定される。

(五)密輸案件を調査する時、直属税関長あるいは授権された隷属税関長の許可を経て、案件の嫌疑を有する組織と容疑者の金融機構、郵政企業の預金、送金について尋問することができる。

(六)出入国する輸送手段あるいは個人が税関の監督管理に逆らい逃亡しようとする場合には、税関は税関の監督管理区域と税関付近の沿海周辺部として規定された地区以外へ追跡を継続し、連れ戻すことができる。

(七)税関は職責を履行するために、武器を装備することができる。税関職員の武器携帯と使用規則については、税関総署が国務院公安部門と共同で制定し国務院が許可する。

(八)法律、行政法規の規定で税関により行使されるその他の権力。

第七条 各地方、各部門は、税関が法に従い行使する職権を支持し、不法に税関の法執行活動に関与してはならない。

第八条 出入国する輸送手段、貨物、物品は、必ず税関の設立された地点を通って入国しあるいは出国しなければならない。特別な事情により、税関の設立されていない地点で臨時に入国あるいは出国する必要がある場合は、必ず国務院あるいは国務院が授権した機関の許可を必要とし、並びに税関手続は本規定によって行われなければならない。

第九条 輸出入貨物は、別段の定めのある場合を除き、輸出入貨物の受・発送人が自ら通関申告、納税手続を行うことができるものとし、輸出入貨物の受・発送人が税関に登録登記した通関企業に委託し

315

附録　中国税関法

て通関納税手続を行うこともできる。

　　出入国する物品の所有者は自ら通関納税手続を行うことも他の者に委託して通関納税手続を行うこともできる。

第十条　通関企業は輸出入貨物の受・発送人の委託を受け、委託人の名義を以って通関手続を行う場合、税関へ委託人が署名した委託書を提出し、本法の委託人に対する各項目の規定を遵守する。

　　通関企業は輸出入貨物の受・発送人の委託を受け、自己の名義を以って通関手続を行う場合、受・発送人と同じ法律責任を引受けなければならない。

　　委託人は通関企業に委託して通関手続を行う場合、通関企業へ、通関委託事項の真実の状況を提供しなければならない；通関企業は委託人から通関手続を行うことを委託された場合、委託人が提供した状況の真実性に対して合理的な審査を行わなければならない。

第十一条　輸出入貨物の受・発送人、通関企業が通関手続を行うには、法に従い必ず税関に登録・登記をする必要がある。法に従い税関へ登録・登記を行っていない企業は、通関業務に従事することができない。

第十二条　税関は法に従い職務を執行し、関連する組織と個人は尋問にはありのままに回答し、並びに協力し、どのような組織と個人であっても妨害してはならない。

　　税関が職務を執行する際に暴力で反抗された時、関連任務を執行する公安機関と人民武装警察部隊は、協力しなければならない。

第十三条　税関は本法の規定に違反して税関の監督管理を逃避する行為に対する通報制度を作り上げる。

　　どのような組織と個人であっても本法の規定に違反して税関の監督管理を逃避する行為に対して通報する権利を等しく有する。

　　税関は本法に違反する案件を通告し、あるいは捜査協力に効果がある組織と個人に対して、精神的あるいは物質的な奨励を与えなければならない。

　　税関は通報人の秘密を守らなければならない。

第二章　出入国する輸送手段

第十四条　出入国する輸送手段が税関設置地点に到達しあるいは離れる時、輸送手段の責任者は税関に対してありのままを申告し、証票を提出して検査を受け、並びに税関の監督管理と検査を受けなければならない。

　　税関設置地点に滞在する出入国輸送手段は、税関の同意を得ずに独断で離れてはならない。

　　出入国する輸送手段が一税関設置地点から他の税関設置地点に移動する場合は、税関の監督管理要求に符合して、税関手続をしなければならず、税関手続が終了していない場合、改めて国外へ出ることはできない。

第十五条　入国する輸送手段が入国した後、税関へ申告する前まで、出国する輸送手段が税関への手続を終え出国する前までは、交通主管機関の規定する経路を進まなければならない；交通主管機関の規定がない場合は、税関が指定する。

第十六条　出入国する船舶、汽車、航空機の到着および出発時間、停留地点、停留期間中の入換え地点および積卸する貨物、物品の時間については、輸送手段の責

316

任者あるいは関連する交通運輸部門が、税関へ事前に通知しなければならない。

第十七条 輸送手段からの出入国貨物、物品の積卸しあるいは出入国する旅客の乗り降りについては、税関の監督管理を受けなければならない。

貨物、物品の積卸しが完了した場合は、輸送手段の責任者は実際の積卸し状況を反映した書類と記録を税関に提出しなければならない。

出入国する輸送手段に乗降する者が携帯する物品の場合は、税関にありのままを報告し、税関の検査を受けなければならない。

第十八条 税関が出入国する輸送手段を検査する時は、輸送手段の責任者はその場に立会い、税関の要求に応じてその船室、部屋、ドアを開放しなければならない；密輸の嫌疑がある場合、並びに密輸貨物、物品が隠匿されている部分がある可能性を解明するために、貨物、物品の移動をしなければならない。

税関は業務の必要から、職員を輸送手段に派遣して職務を執行させることができるものとし、輸送手段の責任者はその便宜を図らなければならない。

第十九条 入国する国外の輸送手段と出国する国内の輸送手段は、税関手続と関税納付手続が完了しなければ譲渡あるいは他の用途に転用することはできない。

第二十条 出入国する船舶と航空機が国内の旅客と貨物輸送を兼営する場合には、税関の監督管理要求に符合しなければならない。

第二十一条 沿海（内航）輸送の船舶、漁船と海上作業に従事する特殊船舶は、税関の同意なく、出入国する貨物、物品を積載し、あるいは交換、購買、譲渡すること

がができない。

第二十二条 出入国する船舶と航空機は、不可抗力の原因により税関の設置されていない地点に停泊、着陸あるいは貨物、物品を投棄、荷卸しせざるを得ない場合は、輸送手段の責任者は直ちに付近の税関に報告しなければならない。

第三章　出入国する貨物

第二十三条 輸入貨物は入国の時から税関手続が終了するまで、輸出貨物は税関に申告してから出国が終了するまで、さらに国境通過、中継輸送、通し運送貨物は入国から出国まで、税関の監督管理を受けなければならない。

第二十四条 輸入貨物の荷受人、輸出貨物の発送人は、税関にありのままを報告し、輸出入許可証と関連証票の検査を受けなければならない。国家が輸出入を制限する貨物で、輸出入許可証のない貨物の場合は、引渡許可せず、具体的な処理方法は国務院の規定するところによる。

輸入貨物の荷受人は輸送手段が入国を申告した日から十四日以内、輸出貨物の発送人は税関が特に許可する場合を除き、税関監督管理区域に到着した後、貨物積込みの二十四時間より前に、税関に申告しなければならない。

輸入貨物の荷受人は前款に規定する期限を超えて税関へ申告する場合は、税関により延滞金が徴収される。

第二十五条 輸出入貨物の税関申告手続の取扱いは、ペーパーによる通関申告書と電子データ通関申告書の形式を採用しなければならない。

第二十六条 税関が申告を受理した後、通関申告書類およびその内容を修正し、あ

317

附録　中国税関法

るいは取消してはならないが、ただし税
関の規定に符合する事情の場合は除外す
る。

第二十七条　輸入貨物の荷受人は税関の同
意を経て、申告前に貨物の点検あるいは
貨物見本を採取することができる。法に
より検疫を必要とする貨物は、検疫合格
後に貨物見本を採取しなければならな
い。

第二十八条　輸出入貨物は税関の検査を受
けなければならない。税関の貨物検査時
には、輸入貨物の荷受人、輸出貨物の発
送人はその場に立会い、並びに貨物を搬
送し、開梱し、再梱包する責任を負わな
ければならない。税関は必要と認める時
は、直接、開梱検査、再検査、あるいは
貨物見本の採取を行うことができる。

　　税関は特殊な状況下では輸出入貨物に
対して検査を免除するものとし、具体的
な方法は税関総署により制定される。

第二十九条　税関が特別に許可する場合を
除き、輸出入貨物は受・発送人が税金を
納付しあるいは担保を提供した後、税関
の署名押印により引渡し許可される。

第三十条　輸入貨物の荷受人が輸送手段の
入国が報告された日から三ヵ月を超えて
もなお税関に申告しない場合、その輸入
貨物は税関により収容され換金処分さ
れ、その所得金額は輸送、荷卸、保管等
の費用と税額を控除した後、なお余りの
ある場合は、その貨物の換金の日から一
年以内に、荷受人の申請により還付する；
その中で国家が輸入に対して制限をする
規定に属し、提出すべき許可証類を提供
することができない場合は還付しない。
期限を過ぎても申請する者がなく、ある
いは還付しない場合は、国庫に納付され
る。

　　誤って卸されあるいは余分に卸された
ことが確実な輸入貨物については、税関
の審査確定を経て、元の輸送手段の責任
者あるいは貨物の受・発送人が、その輸
送手段から荷卸された日より三ヵ月以内
に、積戻しあるいは輸入手続をするもの
とする；必要な時、税関の許可を経て、
三ヵ月延長することができる。期限を過
ぎても手続が行われない場合、税関は前
款の規定により処理する。

　　前二款に記載された貨物が長期保存に
適さない場合は、税関は実際の状況を根
拠に前もって処理することができる。

　　荷受人あるいは貨物の所有者が輸入貨
物の放棄を宣言した場合、税関は法に従
い換金処理する。その代金は輸送、荷卸、
保管等の費用と納税した後、国庫に納付
する。

第三十一条　法律、行政法規、国務院或いは
税関総署の規定に基づく一時輸入貨物あ
るいは一時輸出貨物は、六ヵ月以内に積
み戻し入国あるいは積戻し出国しなけれ
ばならない；積戻し入国あるいは積戻し
出国期限を延長する必要がある場合は、
税関総署の規定を根拠に延長手続きを行
わなければならない。

第三十二条　保税貨物の保管、加工、組立、
展示、輸送、委託販売業務の経営と免税
商店の経営をしようとする場合は、税関
の監督管理要求に符合し、税関の許可を
経て、並びに登録手続をしなければなら
ない。

　　保税貨物の譲渡、移転および保税場所
の出入りは、税関へ関連手続を行い、税
関の監督管理と検査を受けなければなら
ない。

第三十三条　加工貿易に従事する企業は、
税関総署の規定に基づき税関へ届出（備

318

案）しなければならない。加工貿易の製品の単位当りの損耗量（歩留まり）を税関の関連規定により審査決定される。

加工貿易の製品は規定された期限内に再輸出しなければならない。その中で使用された輸入原材料は、国家の規定で保税の許可に属する場合は、税関で照合抹消手続をしてもらわなければならない；前もって徴収された税額がある場合は、法により税関へ税還付手続を行うものとする。

加工貿易の保税輸入原材料あるいは製造品を国内販売する場合、税関は保税の輸入原材料に対して法に従い税を徴収する；国家が輸入を制限する規定に属する場合は、更に税関へ輸入許可証を提出しなければならない。

第三十四条　国務院の許可を経て中国国内に設立された保税区等の税関特殊監督管理区域は、税関により国家の関連規定に基づき監督管理が実施される。

第三十五条　輸入貨物は、荷受人により貨物の入国地の税関で税関手続が行われ、輸出貨物は、発送人により出国地の税関で、税関手続が行われなければならない。

受・発送人の申請により、税関が同意すれば、輸入貨物の荷受人は税関が設置された指定運送先、輸出貨物の発送人は税関の設置された発送先で税関手続を行うことができる。上述の貨物の保税輸送は、税関の監督管理の要求に符合していなければならない；必要な時に、税関は職員を派遣し護送することができる。

ケーブル、パイプラインあるいはその他の特殊な方式で輸送される出入国する貨物について経営組織は定められた期日に指定された税関に申告し税関手続を行わなければならない。

第三十六条　国境通過、中継輸送と通し輸送貨物は、輸送手段の責任者が入国地の税関にありのままを申告し、並びに定められた期限内に国外へ送り出さなければならない。

税関は必要と認める時、国境通過、中継輸送と通し輸送貨物を検査することができる。

第三十七条　税関の監督管理貨物は、税関の許可を経なければ、いかなる組織と個人であっても開梱、引取り、引渡し、発送、交換、改装、抵当、質入れ、差押え、譲渡、マーク変更、他の用途への転用あるいはその他の処置を行うことができない。

税関が封印した場合は、いかなる者であっても勝手に開封、毀損してはならない。

人民法院の判決、裁定あるいは関係する行政の法執行部門が税関の監督管理貨物の処理を決定した場合は、当事者が税関手続を完了するように命じられる。

第三十八条　税関の監督管理貨物の保管業務を行う企業は、税関へ登録し、並びに税関の規定に基づき、保管受取り、引渡し手続を行う。

税関の監督管理区域外に保管される税関の監督管理貨物は、税関の同意を経て、並びに税関の監督管理を受けなければならない。

前二款の規定に違反しあるいは税関の監督管理貨物の保管期間に監督管理貨物を毀損しあるいは滅失した場合は、不可抗力を除き、税関の監督管理貨物の保管義務を負っている者が相応する納税義務と法律責任を引受けなければならない。

第三十九条　出入国するコンテナの監督管理方法、不正取得された出入国貨物と沈

附録　中国税関法

没船の監督管理方法、国境小額貿易による輸出入貨物の監督管理方法、および本法に具体的に明示されていないその他の出入国貨物の監督管理規定については、税関総署あるいは税関総署と国務院の関連部門が合議して別に制定する。

第四十条　国家は出入国する貨物、物品に対して禁止しあるいは制限する規定がある場合は、税関が法律、行政法規、国務院の規定あるいは国務院の関連部門が法律、行政法規により授権され作出された規定により監督管理を実施する。具体的な監督管理方法は税関総署により制定される。

第四十一条　輸出入貨物の原産地は国家の原産地規則に関する規定に基づき確定される。

第四十二条　輸出入貨物の商品類別は国家の商品類別に関する規定に基づき確定される。

税関は輸出入貨物の受・発送人に商品類別の確定に必要とする関係資料の提供を要求することができる；必要な時、税関は化学検査、検証を組織し、並びに税関が認定する化学検査、検証結果を商品類別の根拠とすることができる。

第四十三条　税関は、対外貿易の経営者が提出する書面申請を根拠に、輸入あるいは輸出しようとする貨物について事前に商品類別等の行政裁定をすることができる。

同じ貨物の輸入あるいは輸出には、同じ商品類別行政裁定を適用しなければならない。

税関は商品類別等の行政裁定を行ったものに対して、公布しなければならない。

第四十四条　税関は法律、行政法規の規定に基づき、出入国する貨物に関する知的財産権に対して保護を実施する。

税関へ知的財産権の状況を申告する必要がある場合は、輸出入貨物の受・発送人およびその代理人が国家の規定に基づき税関へ知的財産権に関する状況をありのままに申告し、並びに合法的に使用する知的財産権であることを証明する文書を提出しなければならない。

第四十五条　輸出入貨物の引渡し許可の日から三年以内あるいは保税貨物、減免税輸入貨物の税関監督管理期限内およびその後の三年以内は、税関が輸出入貨物に対して直接、関連する企業、組織の会計帳簿、会計証票、通関証票およびその他の関連資料と関連する輸出入貨物に査察を実施することができる。具体的な方法は国務院の規定による。

第四章　出入国物品

第四十六条　個人が携帯して出入国する旅具物品、郵送による出入国物品は、自家用で合理的な数量に限るものとし、税関の監督管理を受けなければならない。

第四十七条　出入国物品の所有者は税関にありのままに申告し、並びに税関の検査を受けなければならない。

税関が封印した場合、誰であっても勝手に開封し、毀損してはならない。

第四十八条　郵送による出入国物品の積卸し、転送と国境通過については、税関の監督管理を受けなければならない。郵政企業は税関に郵便物の経路表を提出しなければならない。

郵政企業は国際郵便袋を開梱および封印する時間を事前に税関に通知し、税関は、その時間にその場へ職員を派遣し監督管理と検査をしなければならない。

320

附録　中国税関法

第四十九条　郵送による出入国物品は、税関の検査を経て引渡し許可後に、関連する企業が配達あるいは引渡しをすることができる。

第五十条　税関への登録を経て一時免税で入国し、あるいは一時免税で出国が許可された物品は、本人が携帯して再出国あるいは再入国しなければならない。

　　国境を通過する者は税関の許可を得なければ、その所持する物品を国内に留めてはならない。

第五十一条　出入国物品の所有者が放棄を宣言した物品、税関の規定期限内に税関手続を完了しておらず、あるいは所有者のいない物品および不法に配達または不法に返送された入国郵便物については、税関は本法第三十条の規定により処理する。

第五十二条　外交特権と免除を享受する外国機構あるいは人員の公用品あるいは自家用物品の出入国については、関連する法律、行政法規の規定により取扱われる。

第五章　関　税

第五十三条　許可される輸出入貨物、出入国物品は、税関により法にしたがい関税が徴収される。

第五十四条　輸入貨物の荷受人、輸出貨物の発送人、出入国物品の所有者は、関税の納税義務人である。

第五十五条　輸出入貨物の課税価格は、税関により当該貨物の取引価格を以って基礎とし審査確定される。取引価格で確定することができない時、課税価格は税関により法に従い評価決定される。

　　輸入貨物の課税価格には貨物の価格、貨物が中国国内の輸入地点で卸されるま

での輸送とその関連費用、保険費を含む；輸出貨物の課税価格には貨物の価格、貨物が中国国内の輸出地点で積み込まれるまでの輸送およびその関連費用、保険費が含まれるが、ただし、その内に含まれる輸出関税額は、控除しなければならない。

　　出入国される物品の課税価格は、税関により法に従い決定される。

第五十六条　下記の輸出入貨物、出入国物品は、関税の徴収を減じあるいは関税の徴収を免除する；

(一)商業価値のない広告品と貨物見本；

(二)外国政府、国際組織の無償寄贈物資；

(三)税関の許可前に損傷あるいは損失を受けた貨物；

(四)規定された数量、金額以内の物品；

(五)法律が規定する、関税の徴収を減じ、徴収を免除するその他の貨物、物品；

(六)中国が締結し、あるいは参加する国際条約で関税の徴収を減じあるいは徴収が免除される貨物、物品。

第五十七条　特定地区、特定企業あるいは特定用途の輸出入貨物は、関税の徴収を減じ、あるいは徴収を免除することができる。特定減税あるいは免税の範囲と方法は国務院により規定される。

　　前款の規定に基づき関税の徴収を減じ、あるいは徴収を免除される輸入貨物は、特定地区、特定企業あるいは特定用途にのみ使用することができるものとし、税関の許可並びに関税を納付しなければ、他の用途に使用することができない。

第五十八条　本法第五十六条、第五十七条第一款の規定範囲以外の臨時に関税の徴収を減じ、あるいは徴収を免除する場合は、国務院により決定される。

321

附録　中国税関法

第五十九条　一時輸入あるいは一時輸出される貨物、および特に許可されて輸入された保税貨物は、貨物の受・発送人が税関へ税額に相当する保証金あるいは担保を提供した後、関税の納付を一時免除し許可される。

第六十条　輸出入貨物の納税義務者は、税関の納税納付書発給の日から十五日以内に税額を納付しなければならない；期限を過ぎて納付された場合は、税関により延滞金が徴収される。納税義務人、担保人が三ヵ月を超えても納付しない場合は、直属税関長あるいは授権された隷属税関長の許可を経て、税関は下記の強制措置を採ることができる：

(一)その口座開設銀行あるいはその他の金融機関へ書面で通知し、その預金から税額を差引いて引当てる；

(二)その納税すべき貨物を法に従い転売し、転売による所得を以って税額に引当てる；

(三)差押え、並びに法により転売された納税すべき税額に相当する貨物あるいは、その他の財産の価額は、転売所得を以って税額に引当てる。

税関が強制措置を採用する時は、前款に記載する納税義務人、担保人が未納付の延滞金も同時に強制執行する。

出入国する物品の納税義務人は、物品が許可される前に税額を納付しなければならない。

第六十一条　輸出入貨物の納税義務人が規定された納税期限内にその納税すべき貨物およびその他の財産を明らかに移転、隠匿する予兆がある場合は、税関は納税義務人に担保の提供を命令することができる；納税義務人が担保を提供することができない場合は、直属税関長あるいは

授権された隷属税関長の許可を経て、税関は下記の税収保全措置を採ることができる：

(一)納税義務人の口座開設銀行あるいはその他の金融機構に書面で通知し納税義務人への税額相当額の預金支払いを一時停止する；

(二)納税すべき税額に相当する価額の納税義務者の貨物あるいはその他の財産を差押える。

納税義務人が規定された納税期限内に税額を納付した場合、税関は必ず直ちに税収保全措置を解除しなければならない；期限が満了してもなお税額が納付されない場合は、直属税関長あるいは授権された隷属税関長の許可を経て、税関は納税義務人の口座開設銀行あるいはその他の金融機構に書面で通知し納税義務人への税額相当額の預金支払いを一時停止し、あるいは法により差押えた貨物あるいはその他の財産を転売し、転売した所得を以って税額に充当する。

保全措置を採ることが不適当か、あるいは納税義務人が規定期限内に税額を納付し、税関が直ちに税収保全措置を解除せず、納税義務人の合法的権益が損失を受けるに至った場合、税関は法により賠償責任を引受けなければならない。

第六十二条　輸出入貨物、出入国物品を引き渡し許可した後、税関が税額に徴収過少あるいは徴収漏れを発見した場合、税額納付あるいは貨物、物品許可の日から一年以内に、納税義務人へ追徴する。納税義務人の規定違反により徴収過少あるいは徴収漏れを引起した場合、税関は三年以内の間は追徴することができる。

第六十三条　税関が過剰に徴収した税額は、税関は発見した後、直ちに返還しな

322

ければならない；納税義務人は税額納付の日から一年以内に、税関へ還付を要求することができる。

第六十四条 納税義務人と税関との間に納税争議が発生した時、税額は納付しなければならず、並びに法により行政再審を申請することができる；再審決定になお不服がある場合、法により人民法院へ訴訟を提起することができる。

第六十五条 輸入の関連で、税関が代理徴収する税の徴収管理は、関税徴収管理の規定を適用する。

第六章　税関の担保事務

第六十六条 貨物の税表分類、価格評価の確定と有効な通関申告証票の提供あるいはその他の税関手続を完了する前に、受・発送人が貨物の引渡許可を要求する場合、税関は法により履行すべき法律義務に相応する担保の提供を受けた後に引渡許可をしなければならない。法律、行政法規の規定で担保を免除することができる場合を除く。

法律、行政法規に税関義務の担保の履行に別段の規定がある場合、その規定による。

国家が出入国する貨物、物品に対して制限する規定があり、許可証を提供しなければならないにもかかわらず提供できない場合、および法律、行政法規の規定で担保としてはならないその他の状況では、税関は担保による許可取扱いをしてはならない。

第六十七条 税関の担保事務を履行する能力を具有する法人、その他の組織あるいは公民は、担保人となることができる。法律の規定で担保人としてはならない場

合は除く。

第六十八条 担保人は以下の財産、権利を担保として提供することができる：

(一)人民元、自由に兌換できる通貨；

(二)為替手形、銀行小切手、小切手、債券、預金証書；

(三)銀行あるいは非銀行金融機構の保証書；

(四)税関が法により認可したその他の財産、権利。

第六十九条 担保人は担保期限内の担保責任を引受けなければならない。担保人は担保責任を履行する場合、被担保人が行うべき税関手続の義務は免除されない。

第七十条 税関の担保事務管理方法は、国務院により規定される。

第七章　法の執行監督

第七十一条 税関は職責を履行し、必ず法律を遵守し、国家の利益を保護しなければならず、法に定める職権と法に定める順序に基づき、厳格に法を執行し、監督する必要がある。

第七十二条 税関職員は必ず公平に法を執行し、不正・収賄をせずに自らを律し、自分の職務に忠実であり、丁寧な対応をする必要があり、下記の行為をしてはならない：

(一)密輸を隠匿し、放置しあるいは他人と共謀して密輸を行うこと；

(二)不法に他人の身体の自由を制限し、不法に他人の身体、住居あるいは場所を検査し、出入国する輸送手段、貨物、物品を不法に検査し、差押えること；

(三)職権を利用し自己あるいは他人のために私利を得ようと謀ること；

(四)賄賂を要求し、受取ること；

附録　中国税関法

　(五)国家秘密、商業秘密と税関業務の秘
　　　密を漏洩すること；
　(六)職権を乱用し、故意に難題をもちか
　　　け、監督管理、検査を引延ばすこと；
　(七)没収した密輸貨物、物品を買入れし、
　　　個人的に分配し、占有すること；
　(八)営利的経営活動にかかわり、あるい
　　　は形を変えてかかわること；
　(九)法定の手順に違反しあるいは権限を
　　　越えて職務を執行すること；
　(十)その他の違法行為。
第七十三条　税関は法により職責を履行す
　る必要性を根拠に、職場組織を作り上げ
　ることを強化し、税関業務人員に良好な
　政治、業務素質を具有させる。
　　税関の専門業務人員は法律と関係する
　専門業務知識を具有し、税関の規定する
　専門業務部署が行うべき要求に符号しな
　ければならない。
　　税関は業務人員を国家の規定に基づき
　試験で募集し、公開試験し、厳格に考査
　し、成績の良い者から採用しなければな
　らない。
　　税関は計画的にその業務人員に対して
　政治思想、法制、税関業務の育成訓練と
　審査を行わなければならない。税関の業
　務人員は必ず定期的に育成訓練と審査を
　受けなければならず、審査を経て不合格
　の場合、継続して勤務し職務を執行して
　はならない。
第七十四条　税関総署は税関関長の定期交
　流制度を実行しなければならない。
　　税関関長は定期的に更に上級の税関へ
　業務報告し、その職務執行状況をありの
　ままに陳述する。税関総署は定期的に直
　属税関関長に対して審査を行わなければ
　ならず、直属税関は定期的に隷属税関関
　長の審査を行わなければならない。

第七十五条　税関およびその業務人員の行
　政の法執行活動は、法により監察機関の
　監督を受けなければならない。密輸犯逮
　捕警察は偵察活動を行い、法により人民
　検察院の監督を受けなければならない；
　密輸捜査警察は捜査活動を行い、法に従
　い人民検察院の監督管理を受けるものと
　する。
第七十六条　監査機関は法により税関の財
　政収支に対して監査・監督を行い、税関
　の取扱う国家財政収支に関連する事項に
　対して、専門的に監査調査を行う権利を
　有する。
第七十七条　上級税関は下級税関の法執行
　活動に対して法により監督を行う。上級
　税関は下級税関が行った処理あるいは決
　定が不適当であると認められる場合、法
　により変更あるいは取消すことができ
　る。
第七十八条　税関は本法とその他の関連法
　律、行政法規の規定に基づき、健全な内
　部監督制度を作り上げ、その業務人員が
　法律、行政法規の規定と規律を遵守する
　状況に対して監督と検査を行う。
第七十九条　税関は内部の書類審査、検査、
　許可、査察と調査などの主要部署の職務
　権限を明確にする責任を負い、並びに相
　互に分離させ、相互に制約させなければ
　ならない。
第八十条　どのような組織と個人であって
　も、等しく税関およびその業務人員の違
　法、規律違反行為に対して告訴・告発を
　行う権利を有する。告訴・告発を受ける
　機関が処理する権利を有する場合、法に
　より職責に基づき区分して直ちに事情を
　明らかにして処置しなければならない。
　告訴・告発を受取る機関と事情を明らか
　にして処置することに責任を負う機関

324

は、告訴人、告発人の秘密を守らなければならない。

第八十一条　税関業務人員は違法案件を調査処理する時、下記の事情の一つがあった場合、回避しなければならない：

（一）その案件の当事者あるいは当事者の近親者であること；

（二）本人あるいは近親者がその案件に利害関係があること；

（三）その案件の当事者とその他の関係があり、案件の公正な処理に影響する可能性がある場合。

第八章　法律責任

第八十二条　本法および関連する法律、行政法規に違反し、税関の監督管理を逃れ、納税すべき税額を逃れ、国家が出入国を禁止しあるいは制限をする管理を逃れて、下記の状況の一つに該当する場合は、密輸行為とする：

（一）輸送、携帯、郵送により国家が出入国を禁止する貨物、物品あるいは法により税額を納付すべき貨物、物品を出入国する場合；

（二）税関の許可を経ず、しかも納税すべき税額を納付せず、関連する許可証を提出せず、独断でその保税貨物、特定減免税貨物およびその他の税関監督管理貨物、物品、入国した国外の輸送手段を国内で販売した場合；

（三）税関の監督管理を逃れ、密輸を構成するその他の行為。

前款に掲げる行為の一つがあるが、まだ犯罪を構成していない場合は、税関により密輸貨物、物品および違法な所得は没収され、合わせて罰金に処することができる；故意にあるいは何度も隠匿されていた密輸の貨物、物品、故意にあるいは何度も密輸に使用された輸送手段は没収され、密輸貨物、物品を隠匿する特製の設備は、責任を持って滅却あるいは没収が命じられる。

第一款に掲げる行為の一つがあり、犯罪を構成する場合、法により刑事責任を追求する。

第八十三条　下記の行為の一つがあった場合、密輸行為として処罰し、本法の第八十二条の規定に基づき処罰する：

（一）直接、密輸者から不法に密輸で輸入された貨物、物品を買付けた場合；

（二）内海、領海、国境河川、国境の湖において船舶および乗船人員が、国家が出入国を禁止しあるいは制限する貨物、物品を輸送し、買付けし、販売し、あるいは法により税額を納付すべき貨物を輸送し、買付けし、販売し、合法的な証明がない場合。

第八十四条　税関証票の偽造、変造、売買、密輸人と共謀して密輸人のために貸付金、資金、口座、インボイス、証明、税関証票を提供し、密輸人と共謀して輸送、保管、郵送あるいはその他の便宜を提供して犯罪を構成した場合、法により刑事責任を追及する；まだ犯罪を構成していない場合は、税関により違法所得が没収され、並びに罰金に処せられる。

第八十五条　個人が携帯し、郵送する合理的な数量の自家用物品の出入国は、法により税関へ申告されていない場合、税関は責任を持って関税を追徴し、並びに罰金に処する。

第八十六条　本法の規定に違反する下記の行為の一つがある場合は、罰金に処することができるものとし、違法所得がある場合は、違法所得を没収する：

附録　中国税関法

(一)輸送手段が税関の設置されていない地点で出入国した場合；

(二)出入国する輸送手段の到着時間、停留する地点あるいは交換地点を税関に通知しなかった場合；

(三)輸出入貨物、物品あるいは国境通過、中継輸送、通し輸送貨物で税関への申告が事実ではない場合；

(四)出入国する輸送手段、貨物、物品が税関の規定による検査、審査を受けなかった場合；

(五)出入国する輸送手段が、税関の同意を得ず、独断で輸出入貨物、物品の積卸しあるいは出入国する旅客を乗り降りさせた場合；

(六)税関の設置された地点に停留する出入国輸送手段が、税関の同意を得ず、独断で出発した場合；

(七)出入国する輸送手段が、税関の設置された地点から他の税関設置地点へ移動し、未だ税関手続を終わらず、または税関の許可を経ずにその途中、独断で国外あるいは国内の税関が設置されていない地点に進路変更した場合；

(八)出入国する輸送手段を税関の同意を得ずに、国内輸送を独断で兼営し、あるいは営業の転換をした場合；

(九)不可抗力の原因により、出入国船舶と航空機が税関の設置されていない地点に停泊、着陸し、あるいは国内に貨物、物品を投棄し、荷卸しせざるを得ない場合であって、正当な理由なく附近の税関に報告しない場合；

(十)税関の許可を経ず、独断で税関の監督管理貨物を開梱、引取り、引渡し、発送、交換、改装、抵当、質入れ、譲渡、マーク変更、他の用途へ転用あるいはその他の措置を行った場合；

(十一)独断で税関の封印を解除しあるいは毀損した場合；

(十二)税関の監督管理貨物の輸送、保管、加工などの業務を経営しているが、関連する貨物を滅失し、あるいは関連する記録が事実ではなく、正当な理由を提供することができない場合；

(十三)税関の監督管理規定に違反するその他の行為があった場合。

第八十七条　税関の許可した関連業務に従事する企業が、本法の関連規定に違反した場合は、税関により是正が命令され、警告を与えることができるものとし、その従事する関連業務を一時停止し、登録取消を行うこととなる。

第八十八条　税関の登録登記を経ずに通関業務に従事した場合は、税関により取締りが行われ、違法所得は没収され並びに罰金に処することができる。

第八十九条　通関企業が非法に他人の通関申告を代理し、あるいはその業務範囲を超えて通関申告活動を行った場合、税関は是正を命令し、罰金に処する；事情が重大である場合、その通関登録登記を取消す。通関申告職員が非法に他人の通関申告を代理しあるいはその業務範囲を超えて通関申告活動を行った場合、税関は是正を命令し、罰金に処する。

第九十条　輸出入貨物の受・発送人、通関企業が税関職員へ贈賄した場合、税関はその通関登録登記を取消し、並びに罰金に処する；犯罪を構成する場合は、法により刑事責任を追及し、並びに改めて通関企業として登録登記してはならない。

　通関申告職員が税関職員へ贈賄した場合、罰金に処する；犯罪を構成する場合、法により刑事責任を追及する。

第九十一条　本法の規定に違反して中国の

附録　中国税関法

法律、行政法規で知的所有権が保護される貨物を輸出入した場合、税関は法により侵犯貨物を没収し、並びに罰金に処する；犯罪を構成する場合は、法により刑事責任を追及する。

第九十二条　税関が法により差押さえた貨物、物品、輸送手段を人民法院の判決あるいは税関が処罰を決定する前は、処理することができない。但し、危険品あるいは生鮮、腐敗しやすい、効力を失いやすいなどで長期保管に適さない貨物、物品および所有者が先に換金を申請する貨物、物品、輸送手段は、直属税関関長あるいはその授権した隷属税関関長の許可を経て、法により先行して換金し、換金所得価額は税関により保管され、並びにその所有者に通知する。

　　人民法院の判決で没収あるいは税関の決定で没収した密輸貨物、物品、違法所得、密輸輸送手段、特に作られた設備は、税関により統一して処理され、所得価額と税関が決定する罰金は、全て中央国庫に上納される。

第九十三条　当事者が期限を過ぎても税関の処罰決定を履行せず、または再審を申請せず、あるいは人民法院へ訴訟を提起した場合、処罰を決定した税関は、その保証金を差押さえ、あるいはその差押さえた貨物、物品、輸送手段を法により換金して相殺することができるものとし、人民法院へ強制執行を申請することもできる。

第九十四条　税関が輸出入貨物、物品を検査するときに、検査貨物、物品を毀損した場合は、その実際の損失を賠償しなければならない。

第九十五条　税関が違法に貨物、物品、輸送手段を拘留し、当事者の合法的権益に損失を与えた場合は、法により損害賠償責任を引受けなければならない。

第九十六条　税関職員に本法第七十二条に記載する行為の一つがあった場合は、法により行政処分を行う；違法所得があった場合は、法により違法所得を没収する；犯罪を構成する場合は、法により刑事責任を追及する。

第九十七条　税関の財政収支が法律、行政法規の規定に違反する場合は、監査機関および関連部門が法律、行政法規の規定に基づき処理を行う。直接責任を負う主管人員とその他の直接責任人員は、法により行政処分を受ける；犯罪を構成する場合は、法により刑事責任を追及する。

第九十八条　本法の規定に基づき告訴人、告発人、通告人のために機密を守らなかった場合、直接責任を負う主管人員とその他の直接責任人員は、所在する機関あるいは関連する機関により法に従い行政処分を受ける。

第九十九条　税関業務職員が違法案件を調査処理するとき、本法の規定に基づかずに回避した場合、直接責任を負う主管人員とその他の直接責任人員は、法により行政処分を受ける。

第九章　附　則

第百条　本法に言う下記の用語に含まれる意味：

＊直属税関とは、直接税関総署の指導を受け、一定区域範囲内の税関業務に責任を負う税関を指す。隷属税関とは、直属税関により指導を受け、具体的な税関業務取扱いに責任を負う税関を指す。

＊出入国する輸送手段とは、人員、貨物、物品を積載して出入国する各種の

附録　中国税関法

船舶、車両、航空機と運搬用家畜を指す。

＊国境通過、中継輸送と通し輸送貨物とは、国外から輸送され中国国内を通過して継続して国外へ出る貨物を言う。その内、陸路による国内通過輸送の場合は、国境通過貨物と称する；国内の税関が設置された地点で輸送手段を積換え、国内を通過しない陸上輸送は、中継輸送貨物と称する；船舶、航空機に積載されて入国し引続き当該輸送手段に積載されて出国する場合は、通し輸送貨物と称する。

＊税関監督管理貨物とは、本法第二十三条に掲げる輸出入貨物、国境通過、中継輸送、通し輸送貨物、特定減免税貨物、および一時輸出入貨物、保税貨物とその他の税関手続が完了していない出入国貨物を指す。

＊保税貨物とは、税関が納税手続未済で入国を許可し、国内で保管、加工、組立て後、積み戻しされる貨物を指す。

＊税関監督管理区域とは、税関が設立された港湾、駅、飛行場、国境道路、国際郵便交換局(交換駅)と税関が監督管理業務を行う、その他の場所および税関は未設立であるが国務院の許可を経た出入国の地点をいう。

第百一条　経済特別区等の特定地区と国内のその他の地区の間を往来する輸送手段、貨物、物品の監督管理方法は、国務院が別に定める。

第百二条　本法は1987年7月1日より施行する。1951年4月18日、中央人民政府の公布した《中国暫定税関法》は同時に廃止する。

　　　　　　　　　　　　　　　　以上

【索引】

《英字／数字》

311	223, 283
24時間ルール	310
AEO（認証企業）	22
ATAカルネ	160, 167
C/R番号（税関登録登記番号）	
→税関登録登記番号	
CAS	98, 103, 122, 145
CCC認証（強制産品認証制度）	187, 188, 189
CCC認証免除	189
CCICジャパン	90, 204
CEPA	280
CIF	304, 306
CIK	15, 311
DDP	133, 305
DDU	305
ECFA	280
EXW	133, 305
FCA	304
FOB	304, 307
FORM-A	271, 279
FTA	279
GTIN	122, 145
HACCP	226
HSコード	120, 127
ISPM#15	214
LEI	15, 311
NVOCC	274
P.E.→恒久的施設	
RoHS	193
SDS（安全データシート）	101, 102, 105
SOLAS	307
VGM	308

《あ》

安全データシート→SDS	
一時輸出入制度	160
一帯一路	2
一般認証企業	23
一般貿易	31
医薬品	91
インコタームズ	133, 304
営業許可証	14
黄金及びその製品	94
オーディオ・ビジュアル製品	87

《か》

外国投資企業	112
化学品安全技術説明書→SDS	
加工貿易	31
＿＿＿加工貿易禁止類貨物	36
＿＿＿加工貿易制限類貨物	36
＿＿＿加工貿易生産能力情報表（信息表）	34
＿＿＿加工貿易電子化手冊	44
＿＿＿加工貿易電子帳簿	53
＿＿＿加工貿易の国内調達資材	51
＿＿＿加工貿易の照合抹消（核銷）	52
＿＿＿加工貿易非正常処理	61
課税価格	154
通い箱	162
監管証件コード	69
監視制御する化学品	79, 80
関税	146, 149
関税割当管理	67
危険化学品	100
＿＿＿危険化学品安全管理条例	101
＿＿＿危険化学品登記管理方法	103
＿＿＿危険化学品目録	103

索引

強制性産品認証制度→CCC制度
協定税率‥‥‥‥‥‥‥‥‥‥‥‥ 147
許可前引取制度‥‥‥‥‥‥‥‥‥ 178
クーリエ貨物‥‥‥‥‥‥‥‥ 168, 186
口岸‥‥‥‥‥‥‥‥‥‥‥‥‥‥‥ 8
経営範囲‥‥‥‥‥‥‥‥‥‥‥ 14, 16
経営範囲電子帳簿‥‥‥‥‥‥‥‥ 49
経常項目‥‥‥‥‥‥‥‥‥‥ 292, 293
化粧品‥‥‥‥‥‥‥‥‥‥‥‥‥ 230
＿＿化粧品のラベル‥‥‥‥‥‥‥ 232
結転（再加工保税転売）‥‥‥55, 242, 271
原産地証明書‥‥‥‥‥‥‥ 9, 271, 279
現有化学物質リスト‥‥‥‥‥‥‥ 98
恒久的施設（P.E.）‥‥‥‥‥‥‥‥ 262
高級認証企業‥‥‥‥‥‥‥‥‥‥ 23
公共データセンター‥‥‥‥‥‥‥ 131
国際貿易電子商取引‥‥‥‥‥‥‥ 177
国内調達資材‥‥‥‥‥‥‥‥‥‥ 51

《さ》

再加工保税転売→結転
最恵国税率‥‥‥‥‥‥‥‥‥‥‥ 146
三資企業‥‥‥‥‥‥‥‥‥‥‥‥ 110
暫定税率‥‥‥‥‥‥‥‥‥‥‥‥ 147
三来一補‥‥‥‥‥‥‥‥‥‥ 33, 35
自家用設備の免税輸入‥‥‥‥‥‥ 114
事後調査（査察制度）‥‥‥‥‥‥ 298
事前裁定制度（事前教示制度）125, 156, 301
自動輸入許可証‥‥‥‥‥‥‥73, 198
重点中古機電産品‥‥‥‥‥‥‥71, 198
自由貿易試験区‥‥‥‥‥‥ 238, 257
修理物品‥‥‥‥‥‥‥‥‥‥‥‥ 164
出料加工‥‥‥‥‥‥‥‥‥‥‥‥ 33
消費税‥‥‥‥‥‥‥‥‥‥‥‥‥ 149
商標権‥‥‥‥‥‥‥‥‥ 145, 155, 286
商用暗号産品‥‥‥‥‥‥‥‥‥‥ 94
食品‥‥‥‥‥‥‥‥‥‥‥‥‥‥ 220
＿＿食品のラベル‥‥‥‥‥ 106, 223

＿＿食品輸出入コントロール‥‥‥‥ 220
食品添加物‥‥‥‥‥‥‥‥‥‥‥ 106
＿＿食品添加物新品種‥‥‥‥‥‥ 107
植物検疫‥‥‥‥‥‥‥‥‥‥‥‥ 208
新化学物質‥‥‥‥‥‥‥‥‥‥‥ 97
＿＿新化学物質環境管理方法‥‥‥‥ 97
申告要素‥‥‥‥‥‥‥‥‥‥ 121, 144
信用失墜企業（失信企業）‥‥‥‥ 23, 25
進料加工‥‥‥‥‥‥‥‥‥‥ 32, 33
税関監管施設‥‥‥‥‥‥‥‥ 237, 239
税関監管場所‥‥‥‥‥‥‥‥‥‥ 238
税関検査‥‥‥‥‥‥‥‥‥‥‥‥ 142
税関査察‥‥‥‥‥‥‥‥‥‥ 299, 300
税関登録登記番号（C/R番号）‥‥‥ 19
税関特殊監管区域‥‥‥‥‥‥‥‥ 238
税関の機能‥‥‥‥‥‥‥‥‥‥‥ 8
税関の組織‥‥‥‥‥‥‥‥‥‥‥ 8
＿＿税関の知的財産権保護措置‥‥‥ 286
税収徴収管理センター‥‥‥‥‥‥ 137
税表分類‥‥‥‥‥‥‥‥‥‥‥‥ 123
全国税関通関一体化‥‥‥‥‥‥‥ 134
総合保税区‥‥‥‥‥‥‥‥‥‥‥ 254
相殺関税‥‥‥‥‥‥‥‥‥‥‥‥ 150
相殺決済‥‥‥‥‥‥‥‥‥‥‥‥ 295
増値税‥‥‥‥‥‥‥‥‥‥‥‥‥ 147
ソフトウェアの輸出‥‥‥‥‥‥‥ 171

《た》

対外貿易経営者‥‥‥‥‥‥ 15, 16, 263
対外貿易法‥‥‥‥‥‥‥‥‥ 66, 73
ダブル・ライセンス車‥‥‥‥‥‥ 312
単耗→歩留り
知的財産権‥‥‥‥‥‥‥‥‥‥‥ 286
中外合作企業‥‥‥‥‥‥‥‥‥‥ 111
中外合資企業‥‥‥‥‥‥‥‥‥‥ 111
中古機電産品‥‥‥‥‥‥‥‥ 197, 199
＿＿船積み前事前検査‥‥‥‥ 201, 204
＿＿輸入禁止品‥‥‥‥‥‥‥‥‥ 201

330

索引

中国税関総署·············· 5, 8
中国税関法················ 314
中国電子口岸·········· 127, 130
通関士（報関員）············ 19
通関申告書（輸出・輸入）···· 139
電子商取引法·············· 92
電子商務経営者············ 93
電子帳簿·············· 47, 52
展覧会·················· 167
統一社会信用コード·········· 15
動物検疫················ 210
独資企業················ 111
特殊関係················ 140
特許権·················· 141
＿＿特許権使用料······ 141, 155
特恵税率················ 147

《な》

認証企業（AEO）········ 23, 26
納税人（納税義務人）····· 133, 148, 156
農薬の輸出入·············· 94

《は》

廃物原料の輸入············ 88
バイヤーズ・コンソリデーション····· 267
非居住者在庫·········· 262, 265
非認証企業（AEO）·········· 26
評価申告要素············ 139
フォワーダー·········· 275, 306
不当廉売関税·········· 150, 282
歩留まり（単耗）············ 53
分銷権·················· 18
便宜通関電子帳簿·········· 49
返品·················· 172
報関員→通関士
報復関税·············· 151, 283
保税監管場所············ 238
保税区·················· 244

保税工場················ 239
保税倉庫················ 240
保税物流園区············ 248
保税物流中心············ 251
保税港区················ 252
保税輸送制度············ 132
香港の通関·············· 311

《ま》

前受金·················· 294
マニフェスト·············· 310
無償提供輸入機械設備（加工貿易）······ 58
木質梱包················ 214

《や》

優遇税率················ 146
輸出加工区·············· 246
輸出監管倉庫············ 241
輸出関税················ 151
輸出許可証··············· 76
輸出権・輸入権············ 15
輸出増値税······· 151, 242, 247, 250
＿＿輸出増値税の還付······ 152, 153
輸出入権················ 18
輸出入商品検査············ 182
輸出入貿易管理············ 66
輸入許可証············ 71, 199
輸入薬品通関書············ 91

《ら・わ》

来料加工················ 33
リース貿易·············· 174
リスク防止制御センター········ 137
両用アイテム··········· 78, 81, 83
旅具通関················ 177
ワッセナー・アレンジメント········ 78

331

〔著　者〕

いわみ たつひこ
岩見 辰彦

〔略　歴〕
慶應義塾大学経済学部卒業後、三井倉庫株式会社に入社。
東京、大阪、福岡、北九州の国内営業所勤務を経て、国
際部に転任。1985年〜1986年、同社ニューヨーク現地法
人に勤務。帰国後、国内業務、国際部勤務を経て、2度
の上海勤務経験を持つ。同社退職後は、東京倉庫協会常
務理事、専務理事を歴任。

〔著　書〕
『新・中国税関実務マニュアル』成山堂書店

基礎から学ぶ **中国貿易実務**

2019年3月25日発行　ISBN 978-4-88895-436-5
発行所　公益財団法人 日本関税協会
〒101-0062 東京都千代田区神田駿河台3-4-2 日専連朝日生命ビル6F
http://www.kanzei.or.jp/

© Tatsuhiko Iwami, 2019 Printed in Japan

本書の全部または一部を無断で複製・転載すること等は、著作権法上の例外規定を
除き、禁じられています。複製・転載等をする場合はあらかじめ当協会あてに許諾
をお求め下さい。なお、私的利用の場合においても、購入者以外の第三者が本書を
電子化あるいは電子書籍化することは著作権法では認められていません。